EL FIN DE LOS TIEMPOS

OTROS LIBROS DE JOHN HAGEE

JOHN HAGEE

EL FIN DE LOS TIEMPOS

LA CUENTA REGRESIVA YA COMENZÓ

GRUPO NELSON
Desde 1798

*Dedicado afectuosamente a The Hagee Ministry
Legacy Partners, que hace posible que yo
predique el evangelio de esperanza, amor y paz a
Estados Unidos y las naciones del mundo.*

CONTENIDO

CAPÍTULO UNO

11:50 P.M.

El fin de los tiempos

He aquí yo estoy con vosotros todos los
días, hasta el fin del mundo.
Mateo 28:20

El proverbio común «Todo llega a su fin» supone que lo que tiene un principio debe tener lógicamente una conclusión. Desde los primeros tiempos registrados, el ser humano ha creído de manera intuitiva que el mundo se acabará. Los asirios predijeron el final del mundo en el año 2800 A.C. En su libro *Profecías*, publicado en 1555, el boticario francés Nostradamus predijo un día futuro de juicio final. La creencia de que el mundo sería destruido por inundación o fuego se ha encontrado entre los escritos de los antiguos persas, los nativos de las islas del Pacífico y las culturas nórdicas de la antigüedad. Incluso los pueblos indígenas hopi de Estados Unidos profetizaron que del cielo caerían cenizas cuando el mundo acabe.

El hombre moderno no es inmune a las especulaciones sobre el final del mundo. Películas como *Día de la independencia, Epidemia, Impacto profundo* y *La guerra de los mundos*, nos entretienen con la emoción de las montañas rusas y con impresionantes gráficos computarizados, pero nos obligan a pensar en *El fin de los tiempos*. Pregunto: ¿Cómo pasaría usted sus últimos momentos si supiera que una súbita y total destrucción vendría a la tierra en las veinticuatro horas siguientes?

Los personajes de *Día de la independencia* pagaron con la misma moneda: expulsaron del cielo a los amenazadores extraterrestres. El virus letal en *Epidemia* fue contrarrestado con una vacuna, y la gente amenazada por el asteroide en *Impacto profundo* logró hacer añicos la enorme piedra con un dispositivo nuclear. Es cierto, algunas personas murieron, pero el mundo se salvó. En la nueva versión de 2005 del clásico de 1953, *La guerra de los mundos*, los marcianos sucumben ante las bacterias de la Tierra para las que los seres humanos son inmunes.

¿Qué más se esperaría de Hollywood? Mucho drama, montones de cadáveres, pero al final la victoria definitiva. En las películas, la humanidad siempre gana. Sin embargo, ¿qué pasa cuando el espectáculo termina? ¿Y cuando el plutonio apto para uso bélico desaparece en la comunidad mundial sin dejar rastro? ¿Qué ocurrirá cuando naciones enemigas conocidas empiecen a probar armas nucleares? ¿Y cuando la guerra contra el islamismo radical se extienda a campos internacionales de batalla? ¿Qué pasará cuando China, Rusia e Irán comiencen a flexibilizar su poder económico y nuclear? ¿Y cuando la pandemia de covid-19 dé lugar a especulaciones sobre una guerra biológica continua?

¿Quién ganará entonces?

Amigo mío, en muchos sentidos el fin del mundo como lo conocemos ya está aquí. Llegó sin un solo estallido y sin un solo disparo, y está sucediendo en etapas claramente establecidas en la Palabra de Dios. En 1 Tesalonicenses 5:3, el apóstol Pablo usó la analogía de una mujer que da a luz para describir el comienzo del fin: «Cuando digan: Paz y seguridad, entonces vendrá sobre ellos destrucción repentina, como los dolores a la mujer encinta, y no escaparán».

Nunca he dado a luz un niño, pero mi esposa sí, y por su experiencia sé que ciertas señales indican un parto inminente. En primer lugar, aun antes que comiencen los dolores, la madre se siente cada vez más incómoda con el crecimiento del bebé dentro de su cuerpo. Hay una sensación de aumento en la presión cuando el bebé desciende hacia el canal de alumbramiento, preparándose para el parto. Después, la madre experimenta punzadas y contracciones agudas, y finalmente comienza el parto después de días de falsos principios e inquietantes sensaciones. La fuente de agua que rodea al niño se rompe, y las contracciones de la madre se intensifican, se agudizan y se hacen más apremiantes hasta que el bebé atraviesa el canal de alumbramiento y abandona su lugar de oscuridad hacia un mundo de luz y sonido.

La analogía del parto es apropiada, porque nuestro mundo y todo lo que contiene atraviesa una experiencia similar. Pablo explicó en Romanos 8 que la tierra misma espera el juicio final y el nuevo mundo venidero: «También la creación misma será libertada de la esclavitud de corrupción, a la libertad gloriosa de los hijos de Dios. Porque sabemos que toda la creación gime a una, y a una está con dolores de parto hasta ahora» (vv. 21–22).

Dos características de los dolores de parto son universalmente seguras: en primer lugar, cuando comienzan no hay quien los detenga. En segundo lugar, el dolor se vuelve más intenso y más frecuente a medida que el tiempo pasa hasta que el niño (en el caso actual, la nueva época) nace. Mientras la Dispensación de la Gracia se acerca a su conclusión, es innegable que los dolores de parto ya comenzaron.

Observe el patrón de crecientes *gemidos y dolores de parto* desde inicios del siglo xx:

- 1914–1918: Primera Guerra Mundial
- 1929–1939: El mercado de valores colapsa, y causa estragos económicos en todo el mundo.
- 1939–1945: Segunda Guerra Mundial
- 1950–1953: El conflicto en Corea
- 1953–1962: La Guerra Fría
- 1960–1972: El conflicto en Vietnam
- 1990–1991: La Guerra del Golfo
- 2000–hasta el día de hoy: Los desastres naturales como terremotos, huracanes y tsunamis siguen aumentando de manera exponencial tanto en cantidad como en intensidad.
- 2001–hasta el día de hoy: Los yihadistas islámicos radicales estrellan aviones contra las torres del World Trade Center y

el Pentágono, y se crea una guerra mundial sin fin contra el terrorismo.

- 2020–hasta el día de hoy: Una pandemia global empieza a arrasar el mundo, y cobra la vida de cuatro millones cuatrocientas mil almas hasta agosto de 2021.[1]

Desde principios del siglo pasado hasta la fecha es innegable que han aumentado los rumores de guerras, los terremotos, las plagas y las señales en los cielos. La nueva era está a punto de nacer, pero las contracciones más severas están justo ante nosotros.

Al momento de escribir esto, ya hemos vivido casi una cuarta parte del siglo XXI, y los escenarios apocalípticos son tan abundantes como los dientes de león en una pradera cubierta de maleza. Algunos científicos creen que está a punto de producirse una erupción del volcán Yellowstone que cubrirá el sol y destruirá cosechas en todo el mundo. La NASA ofrece informes continuos de devastadores asteroides en el espacio profundo, que potencialmente se dirigen hacia la Tierra. Los sismólogos llevan tiempo prediciendo la inevitable repetición del terremoto de San Francisco. Los políticos mantienen acalorados debates en los medios de comunicación con advertencias de que el cambio climático hará que nuestro planeta sea inhabitable en pocos años. Estas y otras predicciones apocalípticas de ninguna manera son novedosas.

Un adivino predijo a finales del siglo XIX que la Ciudad de Nueva York estaría abandonada para el año 1930 por no ser apta para que seres humanos la habitaran. Predijo correctamente que la población de la urbe aumentaría de cuatro a siete millones, pero luego declaró que la cantidad necesaria de caballos para brindar transporte a tantas personas resultaría un peligro para la salud pública: ¡estiércol amontonado hasta el tercer piso de cada ventana en Manhattan![2] Un editorial de *Newsweek* escrito un siglo después abordó el mismo tema:

Mucho antes de Bill Gates, John D. Rockefeller hizo de la palabra «monopolio» una expresión familiar con las tácticas intimidatorias de la Standard Oil. Una serie de fusiones financieras e industriales en los últimos años del siglo terminó acrecentando los temores del público acerca del poder ilimitado de las grandes empresas. *[¿Podría tratarse de Amazon, Google, Facebook y Twitter?]* El deterioro de la frontera occidental tenía a los estadounidenses preocupados por la preservación del medio ambiente, mientras que al telégrafo y el automóvil se les veía como nuevas tecnologías interesantes pero amenazantes. Mientras tanto, la tuberculosis, el equivalente del siglo XIX al SIDA, seguía desconcertando a los médicos y devastando poblaciones enteras.[3]

El artículo seguía afirmando que los profetas del desastre estaban ataviados para la batalla, vaticinando catástrofe la noche del 31 de diciembre de 1899. Los periódicos de Nueva York y Chicago publicaron anuncios a toda página en que anunciaban la Segunda Venida de Jesucristo. Una historia en el *New York Times* citó las predicciones de científicos que afirmaron que el sol finalmente desaparecería, dejando el sistema solar a oscuras y la Tierra convertida en una bola de hielo deshabitada.

¿Le resulta familiar? Hoy día estamos oyendo el mismo tipo de patrañas. Hace años encontré una historia en línea de David Nicholson-Lord en el periódico *Independent on Sunday* de Londres en el que le pedía a un corredor de apuestas, William Hill, que formulara probabilidades para varias situaciones hipotéticas que llevarían al fin del mundo. El informe del corredor de apuestas es fascinante:

Probabilidades de que el mundo termine por causas naturales como una «gran explosión»: 1 en 50 millones.

Probabilidades de que la humanidad sea exterminada debido a la sobrepoblación: 1 en 25 millones.

Posibilidades de que la especie humana sea destruida por contaminación: 1 en un millón.

Probabilidades de que el mundo sea conquistado por extraterrestres: 1 en 500.000.

Posibilidades de que la vida que conocemos se acabe por cambios climáticos: 1 en 250.000.

Probabilidades de que la humanidad sea exterminada por sequía: 1 en 100.000.

Posibilidades de que la especie humana se muera de hambre: 1 en 75.000.

Probabilidades de que la vida que conocemos sea sofocada por anarquía: 1 en 50.000.

Posibilidades de que el mundo sea destruido por un asteroide: 1 en 10.000.

Probabilidades de que la humanidad sea devastada por enfermedad: 1 en 5.000.

Posibilidades de que la especie humana sea aniquilada por guerra: 1 en 500.[4]

Cuando repaso la lista de posibles perspectivas catastróficas de William Hill, quedo impresionado al darme cuenta de que muchas de las situaciones en esta lista ocurrirán. La Tierra será sacudida por varias calamidades antes de renacer. La Palabra de Dios describe hambres, enfermedad, guerra, cambios climáticos, terremotos, sequías y fuego del cielo. ¿Quién sino Dios pudo haber profetizado la pandemia de coronavirus de 2020, la cual puso de rodillas al mundo en menos de sesenta días al apagar los motores económicos y acabar con la vida de millones de personas?

Que le quede bien grabado: el final de los tiempos se acerca, pero no se producirá por la venida de extraterrestres o asteroides catastróficos. Vendrá como una mujer con dolores de parto, y cada contracción intensificada señalará el destino inminente del planeta. Estos dolores de parto son solo el principio de una serie de acontecimientos que el mundo nunca antes ha visto. Precederán el día del juicio final: cuando los impíos deban comparecer ante el aterrador gran trono blanco y rendir cuentas por sus vidas. El asombroso significado de ese momento hace que todas las catástrofes parezcan insignificantes notas al pie de página en el pergamino de la vida.

EL RELOJ DEL DÍA DEL JUICIO FINAL

Ante la inquietante posibilidad de que la inclinación de la humanidad hacia el mal pudiera desembocar en aniquilación total, el *Boletín de los científicos atómicos* creó el Reloj del Día del Juicio Final para recordar al mundo lo cerca que podríamos estar de la destrucción. Eugene Rabinowitch, biofísico estadounidense y cofundador del boletín, declaró:

> El reloj del Boletín no es un indicador para registrar los altibajos de la lucha internacional por el poder, sino que pretende reflejar los cambios básicos en el nivel de peligro continuo en que la humanidad vive en la era nuclear.[5]

En 1947, cuando el reloj apareció por primera vez, las manecillas se fijaron a siete minutos para la medianoche, la hora en que llegará la destrucción definitiva. A medida que en los años siguientes la humanidad alternaba entre hostilidad y paz, las manecillas del reloj se han movido hacia adelante y atrás, recordándonos constantemente que, si no se controla, la aniquilación nuclear está solamente a pocos instantes.

Dios tiene un reloj similar, aunque sus manecillas nunca retroceden. En el diseño de este libro he seguido el ejemplo de los inventores del Reloj del Día del Juicio Final. Las manecillas del reloj que aparece al inicio de cada capítulo no representan un momento real, por supuesto, sino más bien el orden en que se producirá un suceso predeterminado. El reloj profético de Dios se está acercando al filo de la medianoche, cuando el mundo, tal como lo conocemos, llegará a su fin.

Aun antes de la creación del hombre, el Todopoderoso diseñó un plan que permite el libre albedrío, que tiene en cuenta la disposición natural del ser humano para pecar, y que proporciona un medio para que un Padre amoroso y compasivo atraiga de nuevo a hombres y mujeres descarriados a la comunión con Él. Este plan comenzó en el huerto del Edén y terminará con la creación de un cielo nuevo y una tierra nueva. El hilo carmesí del plan redentor de Dios está entretejido en las Sagradas Escrituras desde Génesis hasta Apocalipsis, y en ocasiones se combina para crear imágenes proféticas de extraordinaria claridad y belleza.

En ninguna parte se ilustra más plenamente el plan profético de Dios que en el libro de Daniel. Aquí vemos con precisión asombrosa cómo Dios permite que cada individuo escoja su destino eterno mientras se desarrollan los acontecimientos futuros.

EL PANORAMA DE LA PROFECÍA

Durante la década de los noventa se especuló mucho sobre lo que traería el comienzo de un nuevo milenio. ¿Era el final de una era o el inicio de una nueva? Vaticinadores de todo tipo, desde Edgar Cayce, Ruth Montgomery, Sun Myung Moon e incluso varios líderes cristianos, predijeron que el año 2000 revelaría al anticristo, iniciaría la tribulación, ocasionaría el Armagedón, traería la segunda venida de Cristo o daría paso al nuevo milenio del Apocalipsis.

Una de esas teorías involucró a miembros de una secta milenial con base en Denver llamada Cristianos Preocupados. Varios miembros de la secta volaron a Israel porque su dirigente, Kim Miller, enseñaba que el camino de salvación se basaba en morir en la ciudad de Jerusalén la víspera del año 2000. Miller, un exejecutivo de Procter & Gamble sin formación religiosa formal,[6] declaró que moriría en Jerusalén en diciembre 1999 y resucitaría tres días después.[7] Legítimamente preocupado porque los seguidores de Miller fueran a provocar la violencia necesaria para lograr sus objetivos, un grupo especial israelí detuvo en Jerusalén a los miembros de la secta antes de enviarlos a casa.

El hecho de que todas estas predicciones relacionadas con el milenio hayan fallado no ha disuadido a los posteriores profetas autoproclamados de engañar a gente crédula. El difunto Harold Camping fue un predicador que recaudó dinero de sus seguidores con el fin de comprar varias estaciones de radio, desde las cuales predicó su mensaje profético y sus predicciones sobre el final de los tiempos. Utilizando su propio sistema de numerología anunció en 2008 que el arrebatamiento ocurriría el 21 de mayo de 2011, acompañado por terremotos de gran magnitud.

Camping predijo entonces que el mundo se acabaría meses después, el 21 de octubre de 2011. Según el *New York Times,* «nadie sabe cuántas personas se precipitaron a contraer matrimonio, se apresuraron a arrepentirse, acumularon deudas con tarjetas de crédito, organizaron sus últimas fiestas, renunciaron a sus empleos o regalaron sus posesiones. Pero la reacción fue generalizada, y en algunos casos trágica, sobre todo entre personas que temían quedarse y tener que enfrentar un final agonizante».[8] Camping estafó a sus seguidores más de cien millones de dólares para publicitar sus predicciones. Cuando le pidieron que devolviera el dinero, después que sus profecías resultaran falsas, se negó a hacerlo.

Si usted asiste a una iglesia que predica la Biblia, puede que le resulte difícil entender cómo cristianos profesantes podrían vender todas sus pertenencias terrenales y seguir a un líder de secta como Kim Miller o a un predicador iluso como Harold Camping. Sin embargo, la razón es sencilla: la gente sucumbe ante las falsas doctrinas cuando no conoce la verdad de la Palabra de Dios. Muchas de las iglesias en nuestra nación, tanto tradicionales como no denominacionales, descartan la profecía como algo irrelevante o que no puede entenderse humanamente, y que por tanto debe evitarse. Olvidan el mandato bíblico de 2 Pedro 1:19: «Tenemos también la palabra profética más segura, a la cual hacéis bien en estar atentos como a una antorcha que alumbra en lugar oscuro». Los creyentes pueden caer en engaño profundo si desconocen y no comprenden lo que la Biblia declara.

Imagínese por un momento que ha colocado a su hija de dos años sobre la mesa de la cocina, y le dice mientras extiende los brazos: «Vamos cariño, ¡salta!». Su bebita salta porque sabe que usted estará allí para agarrarla. La niña confía en que usted la mantendrá a salvo, y tiene confianza en lo que usted hará cuando ella dé ese paso literal de fe. Lo mismo ocurre con nosotros.

Debemos conocer lo que Dios ha planeado para el final de los tiempos. Por medio del estudio de la profecía bíblica adquirimos sabiduría y entendimiento, y llegamos a aceptar los planes perfectos del Señor (Proverbios 19:8). Es al «saber» esto que obtenemos confianza, fortaleza, paz y esperanza.

Sin embargo, demasiadas personas se han apartado del estudio de la profecía bíblica para poner su confianza en falsos maestros y profetas. Nuestra confianza debe estar en Dios todopoderoso, el Creador de cielo y tierra. Le pido a usted que no se deje llevar por los vientos de falsa doctrina. Dios, nuestro Padre amoroso, quiere que sus hijos entiendan la Palabra, y gran parte de esa Palabra es profecía. El plan del Todopoderoso existe desde los cimientos de la tierra, y así como Dios mismo no cambia, sus planes para el mundo tampoco cambiarán.

¿Podemos confiar en las Escrituras? ¡Indiscutiblemente! Toda la Palabra de Dios, incluida la profecía, da fe de la inspiración divina del Arquitecto de los tiempos. La Biblia es diferente de todos los demás libros que forman la base de otras religiones importantes. Tales escritos solo interpretan el presente o tratan con el pasado. Por el contrario, la Biblia es 25% profecía. Desde Génesis hasta Apocalipsis, se dieron innumerables profecías y la mayoría de ellas se han cumplido al pie de la letra. Esto confirma la revelación, validez y autoridad de las Escrituras. El apóstol Pedro escribió que la profecía bíblica sería para beneficio de la iglesia hasta *El fin de los tiempos*, «hasta que el día esclarezca y el lucero de la mañana salga en vuestros corazones» (2 Pedro 1:19b). «La estrella de la mañana» no es otra que Jesucristo. «Yo Jesús he enviado mi ángel para daros testimonio de estas cosas en las iglesias. Yo soy la raíz y el linaje de David, la estrella resplandeciente de la mañana» (Apocalipsis 22:16).

Al contemplar el futuro descubrimos que la profecía produce paz y esperanza en el corazón de cada creyente. Jesús declaró: «No se turbe vuestro corazón; creéis en Dios, creed también en mí» (Juan 14:1). El Salvador consoló los corazones de sus discípulos, y consuela los nuestros, con una promesa profética: «En la casa de mi Padre muchas moradas hay; si así no fuera, yo os lo hubiera dicho; voy, pues, a preparar lugar para vosotros. Y si me fuere y os preparare lugar, vendré otra vez, y os tomaré a mí mismo, para que donde yo estoy, vosotros también estéis» (vv. 2–3).

Mientras somos testigos de informes noticiosos que predicen un colapso económico global, el peligroso aumento de las capacidades nucleares de Irán, la lucha de China por dominar el mundo, el vertiginoso aumento de las tasas de suicidio, la progresiva amenaza del socialismo, la anarquía que se extiende por las calles, el ataque sobre la capital de nuestra nación y la creciente cantidad de muertes debido al coronavirus, *todavía* podemos consolarnos en las Escrituras proféticas que confirman que Dios aún está en su trono y que reinará en poder y gloria en la era por venir.

A menudo escucho la declaración: «¡Esta situación no tomó a Dios por sorpresa!». Esto es muy cierto; pero también se nos ha proporcionado una perspectiva de lo que nos depara el futuro a través de la profecía bíblica. Por tanto, lo que ocurre hoy día en nuestro mundo tampoco debe tomar por sorpresa a los creyentes. Las Escrituras proféticas gritan en cada libro de la Biblia: «Levanten la cabeza y regocíjense; ¡Dios tiene el control!».

VISIÓN DE DANIEL SOBRE EL FINAL DE LOS TIEMPOS

Ningún otro escrito profético es tan revelador como el de Daniel. Su libro presenta varias visiones en las que se revela el futuro del mundo, y muchas de ellas se han cumplido con 100% de exactitud.

Las profecías de Daniel han influido durante siglos en los acontecimientos mundiales. Josefo, el historiador de la antigüedad, narró una historia sobre los escritos de Daniel y Alejandro Magno. Casi 270 años después que Daniel relatara sus visiones e interpretaciones, Alejandro Magno y su ejército marcharon sobre Jerusalén. Cuando se acercaba a la Ciudad Santa, Jadua, el sumo sacerdote de la época, salió al encuentro del emperador griego y le mostró el pasaje donde Alejandro y su imperio fueron descritos por Daniel siglos antes que existieran. Alejandro quedó tan impresionado por las visiones de Daniel que, «en lugar de destruir Jerusalén, entró a la ciudad en paz y adoró en el templo».[9]

Daniel fue una persona muy influyente. Jesús citó del libro de Daniel en su Discurso del Monte de los Olivos (Mateo 24:15, Marcos 13:14). El libro del Apocalipsis se vuelve más claro cuando se estudia junto con Daniel; y «el hombre de pecado» (2 Tesalonicenses 2:3), o el anticristo, a quien se refirió Pablo, se convierte en un ser de carne y hueso cuando se lo ve a la luz de la visión de Daniel.

El Señor le dio al profeta Daniel un vistazo del futuro, y una de esas visiones proféticas estremeció tan profundamente al judío que se desmayó y estuvo en cama durante varios días (Daniel 8:27). Vio lo que se avecinaba, y lo aceptó como la obra de un Dios soberano y justo, pero aun así se desconcertó al ver los hechos futuros.

La historia de Daniel comenzó en el año tercero del reinado de Joacim, rey de Judá. Debido a la extrema impiedad de Joacim, «vino Nabucodonosor rey de Babilonia a Jerusalén, y la sitió» (Daniel 1:1) en el año 605 A.C.

Nabucodonosor era un rey excéntrico, pero no era tonto. Examinó con cuidado su botín, tomó los utensilios de oro del templo y los colocó en la casa de su propio dios. En lugar de llevar a rastras a los prisioneros de guerra como esclavos, el rey instruyó al jefe de los eunucos que evaluara a los cautivos y seleccionara «muchachos en quienes no hubiese tacha alguna, de buen parecer, enseñados en toda sabiduría, sabios en ciencia y de buen entendimiento, e idóneos para estar en el palacio del rey» (v. 4). Entre los elegidos para el servicio real estaban Daniel, Ananías, Misael y Azarías, los últimos tres mejor conocidos como Sadrac, Mesac y Abed-Nego.

Daniel y los otros «hijos de Judá» tenían el legítimo derecho de pensar en lo inevitable, ya que era posible que su propio fin estuviera cerca. No obstante, los padres de estos jóvenes los habían instruido acerca del pacto eterno de Dios con Abraham sobre la obtención del título de propiedad de la tierra prometida (Génesis 15:9–21). Ellos sabían que Dios prometió al rey David que su simiente se sentaría en el trono de Israel para siempre (Salmos 89:4). Dios había hecho pactos incondicionales e inquebrantables con la nación de Israel, pero ahora parecía que había abandonado a su pueblo elegido. ¿Qué sucedió? ¿Dónde se encontraba Jehová cuando lo necesitaban?

Daniel miró alrededor y vio rostros extraños, oyó voces desconocidas y presenció hordas de personas adorando a dioses paganos. Los utensilios sagrados del santo templo se utilizaban ahora para contener aceite e incienso ofrecidos a ídolos de creación humana. ¿Cómo pudo Dios permitir esta profanación?

Daniel y sus compañeros eran extranjeros en una tierra extraña, cautivos que vivían bajo un rey pagano. ¿Se había olvidado Dios de sus promesas? ¿Había roto su pacto? Estoy seguro de que Daniel y sus amigos estaban consternados y confundidos, pero debieron elegir entre concentrarse en sus terribles circunstancias o permanecer con el Dios de sus padres, Abraham, Isaac y Jacob, y la Palabra del Señor.

Las profecías del Antiguo Testamento dejaron muy claras las razones de Dios para permitir el exilio. Él siempre juzga el pecado. Israel había pecado reiteradamente, sin reconocer que lo había hecho ni arrepentirse; en consecuencia, Dios permitió el sitio de Jerusalén y el cautiverio israelita en Babilonia.

El profeta Ezequiel describió los pecados pasados y el destino bien merecido de Israel en una serie de visiones acerca de las abominaciones en el templo (Ezequiel 8), la matanza de los impíos (3:18-19) y la gloria de Dios que se alejaba. El profeta dijo que Israel había sido una vid infructuosa y una esposa adúltera (16:32), y que, al igual que un águila, Babilonia se abalanzaría y arrancaría este pueblo. Pero al juicio justificado de Israel le seguiría una restauración gloriosa (43:9). El profeta Oseas describió a Israel como una ramera que se prostituía tras los ídolos. Como un retrato de la sublime gracia de Dios y de la redención de Israel, Oseas fue al mercado de esclavos y redimió a su esposa adúltera (Oseas 1:1-11).

Dios desea que entendamos por qué hace lo que hace. Al pueblo judío de la época de Daniel se le había advertido, exactamente como a los hombres y las mujeres se les advierte hoy día. La naturaleza y el carácter de Dios son inmutables; no hay sombra de variación (Santiago 1:17). Pablo escribe: «Ciertamente, aun estimo todas las cosas como pérdida por la excelencia del conocimiento de Cristo Jesús, mi Señor, por amor del cual lo he perdido todo, y lo tengo por basura, para ganar a Cristo ... a fin de conocerle» (Filipenses 3:8, 10). Hay una gran diferencia entre saber acerca de Dios y conocer realmente quién es Él. Cuando usted conoce de manera personal a Dios, y se relaciona íntimamente con Él, puede entender lo que el Señor hace y por qué lo hace.

Estados Unidos sabe acerca de Dios, pero no comprende el carácter divino. El Ser Supremo de la Biblia es un Dios de majestad, sabiduría, verdad, amor y gracia, y es celoso con sus hijos. También es un Dios de juicio e ira, y *no cambia*. Él está tan listo hoy día para juzgar el pecado como lo estaba en la época de Daniel.

El hombre o la nación que quebrantan la ley del Juez Supremo y no se arrepienten descubrirán la severidad divina. Recuerde esta verdad muy importante: usted no quebranta las leyes de Dios, sino que las leyes de Dios lo quebrantan a usted. O usted cae sobre la Piedra Angular, Jesucristo, y se quebranta, o la Piedra Angular caerá sobre usted, convirtiéndolo en polvo. La decisión es suya.

¡Conocer a Dios es reconocer que Él no puede cambiar y que no mentirá! Dios vive «eternamente» (Salmos 93:2), Él es «el Dios incorruptible» (Romanos 1:23), es «el único que tiene inmortalidad» (1 Timoteo 6:16). El rey David escribió de Dios: «Tú eres el mismo, y tus años no se acabarán» (Salmos 102:27).

Cuando mis hijos eran pequeños me preguntaban con frecuencia: «¿Papá, ¿quién hizo a Dios?». Yo les explicaba que Dios no necesitaba ser creado porque es eterno; Él siempre ha sido y siempre será. No envejece. No gana ni pierde poder. No evoluciona ni retrocede; no mejora ni se deteriora, porque Dios fue perfecto desde el principio y lo será siempre.

Muchas circunstancias pueden alterar el carácter de un ser humano: tensión, conmoción, enfermedad o pérdida. Pero nada puede alterar el carácter de Dios. «El consejo de Jehová permanecerá para siempre; los pensamientos de su corazón por todas las generaciones» (Salmos 33:11). Él «es el mismo ayer, y hoy, y por los siglos» (Hebreos 13:8). Lo que Dios hace en el tiempo lo planeó desde la eternidad, y lo que planeó en la eternidad lo lleva a cabo en el tiempo.

Dios juzgó a Sodoma y Gomorra debido a la conducta inmoral de sus habitantes. Juzgó a los miembros de la generación de Noé porque «todo designio de los pensamientos del corazón de ellos era de continuo solamente el mal» (Génesis 6:5).

Si Dios juzgó a los israelitas a causa de la corrupción moral y espiritual que adoptaron, juzgará por las mismas razones a Estados Unidos o a cualquier otra nación del mundo; de lo contrario, como declaró Ruth Bell Graham, «Dios tendrá que disculparse con Sodoma y Gomorra».[10]

Cada día nos enteramos de otra abominación que entra a la corriente cultural. Los defensores del aborto no solamente quieren realizar procedimientos médicos «seguros, raros y legales», sino que insisten en el derecho de abortar un bebé en el momento del parto o incluso en asesinarlo después que ha nacido. No solo se tolera y acepta la homosexualidad como un estilo alternativo de vida, sino que ahora está institucionalizada en el matrimonio entre personas del mismo sexo. Por otro lado, a los cristianos los demandan o los obligan a cerrar sus negocios por negarse a atender las demandas de los homosexuales. Ha surgido la idea falaz de la transexualidad, y ahora Estados Unidos permite una vez más que soldados transgéneros sirvan en el ejército.

Sin embargo, no podemos culpar de la corrupción moral de Estados Unidos a los homosexuales, transgéneros y abortistas. Ellos han decidido usar sus «derechos inalienables» para promover su agenda, y han tenido éxito. Son unidos, apasionados, pacientes y prudentes en la consecución de sus objetivos. Invierten sus recursos y su tiempo. Están informados y les satisface husmear debajo de la tienda... porque finalmente tienen la intención de quedarse con ella.

¿Dónde están los cristianos? Estamos acobardados en nuestras casas, creyendo que no tenemos voz en el gobierno. Muchos de nosotros no estamos registrados para votar, o si lo estamos, no votamos porque no nos entusiasma ningún candidato. Sepa esto: ¡Abstenerse de votar es un voto! Incluso otros cristianos demandan un «todo o nada», ¡y en consecuencia no obtenemos NADA! ¡No somos apasionados, pacientes, prudentes ni unidos! ¡Se nos ve como personas desorganizadas, no informadas, improductivas e innecesarias! Y como resultado de nuestra apatía estamos renunciando a nuestros derechos judeocristianos: un ciclo electoral a la vez.

Al inicio de la pandemia de covid-19 ciertos gobernadores, alcaldes y ayuntamientos liberales de toda la nación prohibieron reuniones de adoración con el pretexto de frenar la propagación del virus, pues según parece consideraron que las personas de fe no eran esenciales. Los ciudadanos respetuosos de la ley fuimos amenazados con acciones legales, multas exorbitantes e incluso cárcel si intentábamos reunirnos en nuestras casas de adoración. Sin embargo, estos mismos líderes civiles permitieron que anarquistas se amotinaran en las calles, destruyendo propiedades y el sustento de personas inocentes, mientras llamaban expresión de justicia social y libertad de expresión a estos actos vandálicos. La mayoría de los cristianos permanecieron en silencio y permitieron que esta locura proliferara... ¡qué vergüenza!

Lo lamentable es que esta apatía no debería sorprendernos. Una encuesta realizada en agosto 2020 por George Barna's Cultural Research Center muestra que «los cristianos profesantes están desarrollando más y más creencias decididamente no cristianas, lo que demuestra que muchos de ellos son realmente paganos no profesantes». Según el American Worldview Inventory 2020, «el "sincretismo" prima hoy día, y la mayoría de los cristianos tiene preocupantes problemas fundamentales de creencias».[11]

¿Qué es «sincretismo?». Es «combinar o unir diferentes principios y prácticas filosóficas, religiosas o culturales».[12] En resumidas cuentas, la cultura de la cancelación, que condena y excluye a todo lo que se considera políticamente incorrecto, ha superado nuestras creencias fundamentales básicas y las ha reemplazado con el dios «quien quiera que sea» de esta época.

El investigador George Barna comentó:

> Cuando se trata de fe, moral, valores y estilo de vida, las personas tienen una mentalidad de «todo vale»; los estadounidenses parecen estar creando perspectivas únicas y muy personalizadas basadas en sentimientos, experiencias y oportunidades ... encontramos que la mayoría de los individuos afirma que el objetivo de la vida es sentirse bien con uno mismo, que todas las creencias tienen el mismo valor, que la entrada a la presencia eterna de Dios está determinada por los medios personales de elección, y que no existen absolutos que nos guíen o nos hagan crecer moralmente».[13]

Estados Unidos ya no es «una nación bajo Dios». Hemos ridiculizado la verdad de la Biblia, y a eso llamamos pluralismo. Hemos adorado a otros dioses y lo llamamos multiculturalismo. Hemos premiado la pereza y lo llamamos bienestar y privilegio. Hemos dejado de disciplinar a nuestros hijos y a esto llamamos construcción de autoestima. Hemos contaminado el aire con blasfemias y pornografía, y lo llamamos libertad de expresión. Hemos institucionalizado el perjurio y el engaño en el gobierno y lo llamamos algo políticamente correcto.[14]

Lo triste es que los cristianos estamos yendo hacia la extinción. Así advirtió D. L. Moody a los creyentes:

Los cristianos deben vivir en el mundo, pero sin llenarse de este. Un barco vive en el agua; pero si el agua entra al barco, se va al fondo. Entonces los cristianos pueden estar en el mundo, pero si el mundo entra en ellos, se hunden.[15]

EL SUEÑO DE NABUCODONOSOR

Si alguna vez un hombre estuvo en el lugar correcto en el momento apropiado, fue Daniel. Dios lo sacó de Jerusalén y lo plantó en Babilonia, la ciudad maravilla del mundo antiguo. El reino de Babilonia fue el primer gran imperio mundial. La monarquía alcanzó su apogeo durante la vida de Daniel, con él sirviendo al rey más influyente y poderoso de Babilonia.

La propia ciudad de Babilonia era una maravilla. Historiadores antiguos han informado que su muralla tenía casi cien kilómetros de circunferencia, noventa metros de altura, veinticinco metros de ancho y más de diez metros de profundidad para que los enemigos no pudieran cavar un túnel por debajo. Dentro de la muralla se construyeron doscientas cincuenta torres, junto con salas de guardias para los astutos centinelas reales y sus soldados vigilantes.

En el interior de la ciudad, el gran templo de Marduk contenía una imagen de oro de Bel y una mesa dorada, que juntas pesaban al menos cincuenta mil libras. En la parte superior del templo había imágenes doradas de Bel e Ishtar, dos leones de oro y una figura humana de oro macizo de cinco metros y medio de altura. Isaías no exageró cuando describió a Babilonia como una ciudad de oro (Isaías 14:4).[16]

El monarca y gobernante absoluto de esta ciudad dorada era Nabucodonosor. La Biblia nos dice en Daniel 2 que una noche el rey Nabucodonosor, soberano sobre los asirios, los sirios y los egipcios, se vio perturbado por un sueño. En la sociedad babilonia se consideraban los sueños como mensajes de los dioses. Sin embargo, cuando el rey despertó no recordaba nada de su pesadilla, excepto una profunda sensación de fatalidad. Había olvidado el sueño, pero recordaba suficiente del inquietante suceso como para saber que era importante. El sueño le dejó en la mente una profunda, permanente y poderosa impresión.

¿Cómo podía un simple sueño, especialmente uno olvidado, perturbar al rey más poderoso de la faz de la tierra? ¿Por qué no podía recordarlo? Dios fue el que diseñó tanto el sueño como el hecho de que Nabucodonosor lo olvidara. A través de Daniel, un muchacho judío cautivo, el mundo de Nabucodonosor se enteraría de que el Dios de Abraham, Isaac y Jacob era el *único* Dios vivo y omnipotente de todos los dioses.

Cuando Nabucodonosor no pudo recordar el sueño, mandó llamar a sus magos, astrólogos, encantadores y caldeos. Los magos eran maestros de la adivinación; los astrólogos predecían acontecimientos basándose en la posición de las estrellas. Los encantadores se comunicaban con los muertos ayudados por espíritus malignos y los caldeos eran filósofos que dominaban todos los campos de la ciencia. Ellos conformaban el gabinete del rey y el grupo de expertos de Babilonia.

Estos hombres no eran tontos, el simple hecho de que tuvieran acceso a la corte real dice mucho sobre su habilidad y diplomacia. Durante años habían estado escuchando los relatos de los sueños del rey, observándole sus expresiones y juzgándole sus estados de ánimo. Luego realizaban acciones específicas y estructuraban sus respuestas en forma tan ambigua que sus palabras resultarían ser ciertas sin importar el modo en que los acontecimientos futuros se desarrollaran; en esencia, ¡estos *individuos eran políticos hábiles!*

Cuando este elenco de personajes se reunió delante de Nabucodonosor, el rey miró hacia afuera y exigió: «Decidme, pues, el sueño y su interpretación» (Daniel 2:6).

¡Me encantaría haber estado allí para verles sus caras de asombro! Con un ultimátum el rey les volteó la tortilla a estos aduladores maestros de lo oculto y así garantizó que recibiría una respuesta verdadera. Porque si un hombre tenía el poder para interpretar correctamente el sueño, ciertamente debía tener suficiente poder para saber cuál fue el sueño.

Los príncipes de lo oculto que se presentaron delante de Nabucodonosor afirmaron que podían comunicarse directamente con los dioses, pero fueron totalmente impotentes cuando el rey les hizo su exigencia. Un par de ellos alegaron que la demanda del monarca era injusta, pero la respuesta de Nabucodonosor fue categórica: «Si no me mostráis el sueño y su interpretación, seréis hechos pedazos, y vuestras casas serán convertidas en muladares» (v. 5).

Frente al hacha y la llama, los aterrados charlatanes hicieron lo único que podían hacer: intentaron ganar tiempo; regatearon y suplicaron. Pero Nabucodonosor estaba harto, por lo que declaró:

Yo conozco ciertamente que vosotros ponéis dilaciones, porque veis que el asunto se me ha ido. Si no me mostráis el sueño, una sola sentencia hay para vosotros. Ciertamente preparáis respuesta mentirosa y perversa que decir delante de mí, entre tanto que pasa el tiempo. Decidme, pues, el sueño, para que yo sepa que me podéis dar su interpretación. (vv. 8–9)

Esta vez los caldeos respondieron con la verdad:

No hay hombre sobre la tierra que pueda declarar el asunto del rey; además de esto, ningún rey, príncipe ni señor preguntó cosa semejante a ningún mago ni astrólogo ni caldeo. Porque el asunto que el rey demanda es difícil, y no hay quien lo pueda declarar al rey, salvo los dioses cuya morada no es con la carne. (vv. 10–11)

El perturbado soberano estaba listo para limpiar la casa. Inmediatamente Nabucodonosor sentenció a muerte a todo el grupo de «sabios». Esta condena incluía a Daniel y sus compañeros, que no sabían nada de lo que había ocurrido en el salón del trono real. Cuando Arioc, capitán del rey, llegó a arrestar a Daniel, el judío cautivo expuso su caso. Daniel «entró y pidió al rey que le diese tiempo, y que él mostraría la interpretación al rey» (v. 16). Para entonces el joven Daniel, probablemente entre diecisiete y veinte años de edad en ese tiempo, era suficientemente conocido y respetado como para que el rey le concediera una noche de plazo.

LA REUNIÓN DE ORACIÓN

Después de escuchar el edicto de Nabucodonosor, Daniel salió y les pidió a Ananías, Misael y Azarías que se reunieran en la casa de él para orar. Podrían no estar viviendo en Jerusalén, la Ciudad Santa, pero Dios aún estaba en su trono, escuchándoles las oraciones y dispuesto a suplirles sus necesidades.

Al reunirse para suplicar al Señor, cada uno de estos hombres estaba consciente de que su vida dependía del resultado de esta reunión de oración. Si Dios no les enviaba una respuesta y los liberaba, morirían a la mañana siguiente. La Biblia nos narra que Daniel y sus amigos buscaron «misericordias del Dios del cielo sobre este misterio, a fin de que Daniel y sus compañeros no pereciesen con los otros sabios de Babilonia. Entonces el secreto fue revelado a Daniel en visión de noche» (vv. 18–19).

¡Y qué tremendo secreto resultó ser! ¡El sueño de Nabucodonosor era la revelación profética más importante que Dios le había dado a la humanidad! Este sueño describía acontecimientos del futuro con un detalle tan gráfico y dramático que llegaría a conocerse como la representación de la profecía.

No se nos dice cuánto tiempo duró la reunión de oración, pero sabemos que ellos no dejaron de orar hasta que escucharon desde el cielo. Ya que debían tener una respuesta para el rey la mañana siguiente, es lógico suponer que oraron hasta bien entrada la noche y que Daniel se quedó dormido cuando un ángel, tal vez Gabriel, le revelaba el significado del sueño del rey.

Daniel despertó a la mañana siguiente. Con un espíritu de agradecimiento bendijo al Señor por la revelación sobrenatural que le había dado:

Sea bendito el nombre de Dios de siglos en siglos, porque suyos son el poder y la sabiduría. Él muda los tiempos y las edades; quita reyes, y pone reyes; da la sabiduría a los sabios, y la ciencia a los entendidos. El revela lo profundo y lo escondido; conoce lo que está en tinieblas, y con él mora la luz. A ti, oh Dios de mis padres, te doy gracias y te alabo, porque me has dado sabiduría y fuerza, y ahora me has revelado lo que te pedimos; pues nos has dado a conocer el asunto del rey. (vv. 20–23)

Después de expresar profundo agradecimiento, Daniel se fue a ver a Arioc, el capitán del rey, e inmediatamente solicitó que se levantara la sentencia de muerte para todos los involucrados.

Daniel mostró inesperada misericordia. Mientras los príncipes de lo oculto eran llevados para ser ejecutados, el judío intercedió por sus vidas. Imagínese, Daniel era el más grande de los profetas, un hombre justo sometido en toda forma al Dios de Abraham, Isaac y Jacob; sin embargo, intercedió para salvar las vidas de las personas espiritualmente más corruptas de un reino corrupto. Qué gran ejemplo de amor, gracia y compasión. Si los cristianos mostráramos lo mismo incluso a otros creyentes, experimentaríamos un poderoso avivamiento de arrepentimiento, restauración y renovación.

EL ESCENARIO CAMBIA

Como resultado del sueño de Nabucodonosor, el Equipo de Dios, compuesto por Daniel y sus tres amigos, se convirtió instantáneamente en el centro de la atención nacional. Esta no era la primera vez que un desconocido judío cautivo alcanzaba fama nacional. ¿Recuerda usted a José? Literalmente lo sacaron de la celda y lo llevaron al palacio para que explicara el sueño de Faraón. Ahora otro judío cautivo, Daniel, esperaba entre bastidores con el poder sobrenatural de la revelación de Dios. Daniel 2:25-47 relata la historia:

Todavía era temprano en la mañana; tal vez las antorchas nocturnas aún ardían en los muros del trono del rey cuando Arioc condujo a Daniel a la cámara real. Los sirvientes se apartaban del camino para cederle paso a Arioc, pero los ojos del capitán estaban llenos de esperanza cuando alzó la mirada y se topó con la expresión atronadora del rey.

«He hallado un varón», informó, su voz resonó en la quietud cavernosa de la inmensa cámara. «He hallado un varón de los deportados de Judá, el cual dará al rey la interpretación». Fíjese que Arioc no mencionó el sueño en sí; aunque tenía todas las esperanzas puestas en Daniel, no tenía suficiente fe para recordarle al rey que buscaba tanto el sueño *como* la interpretación. Tal vez Arioc creyó que una noche de sueño habría suavizado el corazón del monarca y borrado su memoria. Tal vez el acalorado gobernante había reconsiderado su decisión de ejecutar a todos los sabios. Si este joven hebreo lograba satisfacer la curiosidad real con alguna clase de balbuceo acerca del futuro y los dioses...

Sin embargo, el rey no había olvidado su inquietud. Nabucodonosor trasladó su mirada del capitán al joven parado en las sombras. Recordó a Daniel y que le había concedido algunas pocas horas adicionales para explicar el misterioso sueño. El rostro del apuesto joven le evocó una vaga remembranza, y entonces le surgió otro recuerdo. Este cautivo era uno de los cuatro muchachos hebreos que habían causado un poco de revuelo cuando los integraron por primera vez a la vida del palacio. Habían querido únicamente vegetales y agua, y para sorpresa de todos, la dieta que siguieron los tornó de apariencia más saludable que los demás que habían comido carne inmolada en un rito sacrificial en honor a los dioses del rey. A este joven, según parece el líder, se le había dado el apreciado nombre de Beltsasar, que significa «Bel le protege la vida».

La mirada fría del rey se encontró con la de su cautivo, y le preguntó: «Beltsasar, ¿podrás tú hacerme conocer el sueño que vi, y su interpretación?».

Un silencio denso como una fuerte neblina envolvió a los ocupantes del salón del trono mientras Daniel daba un paso adelante. El joven no comenzó con los saludos ceremoniales y los deseos de larga vida, salud y prosperidad; en lugar de eso, enfrentó con determinación la mirada del monarca y comenzó diciéndole con voz llena de autoridad: «El misterio que el rey demanda, ni sabios, ni astrólogos, ni magos ni adivinos lo pueden revelar al rey». Daniel hizo una pausa, y Arioc contuvo el aliento, preguntándose si le pedirían que ejecutara a este joven sabio en el acto. Hasta ese momento el joven hebreo no había mostrado nada más que un don para declarar lo que era obvio.

Daniel dio otro paso al frente, y su voz se suavizó con algo parecido a una profunda compasión mientras sostenía la mirada del monarca. Luego continuó: «Pero hay un Dios en los cielos, el cual revela los misterios, y él ha hecho saber al rey Nabucodonosor lo que ha de acontecer en los postreros días. He aquí tu sueño, y las visiones que has tenido en tu cama».

Haciendo caso omiso al protocolo, Arioc se quedó boquiabierto, mientras Daniel hacía una descripción verbal de reinos y gobernantes y del mundo por venir. El profeta hebreo habló de Nabucodonosor, del imperio babilónico y de un reino futuro que nunca terminaría. Daniel predijo poder glorioso, terrible destrucción y condenación venidera.

Cuando el hebreo terminó de hablar, el rey Nabucodonosor trastabilló de su trono y se postró de rodillas delante de Daniel, entonces ordenó: «Traigan incienso. Presentaremos una ofrenda a Beltsasar».

Daniel estiró la mano, atreviéndose a tocar el hombro de Nabucodonosor, y lo instó a ponerse de pie, rechazando de manera inaudible la adoración ofrecida. Los ojos del rey resplandecieron con entendimiento, luego levantó las manos y cerró los ojos, sobrecogido por la comprensión de que ese día había escuchado sinceramente el mensaje del único Dios verdadero.

El susurro áspero de Nabucodonosor resonó en el enorme salón cuando declaró: «Ciertamente el Dios vuestro es Dios de dioses, y Señor de los reyes, y el que revela los misterios, pues pudiste revelar este misterio», y todos los que lo oyeron se maravillaron del poder del Dios de Daniel.

EL SUEÑO DE NABUCODONOSOR EXPLICADO

Es sorprendente que la interpretación que Daniel hiciera del sueño de Nabucodonosor describiera acontecimientos futuros. Hoy día nos encontramos viviendo en la línea cronológica de este acontecimiento, podemos ver los sucesos cumplidos de la primera parte del sueño y mirar expectantes su conclusión en el futuro.

Examinemos el sueño como Daniel lo describió:

Tú, oh rey, veías, y he aquí una gran imagen. Esta imagen, que era muy grande, y cuya gloria era muy sublime, estaba en pie delante de ti, y su aspecto era terrible. La cabeza de esta imagen era de oro fino; su pecho y sus brazos, de plata; su vientre y sus muslos, de bronce; sus piernas, de hierro; sus pies, en parte de hierro y en parte de barro cocido. Estabas mirando, hasta que una piedra fue cortada, no con mano, e hirió a la imagen en sus pies de hierro y de barro cocido, y los desmenuzó. Entonces fueron desmenuzados también el hierro, el barro cocido, el bronce, la plata y el oro, y fueron como tamo de las eras del verano, y se los llevó el viento sin que de ellos quedara rastro alguno. Mas la piedra que hirió a la imagen fue hecha un gran monte que llenó toda la tierra. Este es el sueño; también la interpretación de él diremos en presencia del rey. Tú, oh rey, eres rey de reyes; porque el Dios del cielo te ha dado reino, poder, fuerza y majestad. Y dondequiera que habitan hijos de hombres, bestias del campo y aves del cielo, él los ha entregado en tu mano, y te ha dado el dominio sobre todo; tú eres aquella cabeza de oro. Y después de ti se levantará otro reino inferior al tuyo; y luego un tercer reino de bronce, el cual dominará sobre toda la tierra. Y el cuarto reino será fuerte como hierro; y como el hierro desmenuza y rompe todas las cosas, desmenuzará y quebrantará todo. Y lo que viste de los pies y los dedos, en parte de barro cocido de alfarero y en parte de hierro, será un reino dividido; mas habrá en él algo de la fuerza del hierro, así como viste hierro mezclado con barro coci-do. Y por ser los dedos de los pies en parte de hierro y en parte de barro cocido, el reino será en parte fuerte, y en parte frágil. Así como viste el hierro mezclado con barro, se mezclarán por medio de alianzas humanas; pero no se unirán el uno con el otro, como el hierro no se mezcla con el barro. Y en los días de estos reyes el Dios del cielo levantará un reino que no será jamás destruido, ni será el reino dejado a otro pueblo; desmenuzará y consumirá a todos estos reinos, pero él permanecerá para siempre, de la manera que viste que del monte fue cortada una piedra, no con mano, la cual desmenuzó el hierro, el bronce, el barro, la plata

*y el oro. El gran Dios ha mostrado al rey lo que ha de acontecer
en lo por venir; y el sueño es verdadero, y fiel su interpretación.*

(Daniel 2:31–45)

La historia ha demostrado que la interpretación que diera
Daniel del sueño del rey es totalmente exacta. Como había profetizado, el imperio que reemplazó la cabeza de oro de Nabucodonosor
fue el medo-persa, la coraza de plata. Los medo-persas fueron des-
plazados por Alejandro Magno de Grecia, los lomos de bronce. El
imperio de Alejandro cayó en manos de los romanos, el fuerte y
poderoso dominio que finalmente se dividió en imperios orientales
y occidentales.

Observe que a medida que la mirada de Daniel recorría la imagen, la fortaleza de los metales progresó de suave (oro) a muy duro
(hierro). Esto corresponde a la fortaleza militar de las naciones que
se desarrollaría en los siglos posteriores. La humanidad ha progre-
sado de armas relativamente débiles como palos, lanzas y espadas
a armamento fuerte y sofisticado como bombas inteligentes, misiles
de largo alcance y dispositivos termonucleares.

Es importante notar que la fortaleza del reino de hierro pareció
diluirse con el tiempo. Cuanto más bajaba la mirada, más débil se
volvía el material, hasta que los pies estaban compuestos de hierro
y barro, dos materiales que simplemente no se fusionan entre sí. El
reino de Roma que era «en parte fuerte, y en parte frágil» se debi-
litó a medida que envejecía, hasta que finalmente se dividió en diez
dedos, o diez reinos.

¿Cuáles son las dos sustancias que no se mezclarán? El erudito
William Kelly sugiere que la forma de poder del antiguo Imperio
romano será una federación compuesta de autocracias y democracias, representada por hierro y barro. En su opinión, el hierro representa naciones gobernadas por un monarca; el barro representa
naciones que se adhieren a una forma democrática o representativa

de gobierno.[17] Así como el hierro y el barro no se acoplan, tampoco lo hacen las autocracias y democracias.

Estas diez naciones, algunas gobernadas por monarcas y otras por regímenes democráticos, que representan los gobiernos más poderosos del mundo, serán trituradas por la Piedra no formada por manos: El Señor Jesucristo. El rey de Reyes conquistará todos los dominios y gobernará sobre un último imperio, un reino que permanecerá para siempre.

Nabucodonosor se sintió tan satisfecho por la interpretación que Daniel hiciera de su sueño, que el rey de Babilonia le dio gloria al Dios de Israel. Pero Daniel no había terminado de desentrañar los sueños... ni Dios había terminado de hacer una descripción de la profecía.

EL SUEÑO DE CUATRO BESTIAS

Daniel continuó sirviendo fielmente a los sucesores de Nabucodonosor, y fue durante el primer año del reinado de Belsasar sobre Babilonia que Daniel despertó de un profundo sueño y escribió los aspectos de otro sueño perturbador:

> Miraba yo en mi visión de noche, y he aquí que los cuatro vientos del cielo combatían en el gran mar. Y cuatro bestias grandes, diferentes la una de la otra, subían del mar. La primera era como león, y tenía alas de águila. Yo estaba mirando hasta que sus alas fueron arrancadas, y fue levantada del suelo y se puso enhiesta sobre los pies a manera de hombre, y le fue dado corazón de hombre.
>
> (Daniel 7:2-4)

En este sueño vemos el mismo desfile de naciones descrito en la visión de Nabucodonosor, pero con un giro diferente e inquietante.

Daniel vio cuatro bestias que subían del mar. La primera bestia era como un león con las alas de un águila, la representación exacta del símbolo nacional babilonio. Daniel ya había visto el cumplimiento de la primera parte de esta visión. Nabucodonosor, que había alcanzado logros asombrosos se enorgulleció de su éxito, pero Dios lo derribó al suelo con una demostración sobrenatural de poder divino. El monarca perdió la razón y llegó a comer hierba como un buey durante siete años, después de los cuales Dios le devolvió la cordura. Regresó a su reino con el corazón «de un hombre» y una nueva apreciación del poder del Dios de Daniel (Daniel 4).

Pero Babilonia estaba condenada a la derrota. La noche del 13 de octubre de 539 A.C., Ciro el Grande de Persia derrotó al ejército de Babilonia en el río Tigris al sur de la actual Bagdad. Ciro entró a la ciudad e hizo ejecutar a Belsasar. (Observe por favor que Daniel también profetizó la caída de la ciudad ante los persas; la historia se narra en Daniel 5).

La segunda bestia, un oso encorvado (porque los medos eran más prominentes que los persas), representa el imperio medo-persa:

He aquí otra segunda bestia, semejante a un oso, la cual se alzaba de un costado más que del otro, y tenía en su boca tres costillas entre los dientes; y le fue dicho así: Levántate, devora mucha carne.

(Daniel 7:5)

Las tres costillas en la boca del oso ilustran gráficamente las tres conquistas destacadas del imperio: Lidia en el año 546 A.C., Babilonia en el 539 A.C. y Egipto en el 525 A.C. Una sucesión de reyes gobernó este imperio, incluido el rey Asuero (Jerjes) del libro de Ester. El rey persa Artajerjes fue el monarca durante el servicio real de Nehemías.

La tercera bestia, el leopardo con cuatro alas y cuatro cabezas, representa a Grecia bajo Alejandro Magno:

Después de esto miré, y he aquí otra, semejante a un leopardo, con cuatro alas de ave en sus espaldas; tenía también esta bestia cuatro cabezas; y le fue dado dominio.

(Daniel 7:6)

El leopardo es un animal veloz, que simboliza la velocidad cegadora con la cual la fuerza arrolladora militar de Alejandro atacaba a sus enemigos. Cabe destacar que la edad de oro de Grecia también produjo algunas de las personalidades más destacadas del mundo antiguo, entre ellas Hipócrates, el padre de la medicina moderna, además de Sócrates, Platón y Aristóteles... todos ellos filósofos de renombre.

A través del telescopio de la historia se hace evidente el significado de las cuatro cabezas. En el año 323 A.C. a los treinta y tres años de edad, Alejandro murió en Babilonia. A su muerte, sus cuatro generales principales se dividieron el reino: Ptolomeo I se hizo cargo de Israel y Egipto; Seleuco I reinó sobre Siria y Mesopotamia; Lisímaco decidió gobernar Tracia y Asia Menor; y Casandro se encargó de Macedonia y Grecia.

La espantosa cuarta bestia, más aterradora que sus predecesoras, representa al Imperio romano, la última forma de poder gentil en la Tierra:

Después de esto miraba yo en las visiones de la noche, y he aquí la cuarta bestia, espantosa y terrible y en gran manera fuerte, la cual tenía unos dientes grandes de hierro; devoraba y desmenuzaba, y las sobras hollaba con sus pies, y era muy diferente de todas las bestias que vi antes de ella, y tenía diez cuernos.

(Daniel 7:7)

Roma controlaba el centro de Italia en el año 338 A.C., y el Imperio se expandió gradualmente. El famoso general Pompeyo conquistó la Tierra Santa en el 63 A.C. Roma gobernaba Judea con mano de hierro en la época de Cristo y posterior a ella. En el año 70 D.C. el general romano Vespasiano ordenó a su hijo Tito que destruyera Jerusalén. El templo fue demolido, tal como Jesús predijo que pasaría (Mateo 24:1–2).

En el año 284 D.C., Diocleciano separó el Imperio oriental del occidental y nombró a Maximiliano como gobernante del reino oriental. Una sucesión de gobernantes luchó por el control a lo largo de los años, y en el 476 D.C. fue destronado el último emperador romano, Rómulo Augusto. Es necesario tener en cuenta que el Imperio romano nunca fue conquistado, simplemente se derrumbó por la corrupción interna y moral. Sin embargo, el espíritu dominante de Roma está vivo hoy día.

Lo más importante en cuanto a esta última bestia horripilante no es su fortaleza, su ferocidad o el hecho de que destruyera a todas las demás bestias. Lo más significativo es lo que surgirá de los diez cuernos de la bestia.

Los diez cuernos del sueño de Daniel corresponden a los diez dedos en el sueño de Nabucodonosor. Los cuernos representan diez reyes o dirigentes que liderarán naciones (una confederación europea) que surgirán del cuarto reino mundial: el Imperio romano:

Mientras yo contemplaba los cuernos, he aquí que otro cuerno pequeño salía entre ellos, y delante de él fueron arrancados tres cuernos de los primeros; y he aquí que este cuerno tenía ojos como de hombre, y una boca que hablaba grandes cosas.

(Daniel 7:8)

De entre los diez reinos (diez cuernos) se levantará uno indi-vidual (el cuerno pequeño) que controlará toda la federación de naciones. ¿Quién es este cuerno pequeño y cuál es su propósito?

Antes que consideremos la respuesta a esta pregunta, que se ana-lizará en un capítulo posterior, veamos el final del sueño de Daniel:

> *Estuve mirando hasta que fueron puestos tronos, y se sentó un Anciano de días, cuyo vestido era blanco como la nieve, y el pelo de su cabeza como lana limpia; su trono llama de fuego, y las ruedas del mismo, fuego ardiente. Un río de fuego procedía y salía de delante de él; millares de millares le servían, y millones de millones asistían delante de él; el Juez se sentó, y los libros fueron abiertos. Yo entonces miraba a causa del sonido de las grandes palabras que hablaba el cuerno; miraba hasta que ma-taron a la bestia, y su cuerpo fue destrozado y entregado para ser quemado en el fuego. Habían también quitado a las otras bestias su dominio, pero les había sido prolongada la vida hasta cierto tiempo. Miraba yo en la visión de la noche, y he aquí con las nubes del cielo venía uno como un hijo de hombre, que vino hasta el Anciano de días, y le hicieron acercarse delante de él. Y le fue dado dominio, gloria y reino, para que todos los pueblos, naciones y lenguas le sirvieran; su dominio es dominio eterno, que nunca pasará, y su reino uno que no será destruido.*

(Daniel 7:9–14)

Aunque su sueño terminó con las buenas nuevas del reino eterno del Anciano de días (Jesucristo), Daniel todavía estaba preocupado. Cuatro grandes imperios surgirían en la línea cronológica asignada a los reinos del mundo, y de una confederación final vendría un ostentoso destructor (el cuerno pequeño). Sí, la victoria será final-mente de Dios, pero no antes que el mundo padezca en gran manera a manos del anticristo, el mesías de Satanás.

Aprenderemos más de Daniel en los capítulos siguientes, y veremos cómo sus sueños, visiones y profecías calzan en todo el canon de las Escrituras. Pero antes de seguir adelante, consideremos una verdad importante acerca de la profecía bíblica.

¿Recuerda usted el comentario de Pedro de que la profecía sería útil «hasta que el día esclarezca y el lucero de la mañana salga en vuestros corazones» (2 Pedro 1:19)? El apóstol añadió: «Entendiendo primero esto, que ninguna profecía de la Escritura es de interpretación privada, porque nunca la profecía fue traída por voluntad humana, sino que los santos hombres de Dios hablaron siendo inspirados por el Espíritu Santo» (vv. 20–21).

La profecía no es de «interpretación privada»; es decir, los profetas no la crearon a partir de su propia imaginación, sino que sus palabras fueron inspiradas por el Espíritu Santo. Puesto que toda la profecía bíblica proviene de la misma fuente, ¿no debería una profecía reforzar a otra? Debemos estudiar el panorama completo de la profecía, y no ser como aquellos que toman uno o dos versículos y crean una secta alrededor de ellos.

En las páginas siguientes veremos cómo otros escritores bíblicos refuerzan las revelaciones de Daniel, y lo más importante, veremos que *El fin de los tiempos*, seguido por los dolores intensos de un mundo moribundo, no pueden evitarse.

CAPÍTULO DOS

11:51 P.M.

El Mesías Príncipe entra en Jerusalén

Cuando entró él en Jerusalén, toda la ciudad se conmovió, diciendo: ¿Quién es éste?
Mateo 21:10

El siguiente acontecimiento en el reloj profético de Dios fue vaticinado entre los años 575–538 A.C., y se cumplió parcialmente cuando Jesús entró en Jerusalén para la celebración de la Pascua en el año 32 D.C. (Juan 12:12–15). A fin de comprender mejor la importancia de la entrada triunfal de Cristo a la Ciudad de David debemos volver a ver las profecías de Daniel.

En el primer año del reinado de Darío, Daniel se hallaba en su recámara privada leyendo las siguientes palabras del profeta Jeremías:

Toda esta tierra será puesta en ruinas y en espanto; y servirán estas naciones al rey de Babilonia setenta años. Y cuando sean cumplidos los setenta años, castigaré al rey de Babilonia y a aquella nación por su maldad, ha dicho Jehová, y a la tierra de los caldeos; y la convertiré en desiertos para siempre.

(Jeremías 25:11–12)

Jeremías había profetizado que Dios enviaría a los hijos de Israel al exilio babilónico durante setenta años, y luego prometió que serían liberados. Esos setenta años estaban a punto de cumplirse. Preocupado al comprender que Dios podría haber demorado la liberación de los judíos cautivos debido a la continua desobediencia, Daniel comenzó a orar para que tanto él como su pueblo caminaran rectamente delante de Dios:

Volví mi rostro a Dios el Señor, buscándole en oración y ruego, en ayuno, cilicio y ceniza. Y oré a Jehová mi Dios e hice confesión diciendo: Ahora, Señor, Dios grande, digno de ser temido, que

guardas el pacto y la misericordia con los que te aman y guardan
tus mandamientos; hemos pecado, hemos cometido iniquidad,
hemos hecho impíamente, y hemos sido rebeldes, y nos hemos
apartado de tus mandamientos y de tus ordenanzas.

(Daniel 9:3–5)

Daniel cerró los ojos y siguió orando, reconociendo voluntaria-
mente el pecado de Israel. Aunque las Escrituras no registran una
sola iniquidad cometida por Daniel, lleno de humildad se identificó
como pecador y suplicó perdón, misericordia y compasión. Exaltó
la justicia de Dios y la contrastó con la pecaminosidad constante de
Israel. Inmerso en una ola de emoción, Daniel oró: «Oye, Señor; oh
Señor, perdona; presta oído, Señor, y hazlo; no tardes, por amor de
ti mismo, Dios mío; porque tu nombre es invocado sobre tu ciudad
y sobre tu pueblo» (v. 19).

El profeta abrió lentamente los ojos y de pronto se dio cuenta
de que no se hallaba solo. Aunque la puerta no había chirriado, y
las ventanas permanecían cerradas, un hombre había entrado en la
alcoba y estaba delante de Daniel. Sin pronunciar palabra, el profeta levantó la mirada y recordó el rostro del hombre. Se trataba del
ángel Gabriel, a quien Daniel había visto antes (v. 21).

El arcángel rompió el silencio, y le explicó al profeta: «Fui enviado a ti desde el trono de Dios en el momento en que comenzaste a
orar. Debido a que eres muy amado, he venido a decirte algo importante y a darte la capacidad de comprender la visión» (vv. 22–23,
parafraseado).

Quiero que usted se tome un momento y aprecie el hecho de que
Daniel era muy amado; sin embargo, amigo mío, usted y yo también
somos muy amados. Pablo declaró que todos los creyentes en Cristo
son «aceptos en el Amado» (Efesios 1:6). Dios nos ama a todos,
igual que a Daniel. Nuestras oraciones son escuchadas, tal como
ocurrió con la de Daniel; los ángeles tienen la misión de ayudarnos,

tal como Gabriel fue encargado de correr al lado de Daniel. Amigo lector, le animo a que ore como Daniel lo hizo, con corazón arrepentido, con alabanza y acción de gracias, y que luego abra los ojos y vea cómo Dios obra a favor de usted.

Daniel le prestó a Gabriel toda su atención cuando el ángel del Señor comenzó a explicar una visión más que Dios quería que el profeta recibiera y registrara:

Setenta semanas están determinadas sobre tu pueblo y sobre tu santa ciudad, para terminar la prevaricación, y poner fin al pecado, y expiar la iniquidad, para traer la justicia perdurable, y sellar la visión y la profecía, y ungir al Santo de los santos. Sabe, pues, y entiende, que desde la salida de la orden para restaurar y edificar a Jerusalén hasta el Mesías Príncipe, habrá siete semanas, y sesenta y dos semanas; se volverá a edificar la plaza y el muro en tiempos angustiosos. Y después de las sesenta y dos semanas se quitará la vida al Mesías, mas no por sí; y el pueblo de un príncipe que ha de venir destruirá la ciudad y el santuario; y su fin será con inundación, y hasta el fin de la guerra durarán las devastaciones. Y por otra semana confirmará el pacto con muchos; a la mitad de la semana hará cesar el sacrificio y la ofrenda. Después con la muchedumbre de las abominaciones vendrá el desolador, hasta que venga la consumación, y lo que está determinado se derrame sobre el desolador.

(Daniel 9:24–27)

La clave para comprender en su totalidad la visión de Daniel está en el significado de las setenta semanas. La explicación de este concepto único nunca deja de producirme gozo divino en el alma. La Palabra es tan exacta que cuando el creyente la estudia adecuadamente, Dios le revela su autoridad, su sabiduría, su poder, sus promesas y su propósito.

Así como los minutos en el reloj profético no representan minutos verdaderos, la frase *setenta semanas* no significa «setenta semanas de siete días cada una». La expresión hebrea para siete es *shabua*, cuyo significado es «una unidad de medida».[1] Es similar a nuestra palabra *docena*, que podríamos usar con el significado de una docena de agrupaciones de cualquier cosa: personas, huevos, rosquillas y, en este caso, años.

Daniel había estado leyendo en los escritos de Jeremías acerca de los setenta años de exilio, y pensó en ellos como años literales; sin embargo, el Señor le reveló por medio de Gabriel que las setenta semanas es un tiempo específico que totaliza «setenta series de siete». Una vez más, siete podría referirse a siete días, semanas, meses o años, y en este caso las setenta semanas se traducen siete veces setenta años, para un total de 490 años. El mensajero angelical de Dios subdividió aún más las setenta semanas en intervalos, en que cada semana representa siete años en el calendario humano. El primer segmento totalizó siete semanas (7 x 7, o 49 años), el segundo período equivalió a sesenta y dos semanas (62 x 7, o 434 años), y el último intervalo fue de una semana (7 años).

¿Por qué 490 años? De acuerdo con 2 Crónicas 36:21, el exilio babilónico duró setenta años, setenta series de siete. Este fue el lapso exacto requerido para que los israelitas expiaran los 490 años anteriores en la tierra prometida, en que no observaron el año sabático de descanso para la tierra. En Levítico 25:3–5, Dios ordenó a su pueblo que hiciera lo siguiente:

Seis años sembrarás tu tierra, y seis años podarás tu viña y recogerás sus frutos. Pero el séptimo año la tierra tendrá descanso, reposo para Jehová; no sembrarás tu tierra, ni podarás tu viña. Lo que de suyo naciere en tu tierra segada, no lo segarás, y las uvas de tu viñedo no vendimiarás; año de reposo será para la tierra.

Durante 490 años el pueblo judío violó este mandamiento, así como todos los demás. Como resultado de tal desobediencia, fueron enviados por Dios a trabajar en el cautiverio babilónico mientras la tierra del pacto experimentaba los «setenta años» completos de descanso que se le debían.

CRONOGRAMA DE LAS COSAS POR VENIR

El decreto para reconstruir Jerusalén, emitido durante la época de Nehemías, se dio en el año 445 A.C. Durante cuarenta y nueve años (la primera unidad de siete «semanas» de años), Nehemías y sus hombres trabajaron para reconstruir el muro, incluso en «tiempos difíciles» (Daniel 9:25), hasta que la obra se completó en el 396 A.C. Nehemías y sus compañeros de trabajo lucharon con valor contra desánimos, miedos, luchas internas y externas, burlas, profetas mentirosos, pereza pura y oposición satánica mientras se esforzaban por reconstruir el muro usado para proteger y defender Jerusalén.

Daniel profetizó que después de un período adicional de sesenta y dos semanas (lo que creaba un total de sesenta y nueve «semanas» de años), al Mesías se le «quitaría la vida» (Daniel 9:26). El brillante erudito Sir Robert Anderson ha calculado así el principio y el fin de este grupo de sietes:

¿Cuánto duró entonces el período transcurrido entre la emisión del decreto para reconstruir Jerusalén y el advenimiento público del «Mesías Príncipe», entre el 14 de marzo de 445 A.C., y el 6 de abril de 32 D.C.? *El intervalo contenía exactamente y hasta la misma fecha [173.880 días], o siete veces sesenta y nueve años proféticos de 360 días, las primeras sesenta y nueve semanas de la profecía de Gabriel.*[2]

En el noveno día de Nisán, Jesús entró en Jerusalén, ofreciéndose públicamente como el Mesías sufriente de Israel, no como el mesías conquistador que el pueblo anhelaba. En la antigüedad, la forma en que un rey entraba a una ciudad simbolizaba sus intenciones. Si entraba sobre un caballo, su propósito era la guerra. Si entraba a la ciudad sobre un asno, venía en paz. Jesús entró en Jerusalén como un hombre de paz sobre un humilde borrico. Cristo vino a la tierra la primera vez como un Cordero expiatorio para redimir al mundo del pecado, no para liberar a Israel de las garras brutales de Roma.

Los habitantes de Jerusalén buscaban paz terrenal, la cual creían que solo podía resultar después de derrocar al corrupto régimen de Roma. Sin embargo, esta vez Jesús vino al mundo para traer una paz espiritual perdurable entre Dios y el hombre. Y a fin de lograr esta tarea divina, Jesús debía sufrir y morir (Juan 12:27). Los judíos buscaban un mesías que fuera un poderoso líder político, uno que liberaría a Israel de la opresión y les atendiera sus necesidades físicas. ¿Por qué no Jesús?

Los seguidores de Jesús lo habían visto alimentar a las multitudes con el almuerzo de un niño, sanar ciegos y paralíticos, y realizar muchos otros milagros maravillosos; sin duda alguna Él podía liderar una revuelta exitosa. Pero Dios el Padre tenía otro plan: un plan divino. Jesús vendría primero como el Siervo Sufriente antes de venir por segunda vez como Rey Gobernante.

El día que Jesús entró en Jerusalén, millones de personas de toda Judea se habían reunido allí para celebrar la Fiesta de la Pascua. Como se requería, el pueblo judío llevaba corderos machos sin defecto como ofrenda por su pecado (Éxodo 12:1–28, 43–49; Deuteronomio 16:1–8). Los corderos de Pascua se escogían el décimo día de Nisán (Éxodo 12:3) y se sacrificaban al atardecer del día catorce (v. 6). Jesús fue recibido en Jerusalén (entrada triunfal) el día décimo de Nisán y fue sacrificado en el Calvario la víspera de la Pascua, cuatro días después. Así como el cordero pascual expiaba el pecado de Israel, Jesús (el Cordero de Dios) quitaría los pecados del mundo.

AÚN NO HABÍA LLEGADO EL MOMENTO

Jesús no les habló a sus seguidores de una revuelta política, sino que les predijo la traición, el sufrimiento, la muerte y la resurrección que iba a padecer (Mateo 16:21–23; 17:22–23; 20:18–19; Marcos 9:31, 14:18; Lucas 24:46; Juan 3:14; 12:20–36). Cuando la madre de Jacobo y Juan presionó a Jesús para que pusiera a sus hijos en posiciones destacadas en el gobierno futuro, Jesús respondió: «No sabes lo que estás pidiendo … No vine para gobernar; vine a morir» (paráfrasis de Mateo 20:20–28).

Después que sus discípulos le pidieron que promoviera los milagros que hacía, Jesús respondió:

> *Ninguno que procura darse a conocer hace algo en secreto. Si estas cosas haces, manifiéstate al mundo. Porque ni aun sus hermanos creían en él. Entonces Jesús les dijo: Mi tiempo aún no ha llegado, mas vuestro tiempo siempre está presto. No puede el mundo aborreceros a vosotros; mas a mí me aborrece, porque yo testifico de él, que sus obras son malas. Subid vosotros a la fiesta; yo no subo todavía a esa fiesta, porque mi tiempo aún no se ha cumplido.*
>
> (Juan 7:4–8)

Una y otra vez los evangelios registran varias ocasiones en que Jesús desalentó el reconocimiento de su poder para realizar milagros, a fin de no hacer creer al pueblo que Él era su futuro rey político. Jesús le dijo al leproso curado de Mateo 8:1–4: «Mira, no lo digas a nadie». Tan pronto como Jesús sanó a un sordo y tartamudo delante de testigos, «les mandó que no lo dijesen a nadie» (Marcos 7:36). Jesús le dijo lo mismo al hombre que fue curado de cegue-ra (Marcos 8:26). En otra ocasión, Jesús reprendió y acalló a los demonios que salieron de aquel a quien Él liberó de ellos, «porque sabían que él era el Cristo» (Lucas 4:41). Y otra vez, Jesús les decla-ró a Jairo y su esposa «que a nadie dijesen lo que había sucedido» cuando resucitó de los muertos a la hija de la pareja (Lucas 8:56).

Jesús también ordenó a sus discípulos que no revelaran la identi-dad de Él después que reconocieron que era el Cristo (Mateo 16:20; Marcos 8:29). Incluso después que Pedro, Jacobo y Juan fueron testigos de la transfiguración de Jesús y vieron a Elías y Moisés hablando con Él, y oyeron la voz de Dios que declaraba: «Este es mi Hijo amado; a él oíd» (Marcos 9:7), las Escrituras relatan: «Y descendiendo ellos del monte, les mandó que a nadie dijesen lo que habían visto, sino cuando el Hijo del Hombre hubiese resucitado de los muertos» (v. 9).

Mi amigo, el arqueólogo y erudito bíblico Vendyl Jones, de quien a menudo se rumoreaba que fue la inspiración para Indiana Jones, pasó más de cuatro décadas estudiando la Torá, la historia judía y las costumbres de Oriente Medio como lo relata el Nuevo Testamento mientras buscaban el arca a través del desierto de Judea. «Vendy», como se le conocía, declaró que cuando Jesús entró en Jerusalén, «ciertamente se presentó de una manera muy extraña: sin caballo blanco, sin consorte, sin caballería y sin escolta. Ni siquiera el heraldo oficial que proclamara su entrada».

Jones concluyó además lo siguiente:

Jesús no solo evitó la publicidad, sino que actuó en forma agre-siva para minimizar su popularidad entre el pueblo de Israel. Sus seguidores, no solamente los doce, sino también las multitudes, lo siguieron bajo la ilusión de que sería el rey mesiánico de la nación.

Por el contrario, Jesús hizo repetidas declaraciones y alusiones en las que explicó su propósito como el Ungido de Dios para ser el Salvador del mundo gentil».[3]

Jesús hizo todo lo posible por desanimar en sus seguidores la creencia de que Él era el mesías conquistador que los liberaría de la opresión romana.

Aun así, las multitudes que lo seguían se impresionaron con sus milagros; sin duda este hombre podía liberarlos de la esclavitud de Roma. Jesús sabía que las multitudes lo seguían por lo que podía proporcionarles (Juan 6:26). Pero también aceptó que tenía un propósito que cumplir: «Ahora está turbada mi alma; ¿y qué diré? ¿Padre, sálvame de esta hora? Mas para esto he llegado a esta hora» (Juan 12:27).

Jones continuó: «[Jesús] nunca realizó un milagro para demostrar al sanedrín o al pueblo que Él era su liberador nacional». Por el contrario, los milagros se hicieron para suplir las necesidades de las personas; Jesús ministró las necesidades del individuo, no de la nación. «Desde el principio, así como a todo lo largo de su ministerio, Jesús enfatizó reiteradamente que su propósito al venir al mundo [por primera vez] era una cruz, no una corona; un altar, no un trono».[4]

Lucas 19:47 declara que, después de entrar en Jerusalén, Jesús «enseñaba cada día en el templo». Él era un rabino reconocido, se sentía en casa en el templo, este era su lugar. Jesús adoraba allí y ofrecía sacrificios como ordenaba la Ley de Moisés. Pero los jefes de los sacerdotes se sintieron amenazados por la presencia del popular rabino, y creyeron los rumores de que Jesús estaba en Jerusalén para establecer el trono de David. Esa afirmación pareció volverse realidad cuando Jesús expulsó del templo a los cambistas y vendedores. ¿Podría ser que la «zorra» (Lucas 13:32) de Herodes y el sanedrín que nombró personalmente, Pilato y los sacerdotes apóstatas (Mateo 26:59) fueran los siguientes en ser expulsados del templo?

Al temer que su propia y sólida dinastía, aunque corrupta, estuviera en peligro, intentaron eliminar a Jesús.

Cuatro días después de la entrada de Cristo en Jerusalén, al Mesías «se le quitó la vida», como predijo la profecía de Daniel.

Y el reloj profético sigue marcando el tiempo.

EL MESÍAS PRÍNCIPE

Gabriel le habló a Daniel de dos príncipes: «el Mesías Príncipe» (Daniel 9:25) que aparecería después de sesenta y nueve semanas, y «un príncipe que ha de venir» (v. 26). Analizaremos a este último personaje en otro capítulo, pero no nos equivoquemos, Jesucristo es «el Mesías Príncipe» de la profecía de Daniel.

Cuando Diocleciano abdicó como emperador de Roma, se volvió inevitable una guerra de sucesión entre Majencio y Constantino. Majencio tomó posesión de Roma, pero Constantino invadió desde la Galia en el año 312 de la era cristiana. En preparación para la batalla en el río Tíber, Majencio consultó los libros sibilinos, una colección de expresiones fatídicas dadas por Sibila de Cumas, a fin de obtener una perspectiva profética.

El oráculo declaró: «En ese día el enemigo de Roma perecerá». Confiado en la certeza de la destrucción de Constantino, Majencio se lanzó a la batalla y pereció en ella, identificándose inadvertidamente como el «enemigo de Roma».[5] Sin embargo, la deliberada vaguedad de la predicción del oráculo garantizaba el cumplimiento de un modo o del otro.

¿Son igual de vagas las profecías del Antiguo Testamento acerca del Mesías? ¿Podría cualquier cantidad de varones judíos reclamar su cumplimiento después de alcanzar prominencia como líderes espirituales? Aunque eso podría ser cierto en el caso de algunas profecías mesiánicas tomadas por separado o fuera de contexto, hay más de trescientos pasajes bíblicos separados que señalan al Mesías en las páginas del Antiguo Testamento. Examinados en conjunto forman una barrera imponente para cualquier cumplimiento accidental o posterior a los hechos.

Pensemos en cada una de las profecías mesiánicas como un tamiz para filtrar a individuos que no cumplen sus requisitos, y nos daremos cuenta de lo improbable que es que alguien, excepto Jesús de Nazaret, pudiera aprobar las rigurosas normas. Si intentamos calcular las posibilidades de que alguien satisficiera de manera accidental más de trescientos atributos personales aislados, terminaremos con un uno seguido de 125 ceros, una imposibilidad virtual.

El siguiente cuadro contiene solo cincuenta de las Escrituras del Antiguo Testamento que señalan a Jesús como el Mesías Príncipe y su cumplimiento en el Nuevo Testamento:

	Profecía del Antiguo Testamento	Descripción	Cumplimiento en el Nuevo Testamento
1	Isaías 7:14	«He aquí que la virgen concebirá, y dará a luz un hijo».	Lucas 1:34; Mateo 1:20
2	Génesis 3:15	Herirá en la cabeza a Satanás [paráfrasis].	1 Juan 3:8
3	Génesis 12:3	Todas las naciones serán bendecidas.	Gálatas 3:8
4	Génesis 14:18	«Sumo sacerdote para siempre según el orden de Melquisedec».	Hebreos 6:20
5	Génesis 22:18	En la simiente de Isaac serán benditas todas las naciones de la tierra [síntesis].	Gálatas 3:16
6	Éxodo 12:5	«Un cordero sin mancha y sin contaminación».	1 Pedro 1:19

Profecía del Antiguo Testamento	Descripción	Cumplimiento en el Nuevo Testamento
7	Éxodo 12:21–27	«Nuestra pascua, que es Cristo, ya fue sacrificada por nosotros».	1 Corintios 5:7
8	Levítico 23:36–37	«Si alguno tiene sed, venga a mí y beba».	Juan 7:37
9	Salmos 34:20	Ningún hueso le fue quebrado [paráfrasis].	Juan 19:33, 36
10	Deuteronomio 18:15	«Este verdaderamente es el profeta que había de venir al mundo».	Juan 6:14
11	Josué 5:14–15	El Capitán de Salvación [paráfrasis].	Hebreos 2:10
12	Rut 4:4–10	«Nos hizo aceptos en el Amado, en quien tenemos redención por su sangre».	Efesios 1:3–7
13	1 Samuel 2:35	Un sacerdote fiel [paráfrasis].	Hebreos 3:1–3
14	2 Samuel 7:13	«El reino eterno de nuestro Señor y Salvador».	2 Pedro 1:11
15	2 Samuel 7:16	La casa de David establecida para siempre; el linaje de David [síntesis].	Lucas 3:31; Apocalipsis 22:16
16	2 Reyes 2:11	Ascensión al cielo de Elías y Cristo [síntesis].	Lucas 24:51
17	1 Crónicas 17:11	«Hijo de David».	Mateo 1:1
18	Job 19:25–27	Segunda venida de Cristo [síntesis].	Juan 5:24–29
19	Salmos 22:1	«Dios mío, Dios mío, ¿por qué me has desamparado?».	Mateo 27:46
20	Salmos 22:8	«Confió en Dios; líbrele ahora».	Mateo 27:43
21	Isaías 53:5	Fue molido por nuestros pecados [paráfrasis].	Marcos 15:34–37

	Profecía del Antiguo Testamento	Descripción	Cumplimiento en el Nuevo Testamento
22	Salmos 22:16	Le traspasaron las manos y los pies [paráfrasis].	Juan 20:25
23	Salmos 22:18	«Repartieron entre sí sus vestidos, echando suertes».	Lucas 23:34–35
24	Salmos 35:11	Falsos testigos se levantaron contra Él [síntesis].	Mateo 26:59
25	Salmos 41:9	Traicionado por un amigo íntimo [síntesis].	Juan 13:18; 26
26	Salmos 69:21	Le dieron vinagre para la sed [síntesis].	Mateo 27:34
27	Salmos 118:22–23	«La piedra que los edificadores desecharon, ha venido a ser la cabeza del ángulo».	1 Pedro 2:7
28	Proverbios 8:23	«Destinado desde antes de la fundación del mundo».	1 Pedro 1:19–20; Apocalipsis 13:8
29	Isaías 7:14	Llamado Emanuel [síntesis].	Mateo 1:23
30	Isaías 25:8	«Sorbida es la muerte en victoria».	1 Corintios 15:54
31	Isaías 28:16	El Mesías es la preciosa piedra angular, el fundamento seguro [paráfrasis].	1 Pedro 2:6–7
32	Isaías 35:5–6	Milagros vaticinados [síntesis].	Mateo 11:2–6
33	Isaías 45:23	«Se doblará toda rodilla».	Romanos 14:11
34	Isaías 49:6	Se restaura el remanente de Israel [paráfrasis].	Hechos 15:16–17
35	Isaías 53:3	«Despreciado y desechado ... varón de dolores, experimentado en quebranto».	Filipenses 2:6–8

Profecía del Antiguo Testamento	Descripción	Cumplimiento en el Nuevo Testamento
36	Isaías 53:7	«Como cordero fue llevado al matadero».	Hechos 8:32
37	Isaías 59:20	«Vendrá el Redentor a Sion».	Lucas 2:38
38	Jeremías 23:5–6	«Dios fue manifestado en carne».	Juan 13:13; 1 Timoteo 3:16
39	Ezequiel 37:24–25	A Jesús se le dará el trono de David [síntesis].	Lucas 1:31–33
40	Daniel 2:44–45	Todos los reinos serán consumidos por la Piedra [síntesis].	Apocalipsis 21:19
41	Daniel 9:24-26	Predijo la destrucción del segundo templo [síntesis].	Marcos 13:1–3
42	Oseas 11:1	Sería llamado a salir de Egipto [síntesis].	Mateo 2:15
43	Joel 2:32	«Todo aquel que invocare el nombre del Señor, será salvo».	Romanos 10:9–13
44	Jonás 1:17	Muerte y resurrección de Cristo [síntesis].	Mateo 12:40
45	Miqueas 5:2	Nacido en Belén; desde la eternidad [paráfrasis].	Mateo 2:1–6; Juan 8:58
46	Hageo 2:6–9	Llenará de gloria al templo [paráfrasis].	Lucas 2:27–32
47	Zacarías 6:12–13	Sacerdote y Rey [paráfrasis].	Hebreos 8:1
48	Zacarías 9:9	Entró en Jerusalén montado sobre un borrico [paráfrasis].	Mateo 21:8–10
49	Zacarías 11:12–13	Traicionado por treinta monedas de plata [síntesis].	Mateo 26:15

Profecía del Antiguo Testamento		Descripción	Cumplimiento en el Nuevo Testamento
50	Malaquías 4:5	Predicción de Juan el Bautista, el espíritu del profeta Elías [síntesis].	Mateo 3:1–3; 11:10–14; 17:11–13

En efecto, ¡Jesús fue el profetizado e inminente Mesías Príncipe! Pero las profecías hacen mucho más que simplemente identificarlo. Nos aseguran que como Hijo de Dios participó de la naturaleza divina (Salmos 2:7) y como el Hijo del hombre participó de la naturaleza humana (Génesis 3:15). Como el Siervo Sufriente de Dios cumplió el destino de Israel al guardar las normas justas de la Ley de Moisés (Isaías 49:1–3). Jesús estableció el nuevo pacto de Dios con la humanidad (Jeremías 31:31–34; Mateo 26:28). Él es el punto central de la historia (Colosenses 1:16). Esperamos su regreso al final de los tiempos para establecer justicia y rectitud en el reino milenial (Malaquías 4:1–3; Apocalipsis 19:11–20:4).

PROPÓSITO DE LAS SETENTA SEMANAS

Los últimos cuatro versículos de Daniel 9 contienen una de las profecías más importantes de toda la Biblia. Proporcionan un bosquejo de toda la profecía de Daniel. Cuando Gabriel le dio a Daniel «sabiduría y entendimiento» en la cronología de Dios acerca de la historia humana, se refirió específicamente al pueblo de Daniel (los judíos) y a su ciudad (Jerusalén).

Ya sea que caminen en obediencia o en desafío a los mandatos de Dios, los judíos siempre serán apartados como pueblo del pacto. Y sea adornada en majestad durante la era dorada del rey David o convertida en escombros después de la conquista de

Nabucodonosor, Jerusalén fue, y siempre será, el monte santo de Dios, la ciudad sobre la cual es invocado su nombre (Daniel 9:20). El sueño de Nabucodonosor (Daniel 2), y las visiones que el hebreo tuvo respecto a las cuatro bestias (Daniel 7) y a un carnero y un macho cabrío (Daniel 8), se relacionan principalmente con los gentiles. No obstante, Daniel 9 se refiere al plan de Dios para el pueblo judío, Jerusalén y las promesas divinas de restauración de Israel y la reposesión de la tierra prometida.

En Daniel 9:24, el ángel del Señor describió seis bendiciones prometidas que deben cumplirse por medio de la muerte de Cristo y el reino venidero. Las tres primeras se refieren a la obra redentora de Cristo en la cruz, que conlleva la eliminación del pecado de la nación. Las otras tres se refieren a la soberanía del Mesías y el establecimiento de su reino milenial. Leon Wood declara en su comentario sobre Daniel: «Las tres primeras son negativas en fuerza, y hablan de cuestiones indeseables que deben ser eliminadas; y las tres últimas son positivas, y brindan factores deseables que deben efectuarse».[6]

Los tres primeros beneficios se refieren a los pecados de Israel. La muerte y resurrección de Jesús expiaron los pecados de toda la humanidad, tanto judíos como gentiles; sin embargo, el cumplimiento de esta asombrosa provisión para el pueblo de Daniel ocurrirá al final de las setenta semanas con la segunda venida de Cristo. Los tres últimos beneficios se relacionan con la justicia de Dios. Ninguna de las seis bendiciones se ha cumplido del todo, pero son un vaticinio del establecimiento del glorioso reino de Dios en la tierra. Las siguientes son seis bendiciones futuras sin precedentes para la nación de Israel.

1. «Terminar la prevaricación». A fin de acabar con la rebelión del hombre contra Dios es necesario establecer un nuevo orden en la tierra. Cristo conquistó el pecado en la cruz, pero hubo quienes no aceptaron su obra redentora. No obstante, el profeta Zacarías habla de

un cambio en la actitud de Israel hacia el Señor, el cual ocurrirá al final de los tiempos (Zacarías 12:10). Este cambio de corazón resultará en el fin de la idolatría, el arrepentimiento generalizado y la reconciliación del pueblo escogido de Dios. «En aquel tiempo habrá un manantial abierto para la casa de David y para los habitantes de Jerusalén, para la purificación del pecado y de la inmundicia» (Zacarías 13:1).

2. «Poner fin al pecado». El pecado continuará durante toda la tribulación, pero será destruido cuando Jesús regrese a la tierra a establecer su reino terrenal. «Ni se contaminarán ya más con sus ídolos, con sus abominaciones y con todas sus rebeliones; y los salvaré de todas sus rebeliones con las cuales pecaron, y los limpiaré; y me serán por pueblo, y yo a ellos por Dios» (Ezequiel 37:23).

3. «Expiar la iniquidad». Durante las setenta semanas, Dios expiará las transgresiones tanto de judíos como de gentiles, habiendo ya provisto redención por medio de la muerte y resurrección de Cristo. «En quien tenemos redención por su sangre, el perdón de pecados según las riquezas de su gracia» (Efesios 1:7).

4. «Traer la justicia perdurable». El pecado será eliminado, todo Israel será salvo y la justicia eterna de Cristo gobernará y reinará sobre la tierra. «Luego todo Israel será salvo, como está escrito: Vendrá de Sion el Libertador, que apartará de Jacob la impiedad» (Romanos 11:26).

5. «Sellar la visión y la profecía». Todas las visiones proféticas en la Biblia serán confirmadas, los profetas verdaderos y sus profecías serán reivindicados. «No enseñará más ninguno a su prójimo, ni ninguno a su hermano, diciendo: Conoce a Jehová; porque todos me conocerán, desde el más pequeño de ellos hasta el más grande, dice Jehová; porque perdonaré la maldad de ellos, y no me acordaré más de su pecado» (Jeremías 31:34).

6. «Ungir al Santo de los santos». El «Santo de los santos» describe al Lugar Santísimo, el sitio más sagrado dentro del templo. El reino de Cristo se establecerá cuando el lugar santo en el templo milenial (detallado en Ezequiel 41–46) sea completado y dedicado para el servicio. «Me dijo: Hijo de hombre, este es el lugar de mi trono, el lugar donde posaré las plantas de mis pies, en el cual habitaré entre los hijos de Israel para siempre» (Ezequiel 43:7).[7]

Una vez más, el cumplimiento de estas seis bendiciones prometidas coincidirá con el final de los tiempos, la finalización de las setenta semanas y el establecimiento de la era milenial de Cristo.

EL INTERMEDIO DIVINO

La mayoría de los eruditos bíblicos concuerdan en que hay una pausa, un intermedio por así decirlo, entre las semanas sesenta y nueve y setenta. Mateo 23:37–39 enseña que Israel será apartado: «Desde ahora no me veréis, hasta» (v. 39) *El fin de los tiempos* o cuando se logre la consumación de las seis bendiciones profetizadas en Daniel 9:24. *Puesto que* Israel no ha experimentado aún ninguna de las seis bendiciones, *puesto que* la Iglesia no es Israel y *puesto que* Dios está atado a lo que ha prometido, podemos concluir que debe haber una brecha o una interrupción en los procedimientos entre las semanas sesenta y nueve y setenta de la visión de Daniel.

Daniel 9:26 declara: «Después de las sesenta y dos semanas, el Mesías será muerto y no tendrá nada» (NBLA). ¿Qué significan las palabras *no tendrá nada*? Cristo expió los pecados del mundo mediante su muerte (le quitaron la vida) en la cruz, ¿cómo podría eso ser *nada*? Thomas D. Ice, en su obra *The Seventy Weeks of Daniel* [Las setenta semanas de Daniel], hace la pregunta y la responde:

¿Qué fue lo que Él [Cristo] vino a buscar, pero no recibió, especialmente en relación con Israel y Jerusalén, que es el contexto más amplio de este pasaje general? ¡Fue el reino mesiánico! De hecho, este reino vendrá, pero no en el tiempo en que le quitaron la vida. Para establecerse en Jerusalén, la venida del reino requiere aceptación de Jesús como Mesías. El reino llegará en el momento en que se cumpla la última semana. Puesto que el reino [eterno] de Israel aún no ha llegado, esto significa que es algo futuro para nuestra época.[8]

Hemos establecido que existe una brecha, pero *¿por qué razón?* Podría decirse que Dios realizó un intervalo, un descanso, en su cronología divina, y fue en el Calvario que detuvo su reloj profético.

Las brechas no son exclusivas a las Escrituras proféticas. Por ejemplo, en Zacarías 9:9–10 leemos:

Alégrate mucho, hija de Sion; da voces de júbilo, hija de Jerusalén; he aquí tu rey vendrá a ti, justo y salvador, humilde, y cabalgando sobre un asno, sobre un pollino hijo de asna. Y de Efraín destruiré los carros, y los caballos de Jerusalén, y los arcos de guerra serán quebrados; y hablará paz a las naciones, y su señorío será de mar a mar, y desde el río hasta los fines de la tierra.

Es obvio que el versículo nueve de este capítulo se refiere a la entrada triunfal de Cristo en Jerusalén. Sin embargo, el versículo diez se aplica directamente a la segunda venida de Cristo y al establecimiento del reino milenial. Entre estos dos versículos, pronunciados en un aliento profético, hay un lapso de por lo menos dos mil años.

Lo mismo podemos apreciar en Isaías 9:6–7. Estos dos versículos, que a menudo se leen en Navidad, realmente pertenecen a dos acontecimientos ampliamente separados en la historia. En el versículo seis leemos:

«Un niño nos es nacido, hijo nos es dado», una referencia evidente al nacimiento de Cristo; pero luego, separado solo por una coma, leemos acerca de su reino milenial:

Y el principado sobre su hombro; y se llamará su nombre Admirable, Consejero, Dios Fuerte, Padre Eterno, Príncipe de Paz. Lo dilatado de su imperio y la paz no tendrán límite, sobre el trono de David y sobre su reino.

Encontramos otra ilustración de una brecha en el calendario de las fiestas divinamente instituidas de Israel. Antes de la llegada de los calendarios y relojes, el pueblo de Israel vivía según las estaciones inmutables. La primavera celebraba los primeros cuatro festivales: las fiestas de la Pascua, los Panes sin Levadura, los Primeros Frutos y Pentecostés. Estas observancias describen la muerte, sepultura y resurrección de Cristo, y la llegada del Espíritu Santo.

Los tres festivales de otoño (las Trompetas, la Expiación y los Tabernáculos) describen acontecimientos futuros. Hay una gran separación, una brecha de tiempo, entre las fiestas de primavera, que sirven como un tipo de la primera aparición de Cristo y las fiestas de otoño, que hablan del renacimiento de Israel y la segunda venida de Cristo.

Las dos series de fiestas también coinciden con las dos estaciones anuales de lluvia. La primavera trae la lluvia temprana; la lluvia tardía llega en otoño. El profeta Oseas sabía que las estaciones y los ciclos de lluvia eran una descripción clara de acontecimientos venideros. Inspirado por el Espíritu Santo, escribió del Mesías, declarando: «Vendrá a nosotros como la lluvia, como la lluvia tardía y temprana a la tierra» (Oseas 6:3).

Oseas quiso decir que Jesucristo, el Mesías, vendría dos veces: una en la lluvia temprana y otra en la tardía. Las cuatro fiestas de la lluvia temprana (Pascua, Panes sin Levadura, Primeros Frutos y Pentecostés) son los actos I, II, III y IV del drama divino en la preparación de Dios del acto final de la lluvia tardía: la segunda venida de Cristo.

En mi libro reciente, *Earth's Last Empire: The Final Game of Thrones* [El último imperio de la Tierra: El juego final de tronos], analizo la brecha o el intermedio entre las semanas sesenta y nueve y setenta:

Es importante reafirmar que las setenta semanas no son consecutivas, hay una clara brecha de tiempo entre las semanas sesenta y nueve y setenta. Daniel 9:26 se refiere a dos hitos proféticos: la muerte de Cristo (33 D.C.) y la destrucción del templo (70 D.C.), entonces el reloj profético de Dios se detiene.

¿Por qué se detiene el reloj, y cuándo arrancará de nuevo?

Recordemos que las setenta semanas se relacionan únicamente a los tratos de Dios con el pueblo judío; la Iglesia de Jesucristo no se menciona en ninguna parte. Sin embargo, la iglesia del Nuevo Testamento ocupa esa brecha desde el Día de Pentecostés [Hechos 2:1] hasta el arrebatamiento de la iglesia [1 Corintios 15:52].

¿Qué marcó el inicio de la Era de la Iglesia, cuándo terminará y cuándo comenzará la semana setenta?

La Iglesia nació en Pentecostés, y su era durará hasta que Cristo arrebate a su novia al tercer cielo… esta es la dispensación de la gracia. El erudito bíblico Myer Pearlman cita el escrito de Louis C. Talbot que presenta una imagen perfecta del espacio de tiempo: la brecha entre Pentecostés y el arrebatamiento, a lo cual nos referimos:

Hace algunos años me hallaba en un tren, y por un tiempo todo salió de acuerdo a lo programado, hasta el último minuto. Entonces el tren fue colocado en una vía muerta durante dos horas y media. Finalmente, le pregunté al conductor por qué nos habíamos detenido todo ese tiempo. Respondió: «Estamos esperando que pase el expreso». Al poco rato escuché el agudo silbido y vi pasar al tren rápido. Después mi propio tren regresó a la vía principal y continuamos según la programación.

Pensé en el tren de Dios para Israel. Durante sesenta y nueve sietes de años su pueblo funcionó según lo acordado. Luego su tren fue colocado en una vía muerta, por así decirlo, a fin de que el expreso celestial pudiera pasar. Desde Pentecostés hasta el arrebatamiento, el tren del evangelio de esta era se encuentra en la vía principal. Uno de estos días el viaje terminará, y seremos llevados a la presencia del Señor. Entonces el tren judío volverá a estar en la vía principal.[9]

Piense en que Dios mismo ha colocado a la nación judía en la vía muerta, en espera de la llegada y el cumplimiento del «expreso gentil» (ver Romanos 11:25). El desvío temporal de la nación judía ha dejado espacio para la aceleración de la nación gentil. Esta pausa en el camino hacia la redención final que todos anhelamos es la gracia de Dios en acción y de ninguna manera viola Su promesa al pueblo judío.[10]

LA DESVIACIÓN

El «desvío» del pueblo judío sigue siendo un misterio para muchos cristianos del siglo XXI. Es importante consultar la epístola a los Romanos para revelar el propósito de este hecho.

El apóstol Pablo escribió el libro de Romanos para resolver cualquier conflicto entre creyentes judíos y gentiles, promoviendo así la unidad dentro de la iglesia recién establecida. Al revisar los temas doctrinales de esta obra inspirada por el Espíritu Santo descubrimos que los capítulos 1 al 8 tratan sobre la justificación y la santificación que llevan a la seguridad que acompaña a la salvación. Los capítulos

12 al 16 se refieren a la relación de los creyentes con Dios y a la justicia divina a través del amor y el servicio incondicional.

Sin embargo, Romanos 9 al 11 no se relaciona con ninguno de esos temas. Se trata de una inserción que revela la sabiduría de Dios y examina su plan para la nación de Israel y el pueblo judío desde los días de Pablo hasta *El fin de los tiempos*. Al igual que un reportero judicial, Pablo detalló el documento de la posición de Dios sobre el pueblo judío. A esta «inclusión» a menudo se le hace referencia como un codicilo teológico.

Cuando un abogado añade algo a un documento, con el fin de explicarlo o modificarlo, inserta un «codicilo», que es tan vinculante como el texto original. Algunos eruditos han tratado de descartar Romanos 9 al 11, alegando que se trata de un simple apéndice, pero pasan por alto el hecho de que «toda la Escritura es inspirada por Dios». En esta línea de pensamiento, toda la carta de Romanos es igualmente vinculante, y los capítulos 9, 10 y 11 representan el vínculo importante entre la justificación y la santificación, y nuestra relación con Dios. Como J. Vernon McGee describió tan acertadamente, hay una gran diferencia entre interpretar las Escrituras y hacerles caso omiso. Toda la epístola de Romanos es como una «corriente que fluye» a la que no se le pueden quitar los capítulos 9 al 11, así como no se puede quitar la sección central del río Mississippi sin causar estragos.[11]

Romanos 9 registra los tratos pasados de Dios con Israel:

> *Son israelitas, de los cuales son la adopción, la gloria, el pacto, la promulgación de la ley, el culto y las promesas; de quienes son los patriarcas, y de los cuales, según la carne, vino Cristo, el cual es Dios sobre todas las cosas, bendito por los siglos. Amén.* (vv. 4–5)

Pablo declaró que los judíos son los hijos de Dios (Deuteronomio 9:4; Oseas 11:1); que la gloria Shekhiná de Dios reposa sobre ellos (Éxodo 24:16; Ezequiel 1:28; Hebreos 9:5); que Dios hizo un pacto incondicional con Abraham y su descendencia para la tierra de Israel (Génesis 15:17–21; 17:7–8); que la Ley de Dios le fue dada al pueblo judío (Éxodo 24:12; Romanos 3:1–2); que el pueblo judío ha servido a Dios a través de las diferentes pautas para la adoración en el templo (1 Reyes 5–8), los procedimientos de los sacrificios de expiación (Ezequiel 46) y la celebración de las fiestas (Levítico 23; Números 10:10; 1 Crónicas 23:31); que Dios enviará un Liberador de Sion (Romanos 9:4; 11:26); y que el pueblo escogido de Dios es amado por Él ahora y para siempre (Salmos 102; Isaías 44:1–5) porque hizo promesas irrevocables a Abraham, Isaac y Jacob relacionadas con el futuro de la nación y del pueblo judío (Génesis 12 y 15).

Mientras que Pablo argumenta a favor del Israel nacional en Romanos 9, el capítulo 10 trata un tema triple: el estado actual de Israel (v. 1); la situación actual de Israel (v. 5); y la salvación de judíos y gentiles (v. 13).

Ahora llegamos a Romanos 11, que es uno de los capítulos más profundos de toda la Biblia, ya que predice el propósito futuro de Dios con Israel. J. Vernon McGee declara que «Pablo deja bastante claro aquí que tan pronto como Dios consuma su plan para la Iglesia, de convocar tanto a judíos como gentiles a formar un pueblo para el nombre del Señor y de sacar de la tierra a la Iglesia, regresará otra vez a la nación de Israel y comenzará a tratar con ella».[12]

Por tanto, en resumen:

- si Israel no hubiera renacido en un día (Isaías 66:8),
- si el pueblo judío no se hubiera vuelto a reunir en la tierra del pacto (Isaías 35:10; 43:5–6; 44:24, 26; 61:4; Ezequiel 11:17, 19; 28:25–26; 34:28–30; 37: 21–28; Jeremías 30:3, 10, 18; 31:7–8; 10–12; Zacarías 1:15–17),
- si las ciudades de Israel no se hubieran reconstruido (Salmos 147:2; Isaías 61:4),

- si Judea y Samaria no se hubieran asentado (Jeremías 30:3),
- si no se hubieran replantado los bosques de Israel (Salmos 104:14–16),
- si el desierto de Israel no hubiera florecido como una rosa (Isaías 35:1),
- y si Dios mintiera (Números 23:19) e incumpliera el pacto (Salmos 89:34)...

Entonces tal vez, solamente tal vez, usted podría suponer que el Señor habría terminado con el pueblo judío.

Debemos recordar que Jesús fue un maestro profético. En Mateo 24; Marcos 13 y Lucas 21 habló de los judíos desde su liberación de la esclavitud egipcia hasta su futuro en el final de los tiempos. El seminario profético de Jesús en Mateo 24 coloca en Jerusalén al pueblo judío durante la tribulación (vv. 16–18). Jesús prometió además que «por causa de los escogidos», estos días terribles serán acortados (v. 22).

Tampoco debemos olvidar que el pueblo judío es el escogido de Dios, ¡ni ahora ni nunca será olvidado, reemplazado o abandonado!

De vuelta al libro de Romanos, sería difícil analizar completamente en un libro entero la importancia del capítulo 11, y mucho menos en unos pocos párrafos, por lo que limitaré mi estudio a dos temas: la teología de reemplazo y la ceguera judicial.

TEOLOGÍA DE REEMPLAZO

La teología de reemplazo, o supersesionismo, enseña que la Iglesia ha reemplazado a Israel y al pueblo judío. Esta falsa doctrina defiende que el primer pacto (Antiguo Testamento) fue suplantado por el nuevo pacto (Nuevo Testamento).

Hay una sola Biblia, y cada palabra en las Sagradas Escrituras, comenzando con Génesis 1:1 y terminando con el «amén» de Apocalipsis 22:21, fue inspirada por el Espíritu Santo:

Toda la Escritura es inspirada por Dios, y útil para enseñar, para redargüir, para corregir, para instruir en justicia, a fin de que el hombre de Dios sea perfecto, enteramente preparado para toda buena obra.

(2 Timoteo 3:16–17)

Recuerde esta verdad: el Antiguo Testamento es la voluntad oculta de Dios, y el Nuevo Testamento es la voluntad revelada de Dios; cada palabra es igualmente ungida, relevante y eternamente verdadera.

El flagelo del antisemitismo azotó duramente las espaldas de los judíos por medio de la esclavitud de Faraón, la horca de Amán, las inquisiciones de España, las Cruzadas, y la solución final de Hitler. Mientras que generaciones de los escogidos de Dios aún luchan por recuperarse de estas maldades, es trágico que ahora deban enfrentar la ola creciente de antisemitismo y, lo que es más desgarrador, las continuas enseñanzas falsas dentro de algunas iglesias cristianas.

La teología de reemplazo «es el punto de vista de que la iglesia es el nuevo o el verdadero Israel que ha reemplazado o desplazado permanentemente a Israel como el pueblo de Dios».[13] Sin embargo, estoy totalmente de acuerdo con Thomas D. Ice, quien afirma que «la teología de reemplazo ha sido el combustible que ha energizado el antisemitismo medieval, las matanzas europeas, el holocausto y el desdén contemporáneo por el moderno estado de Israel».[14]

Israel y el pueblo judío están entretejidos en el magnífico tapiz de la Palabra de Dios (desde Génesis 1:1 hasta Apocalipsis 22:21). En general, la Iglesia histórica ha calculado mal la importancia de Israel en las Escrituras, y en consecuencia la interpretación del mensaje fundamental de la Biblia se ha distorsionado. Esta trágica tergiversación ha ocasionado indescriptible dolor, sufrimiento y muerte al pueblo escogido de Dios. Escribo más ampliamente sobre la historia de la Iglesia, la teología de reemplazo y el antisemitismo cristiano en *Earth's Last Empire: The Final Game of Thrones* [El último imperio de la Tierra: el juego final de tronos].

Pablo declaró en Romanos 11:17–18: «Si algunas de las ramas fueron desgajadas [el pueblo judío], y tú, siendo olivo silvestre [los gentiles], has sido injertado en lugar de ellas, y has sido hecho participante de la raíz y de la rica savia del olivo, no te jactes contra las ramas; y si te jactas, sabe que no sustentas tú a la raíz, sino la raíz a ti».

Sepamos esto, amigos cristianos, somos «participantes», no «sustitutos».

CEGUERA JUDICIAL

Además de advertir a los creyentes que no fueran jactanciosos, Pablo incluso se usó a sí mismo como una manera de responder la inquietud doctrinal: ¿Ha desechado Dios a su pueblo?

> *Digo, pues: ¿Ha desechado Dios a su pueblo? En ninguna manera. Porque también yo soy israelita, de la descendencia de Abraham, de la tribu de Benjamín. No ha desechado Dios a su pueblo, al cual desde antes conoció.*
>
> (Romanos 11:1–2)

Puedo escuchar a Pablo defendiendo su caso ahora: «Soy judío, aquí están mis credenciales, y Dios no me ha desechado... y seguramente no desecharía a mi pueblo». Pero surge otra pregunta: «¿Qué pues?». Entonces aparece el concepto de ceguera judicial a la que se refieren los versículos 7–12.

> *¿Qué pues? Lo que buscaba Israel, no lo ha alcanzado; pero los escogidos sí lo han alcanzado, y los demás fueron endurecidos* [cegados]; *como está escrito: Dios les dio espíritu de estupor, ojos con que no vean* [son judicialmente ciegos] *y oídos con que no oigan, hasta el día de hoy* [Isaías 29:10; Deuteronomio 29:3–4].

> *Y David dice:*

> *Sea vuelto su convite en trampa y en red, en tropezadero y en retribución; sean oscurecidos sus ojos para que no vean* [ceguera judicial], *y agóbiales la espalda para siempre* [Salmos 69:22–23].

> *Digo, pues: ¿Han tropezado los de Israel para que cayesen? En ninguna manera; pero por su transgresión vino la salvación a los gentiles, para provocarles a celos. Y si su transgresión es la riqueza del mundo, y su defección la riqueza de los gentiles, ¿cuánto más su plena restauración?*

¿Por qué le hacemos caso omiso a la respuesta enfática de Pablo: *«En ninguna manera»*? ¿Podría ser por arrogancia, lo cual describe exactamente la creencia de la Iglesia de que Dios en realidad «desechó a su pueblo»? El comentarista británico C. E. B. Cranfield examinó el concepto erróneo de que la Iglesia ha reemplazado a Israel y al pueblo judío:

> Solo donde la Iglesia persiste en negarse a aprender este mensaje [la Iglesia no ha reemplazado a Israel], donde en secreto (¡quizás muy inconscientemente!) cree que su propia existencia se basa en el logro humano, y por eso falla en entender la misericordia de

Dios hacia ella misma, es que es incapaz de creer en la misericordia de Dios para el todavía incrédulo Israel, y por tanto entretiene la idea horrible y antibíblica de que Dios ha desechado a su pueblo Israel y simplemente lo ha reemplazado por la Iglesia Cristiana. Estos tres capítulos [Romanos 9–11] nos prohíben enfáticamente hablar de la Iglesia como si hubiera tomado de una vez por todas el lugar del pueblo judío ... Pero la suposición de que la Iglesia simplemente ha reemplazado a Israel como el pueblo de Dios es muy común.[15]

En pocas palabras, el Dios soberano al que servimos ha decidido «cegar judicialmente» a su pueblo elegido hasta que los gentiles, usted y yo, tengamos la oportunidad de aceptar a Cristo como Salvador y Señor. Esta es la razón asombrosa (la razón compasiva e increíblemente amorosa) para el «intermedio» o la «brecha» entre las semanas sesenta y nueve y setenta.

Haber apartado a Israel resultó en el inicio de «la riqueza de los gentiles» al brindarnos la oportunidad de obtener nuestra salvación eterna (Oseas 2:23; Romanos 11:12). Amigo lector, Israel no ha sido olvidado, reemplazado o abandonado en el final de los tiempos; el cumplimiento de las seis bendiciones se llevará a cabo, y las «ramas naturales» serán injertadas nuevamente al árbol.

En conclusión, la profecía de Daniel está retratada dentro de las setenta semanas que están divididas en tres intervalos de siete semanas, sesenta y dos semanas y una última semana. Toda la profecía tiene que ver con el pueblo judío y la ciudad de Jerusalén. Dentro de este período se mencionan dos príncipes: el Mesías Príncipe y el anticristo. El inicio de las setenta semanas se relaciona con «la salida de la orden para restaurar y edificar a Jerusalén» bajo el liderazgo de Nehemías (Daniel 9:25).

A las sesenta y nueve semanas Jesús hace su entrada triunfal en Jerusalén. Después de las sesenta y nueve semanas al Mesías

Príncipe «se le quitará la vida» (será crucificado) y Jerusalén será destruida. En este momento el reloj profético de Dios se detiene, creando un intermedio entre las semanas sesenta y nueve y setenta. Una vez que «los tiempos de los gentiles se cumplan» (Lucas 21:24), la Iglesia será arrebatada de la tierra y el reloj profético arrancará de nuevo.

El último intervalo de siete años coincide con los próximos sucesos relatados en Apocalipsis capítulos 6 al 19 y empieza con el anticristo haciendo un tratado de paz con Israel. A mitad de la semana setenta, o tres años y medio después, el anticristo romperá el acuerdo. Las Escrituras describen este tiempo como la gran tribulación, que traerá un sufrimiento incomparable para el pueblo judío (Mateo 24:15–26).

Sin embargo, el cierre de la semana setenta marcará el gran final de las setenta semanas de Daniel: la segunda venida del Mesías reinante, Jesucristo. El establecimiento de su reino eterno también cierra las profecías de Daniel sobre los cuatro grandes imperios mundiales: el babilonio, el medo-persa, el griego y el romano. Se trata de un tiempo en que «el oprimido Israel es liberado y el opresor gentil es juzgado»,[16] lo que lleva a la ejecución de todo el plan de Dios para su pueblo.

CAPÍTULO TRES

11:52 P.M.

La ciencia aumentará

Pero tú, Daniel, cierra las palabras y sella el
libro hasta el tiempo del fin. Muchos correrán de
aquí para allá, y la ciencia se aumentará.
Daniel 12:4

El erudito bíblico Harold Willmington afirmó que en algún momento alrededor de 1680, el gran científico Sir Isaac Newton leyó Daniel 12:4 y comentó: «Personalmente, no puedo dejar de creer que estas palabras se refieran al final de los tiempos. Los hombres viajarán de nación en nación en una manera sin precedentes. Puede haber algunos inventos que permitirán a las personas viajar mucho más rápido que ahora».

¡Newton especuló más tarde que esta velocidad podría superar los ochenta kilómetros por hora! Ochenta años después el ateo francés Voltaire leyó las palabras de Newton y replicó: «¡Mira cómo el cristianismo deja en ridículo a un hombre por lo demás brillante! Aquí un científico como Newton escribe que los hombres podrían viajar a una velocidad de sesenta u ochenta kilómetros por hora. ¿Ha olvidado que si un individuo viajara a esta velocidad se sofocaría? ¡El corazón se le detendría!». [1]

Willmington añadió: «Uno se pregunta: ¿Qué habría dicho Voltaire si hubiera sabido que dos siglos después que él escribiera esto, un astronauta estadounidense, Edward H. White ... saldría en una nave espacial a ciento sesenta kilómetros en el cielo y atravesaría casualmente los Estados Unidos continentales en menos de quince minutos, deambulando a más de veintiocho mil kilómetros por hora? ... ¿O que durante los alunizajes el ser humano ha superado una velocidad doce veces superior a la que viaja una bala de rifle de calibre veintidós?». [2]

La traducción literal de Daniel 12:4 indica que en *El fin de los tiempos* ocurrirá una explosión en el conocimiento. Estamos viviendo en esa generación.

Desde el huerto del Edén hasta el inicio del siglo XX, los seres humanos caminaban o montaban caballos, tal como hicieron el rey David y Julio César. No obstante, en el transcurso de unas pocas generaciones la humanidad inventó el automóvil, el avión a reacción y el transbordador espacial. Hoy día podemos volar de Nueva York a París en seis o siete horas. Antes que el transporte supersónico dejara de ser operativo, se hacía el viaje en tres horas.

Debido a la vertiginosa aceleración de la explosión de conocimientos, los estudiantes graduados de la secundaria en el 2021 viven en un mundo totalmente distinto del de sus padres y abuelos. Recuerdo cuando iba a la puerta de embarque a recibir un pasajero que llegaba. Ahora los nacidos después del desastre del 9–11 consideran como algo normal la seguridad aeroportuaria y el escaneado corporal TSA. Esta misma generación nunca ha tenido que subir con palanca la ventanilla de un automóvil ni sabe lo que significa marcar o colgar un teléfono. La mayoría de los niños de hoy nunca ha utilizado una cámara fotográfica convencional, sino que toman una cantidad infinita de fotos en sus teléfonos inteligentes. Al disponer de mapas de Google y GPS, nunca han utilizado un atlas de carreteras; tampoco han buscado un número en un directorio telefónico impreso ni han visto una cabina telefónica, mucho menos la han utilizado. Con películas y música que se pueden transmitir o descargar fácilmente, la generación posterior al año 2000 piensa en máquinas de escribir, videos de VHS y reproductores de disco compacto como artículos de museo.

En las dos primeras décadas del siglo XXI vimos la llegada de los televisores de pantalla plana, inteligentes y de alta definición, y la transmisión en directo de todo programa imaginable. Recuerdo algunos de los primeros televisores de doce pulgadas. Luego se produjeron gradualmente pantallas de hasta ochenta y seis pulgadas. Ahora mis nietos eligen entre una amplia lista de películas o videos creativos de YouTube en sus teléfonos inteligentes de tres pulgadas de ancho, ¡quién lo hubiera imaginado! Utilizamos dispositivos portátiles de lectura que almacenan miles de libros. Los automóviles eléctricos e híbridos se manejan solos. Los robots hacen tareas domésticas como aspirar el polvo del suelo o cortar el césped. Actualmente se prueban adelantos tales como autos a prueba de choques, televisores en tres dimensiones y drones para la entrega de paquetes, mientras que los autos voladores están en fase de diseño y podrían llenar nuestros cielos en el futuro cercano. ¡Pronto alcanzaremos a los Supersónicos!

La tecnología actual ha aumentado de manera exponencial. Aunque no necesariamente estamos avanzando en el conocimiento individual, la tecnología ha puesto a nuestra disposición profundidades incomprensibles de datos con solo pulsar un botón. Con un solo aparato que cabe fácilmente en la palma de la mano podemos explorar interminables recursos de información. Este dispositivo engañosamente pequeño puede hacer llamadas internacionales, tomar fotos o videos, enviar mensajes de texto, escribir y enviar correos electrónicos, reproducir y grabar música, presentar películas y juegos completos, hacer cálculos y trazar rutas a través de la ciudad o la nación. En esencia, existe una aplicación para cualquier cosa que se nos ocurra en esta era tecnológicamente avanzada. Lo alarmante es que estas aplicaciones piensan por nosotros.

En las tres últimas generaciones hemos puesto hombres en la luna, hemos explorado robóticamente la superficie de Marte, y hemos logrado importantes adelantos en el campo de la medicina. Los médicos usan guía digital y dispositivos robóticos para endoscopías y cirugías laparoscópicas, lo cual reduce drásticamente el tiempo de recuperación. Pequeños bebés de menos de una libra de peso pueden sobrevivir fuera del útero, y bebés por nacer pueden ser operados mientras están en el vientre de su madre. Podemos reparar el ADN y clonar ovejas, ratones y ganado. Tenemos la tecnología para clonar humanos, y estoy seguro de que en poco tiempo lo haremos.

Todo este conocimiento debería ser algo bueno; sin embargo, nos dirigimos a un día de ajuste de cuentas. Nuestro conocimiento no ha producido el paraíso; por el contrario, ha creado una generación de personas que saben más de estrellas del *rock* que de historia. Nuestra sociedad «iluminada» busca libertad, expresión propia y lugares seguros, pero en realidad está esclavizada por perversión, narcisismo, adicciones y hedonismo.

Nuestra sociedad está patas arriba. Estamos a favor de la pena de muerte para los inocentes y el indulto para los culpables. Algunos consideran hoy día al padre fundador Thomas Jefferson como un racista intolerante, mientras que otros estadounidenses consideran un héroe al general terrorista iraní Qasem Soleimani. Pregonamos los beneficios del humanismo secular y la adoración al intelecto humano, pero nuestro gobierno iluminado y no religioso se encuentra impotente frente a la delincuencia creciente. ¿Por qué? Porque el conocimiento sin Dios solo puede producir bárbaros intelectuales. Hitler se rodeó de pensadores de élite, pero estas personas brillantes no tenían conciencia. Eran individuos educados que no tuvieron escrúpulos en enviar hombres, mujeres y niños judíos a las cámaras de gas y a los hornos de los campos de exterminio. El general Omar Bradley declaró ante una audiencia en Boston en noviembre de 1948: «Hemos entendido el misterio del átomo y rechazado el Sermón del Monte ... Con las monstruosas armas que ya posee el hombre, la humanidad corre el riesgo de quedar atrapada en este mundo por adolescentes morales. Nuestro conocimiento de la ciencia ha superado claramente nuestra capacidad para controlarlo. Tenemos demasiados hombres de ciencia, muy pocos hombres de Dios».[3]

Setenta y un años después, un discurso pronunciado por el ex fiscal general de Estados Unidos, William Barr, en la Universidad de Notre Dame, mostró que las condiciones sociales desde la época del general Bradley solamente han empeorado. Barr reflexionó en la continua degeneración de nuestros valores a raíz del ataque secular moderno al cristianismo:

Según cualquier evaluación sincera, las consecuencias de esta conmoción moral han sido nefastas. Prácticamente toda medida de patología social sigue ganando terreno. El índice de ilegitimidad en 1965 era de 8% ... hoy día es de más de 40%. En muchas de nuestras grandes áreas urbanas es alrededor de 70%.

Junto con el desastre familiar estamos viendo niveles sin precedentes de depresión y enfermedades mentales, jóvenes desanimados, tasas de suicidio en crecimiento, un número cada vez mayor de jóvenes iracundos y alienados, un incremento en violencia sin sentido y una epidemia mortal de drogas ... Más de setenta mil personas mueren cada año por sobredosis de drogas. Eso equivale a más víctimas en un año de las que experimentamos durante toda la Guerra de Vietnam.

La campaña para destruir el orden tradicional moral ha traído consigo considerable sufrimiento, destrucción y miseria. Y sin embargo, haciendo caso omiso a estos resultados trágicos, las fuerzas del secularismo siguen adelante incluso con mayor militancia.[4]

Hemos edificado una sociedad sobre los pilares de la tecnología, la economía capitalista y el gobierno humano. Al igual que en la época de Babel, hemos olvidado convenientemente, o desconocido deliberadamente, los preceptos y las advertencias de Dios con el fin de seguir nuestro propio camino. Pero a medida que el reloj se acerca a la medianoche, amigo lector, los dolores de parto del inminente final de los tiempos están enviando ondas expansivas a través de la civilización. Los pilares de nuestra sociedad están tambaleándose y pronto caerán.

TECNOLOGÍA: ¿BENDICIÓN O CARGA?

Seré uno de los primeros en admitir que las computadoras han facilitado la vida. El simple hecho de escribir un manuscrito a máquina solía ser una gran dificultad: una pequeña equivocación, y la página terminaba en la basura. Luego vinieron las máquinas correctoras de escribir, seguidas por los procesadores de palabras y después las computadoras con programas de procesamiento de textos. Ahora, en lugar de escribir cuatro o cinco veces un libro, los autores pueden introducir una vez la información dictando el texto directamente en el procesador de textos, para luego pasar el resto del tiempo editando el manuscrito incluso antes de imprimirlo.

La Internet, aunque recolecta una cantidad vergonzosa de propaganda y pornografía, también es un océano de datos y noticias de última hora. Usada sabiamente, puede ser una bendición a la hora de investigar casi cualquier tema.

Las computadoras se usan prácticamente en todo aspecto de la vida moderna. Hay chips de computadoras en nuestros autos, electrodomésticos de cocina, televisores, teléfonos inteligentes, tarjetas de crédito e incluso nuestros perros. Podemos tener una casa «inteligente» en que los asistentes de voz Alexa y Siri proporcionan el último pronóstico del tiempo, nos avisan cuando llega un paquete que nos enviaron, llevan un inventario de nuestra despensa y nos dan el resultado del último partido de nuestro equipo favorito.

La tecnología nos ha llevado al lugar en que la frase «la Internet no funciona» es la expresión más temida en la sociedad. Sin acceso a información quedamos perplejos y paralizados. Sin teléfonos inteligentes estamos incomunicados. Sin tecnología también podríamos tomar el día libre y acurrucarnos con un buen libro; es decir, si todos nuestros libros no estuvieran en un Kindle, Nook o iPad. Pero no podemos darnos el lujo de relajarnos por mucho tiempo. El covid-19 mostró al mundo que reunirse personalmente pronto podría ser cosa del pasado con la llegada y el uso generalizado de conferencias vía Zoom. Nuestra sociedad funciona eficazmente solo mientras nuestro mundo virtual sea operativo.

EL TERRORISMO VIRTUAL ES REAL

La comodidad, el conocimiento creciente y la eficiencia tecnológica también han resultado en una amenaza cada vez mayor del terrorismo cibernético. Según los especialistas en guerra de la información, las dos últimas décadas han introducido la era del «ciberterrorismo». George Orwell predijo que el «Gran Hermano»[5] siempre estaba observando. ¿Ha notado usted que los anuncios aparecen en su Instagram poco después de haber analizado un tema o un producto específico con alguien mientras su teléfono inteligente está cerca? ¡El «Gran Hermano» está observando y escuchando! Pero esto solo es el comienzo.

En marzo de 1998 un grupo de profesionales de la computación se reunió en Israel para debatir las amenazas de la era tecnológica. El organizador de la conferencia, Yonah Alexander, creía que la globalización de culturas, economías y valores nos abre a un «nuevo desorden mundial». La tecnología ha conectado al mundo, pero esta conexión conlleva un gran riesgo: dejarnos vulnerables a los ataques cibernéticos.

Alexander afirmó: «Estamos avanzando hacia una nueva era de terrorismo de Internet o de "clic". Este es el nuevo rostro del terrorismo en el futuro».[6] Amigo lector, el futuro está aquí y ahora.

La Internet no solo permite que grupos de todo el mundo se comuniquen, sino también que se utilicen páginas web para propaganda, guerra psicológica y reclutamiento. La Internet ha reemplazado a los campos de entrenamiento militar. Si usted quiere saber cómo construir una bomba o desea aprender las últimas técnicas terroristas, puede encontrarlo fácilmente en línea.

El American Security Project (ASP) continúa afirmando la gravedad de un posible ataque de terrorismo cibernético. A medida que las tensiones en todo el mundo aumentan, parece poco realista creer que los enemigos de Estados Unidos no usarían cualquier medio disponible para hacernos daño. Es más, el ASP ve que esto está sucediendo ahora, una sombra inquietante de aspectos futuros más siniestros. Por ejemplo:

El jueves 20 de junio de 2019 el ayuntamiento de Riviera Beach, Florida, pagó un rescate de seiscientos mil dólares en bitcoins a piratas informáticos después que sus sistemas computarizados fueran blanco de un ciberataque. Este hecho, el más reciente de varios en lo que va del año, muestra lo perjudicial que puede ser un ciberataque para una ciudad. Además, aumenta el temor por la posibilidad de un ataque ciberterrorista, un fenómeno que hemos evitado en gran medida hasta ahora.[7]

Según el informe de ASP, «A partir de 2018, 81% de estadounidenses veían el terrorismo cibernético como una amenaza crítica».[8] Además, cita que la Evaluación de Amenazas Mundiales de 2019, realizada por U.S. Intelligence Community, plantea las siguientes preocupaciones:

«Los ciberdelincuentes con motivaciones económicas» puedan tener como objetivo a Estados Unidos en los próximos años. Advierten que esto podría «alterar la infraestructura crítica de la nación en el sector de atención médica, economía, gobierno y servicios de emergencia». A los funcionarios también les preocupa que los terroristas puedan piratear bases de datos y obtener información personal que podrían utilizar para inspirar y permitir ataques físicos.[9]

Estamos viendo un número cada vez mayor de incidentes cibernéticos que muestran lo vulnerables que somos, tanto a nivel colectivo como individual. Hemos sido testigos de la piratería de grandes corporaciones y la invasión de archivos privados, que ha dejado a millones de sus clientes expuestos a robo de identidad.

En 2015, ISIS pirateó las cuentas de Twitter y YouTube del Comando Central de EE.UU., donde publicaron amenazas y mensajes fatídicos.[10] En 2017 los piratas informáticos irrumpieron en el sistema informático de Equifax, una de las mayores agencias de crédito del país, y «robaron la información personal de más de 145 millones de personas».[11] En julio de 2019, un pirata irrumpió en el sistema informático de Capital One Bank, creando una brecha de datos que expuso a más de cien millones de clientes.[12]

El robo de identidad es el delito de mayor crecimiento en Estados Unidos. El FBI informa que cada tres segundos se roba una identidad, que equivale a treinta y cinco mil cada día y más de quince millones cada año.[13] Para millones de estadounidenses esto se ha convertido en una pesadilla. La identidad completa de una persona se puede borrar virtualmente mediante piratería informática; y con la información robada, los malhechores pueden arruinarle la calificación crediticia, insertar un registro policial o alterar los registros médicos. Es posible que la persona o las organizaciones cuyos registros han sido alterados ni siquiera se den cuenta de que han sido invadidas por piratas informáticos, y cuando se enteran, muchas de ellas descubren que tratar de arreglar las cosas se podría convertir en un verdadero calvario. Nadie es inmune, puede sucederle a cualquiera. En 2010, al CEO de LifeLock, Todd Davis, ¡le robaron su identidad trece veces![14] Miles de millones de personas están siendo afectadas en todo el mundo por filtración de datos.

Al estar cada sistema informático conectado a todos los demás vía Internet, los delincuentes, enemigos nacionales y extremistas están usando la red como un arma sofisticada y avanzada. Es solo cuestión de tiempo que intenten derribar las infraestructuras críticas sobre las que reposan nuestra economía y nuestra seguridad. Lo único que se necesita es un ataque exitoso contra un banco central, una red eléctrica, un servicio público metropolitano o los servicios de emergencia de una ciudad.

Tenemos pruebas irrefutables de que los terroristas se preparan para intentar tales trastornos. En 2015, Ardit Ferizi pirateó una computadora del gobierno y robó «los datos de 1.300 militares y empleados federales». Entregó la información a ISIS para ayudarlos a dirigir sus ataques. En 2017, el adolescente británico Kane Gamble robó información confidencial de las bases de datos de la CIA, el FBI y el Departamento de Justicia, incluyendo detalles sobre veinte mil empleados del FBI, que filtró a organizaciones terroristas vía Internet. No es de extrañar que Al-Qaeda haya estado reclutando nuevos miembros «con fuertes habilidades informáticas y de piratería».[15]

Los expertos en seguridad están cada vez más preocupados por el ciberterrorismo. Es más, algunos de sus peores temores se hicieron realidad a finales del 2020 cuando salió a la luz una filtración masiva de seguridad de datos a nivel mundial, conocida comúnmente como Solar Winds. En ella, un grupo probablemente respaldado por el gobierno ruso penetró miles de organizaciones de todo el mundo, incluidas varias partes del gobierno federal de Estados Unidos. El ciberataque y la filtración de datos, que pasaron desapercibidos durante meses, se consideran los peores en la historia estadounidense. Se cree que miles de organizaciones de todo el mundo se han visto afectadas por el ataque, entre ellas el Pentágono, el Departamento de Estado, el Departamento de Seguridad Nacional, el Departamento de Comercio, y el Departamento de Tesoro en Estados Unidos; la OTAN; el gobierno del Reino Unido; el Parlamento Europeo; y Microsoft.[16]

UN TAMBALEANTE CASTILLO
ECONÓMICO DE NAIPES

El dinero es un tema apasionante... si no lo cree, solo intente quitárselo a alguien. Jesús enseñó administración financiera: dieciséis de sus treinta y ocho parábolas tratan con el tema de las posesiones; quinientos versículos en el Nuevo Testamento tienen que ver con la oración, poco menos de quinientos se relacionan con la fe, y más de dos mil son sobre cómo manejar nuestras posesiones.

A finales de 2019 la mayoría de los expertos y todos los indicadores económicos nos dijeron que la economía de Estados Unidos era más fuerte que nunca y no mostraba ninguna señal de desaceleración. Es más, a la constante estabilidad financiera de Estados Unidos se le ha llamado «la economía de Ricitos de Oro porque no era demasiado caliente ni demasiado fría».[17]

Un respetado sitio web financiero mostró que los indicadores financieros revelaban una economía saludable con un crecimiento constante, un nivel mínimo de desempleo y una inflación baja. La economía parecía optimista y no mostraba ninguna causa de alarma. Podíamos comer, beber, comprar, vender y divertirnos, porque no había nada en el horizonte que interrumpiera nuestra alegre fiesta.

Pero vino entonces el virus del covid, un supergermen liberado en una población mundial desprevenida. El miedo, la enfermedad, el pánico y la confusión abrumaron a muchos a medida que la cantidad de víctimas crecía exponencialmente.

EL FIASCO FISCAL COVID-19:
CAUSA Y EFECTO

El Center for Risk and Economic Analysis of Terrorism Events (CREATE) es un grupo de expertos en seguridad nacional ubicado en la Universidad del Sur de California (USC). Sus proyecciones, publicadas en diciembre de 2020, reportaron los efectos probables que el covid-19 tendrá en la economía estadounidense en los dos años siguientes. La introducción del análisis establece lo siguiente:

> El estudio considera una lista completa de factores causales que afectan las consecuencias, e incluyen: cierres obligatorios [de negocios] y el proceso de apertura gradual; disminución de la fuerza laboral debido a la morbilidad, la mortalidad y el comportamiento de evasión; aumento de la demanda de atención médica; disminución de la demanda de transporte público y actividades recreativas; capacidad potencial de recuperación por medio de teletrabajo; mayor demanda de servicios de comunicación; y aumento de la demanda reprimida.[18]

A principios de marzo de 2020, debido a un aumento en casos de covid-19, varios estados ordenaron los cierres de negocios no esenciales como restaurantes, bares, peluquerías y múltiples establecimientos minoristas. Muchos estados también detuvieron o restringieron en forma significativa los servicios públicos con el fin de limitar la propagación del virus.

Los investigadores proyectaron que los cierres obligatorios y las subsiguientes reaperturas parciales podrían dar como resultado una pérdida entre tres billones doscientos mil millones y cuatro billones ochocientos mil millones de dólares en el producto interno bruto (PIB) real estadounidense en el transcurso de dos años, dependiendo de una multitud de factores. Al señalar que China no ha sufrido pérdidas tan asombrosas debido a un período de bloqueo más corto, el equipo proyectó que las pérdidas estadounidenses por la pandemia podrían ser 400% más que las de China. ¿Y siguen creyendo muchas personas que este virus fue un accidente?

Los investigadores de la USC destacaron las siguientes proyecciones como resultado de los cierres obligatorios:

• Se perderían entre cincuenta y cuatro y 367 millones de días laborales debido a que las personas enfermarían [o morirían] de covid-19.
• Se perderían casi quince millones de días laborales debido a que los empleados se quedarían en casa para cuidar a sus seres queridos enfermos.
• Las pérdidas de empleo podrían oscilar entre 14,7% y 23,8%, y en el peor de los casos, afectar a unos 36,5 millones de trabajadores.
• La demanda de atención médica ha aumentado con las infecciones por covid-19. Los gastos médicos debido a la enfermedad desde marzo de 2020 hasta febrero de 2022 podrían oscilar desde casi $32 mil millones a $216 mil millones.
• Una pérdida en la demanda de algunos servicios, como uso de transporte público y asistencia escolar, comidas en restaurantes y viajes, ya que las personas evitan los lugares y servicios públicos para reducir el riesgo de exposición.
• Un repunte en la demanda de servicios de comunicación, ya que durante esta pandemia muchos empleados han tenido que trabajar desde sus casas.[19]

Otro factor significativo en el declive de la economía se relacionó con el comportamiento de los consumidores. Los investigadores supusieron que ciertas personas se esforzarían por evitar el riesgo de infección modificando su comportamiento: no ir a trabajar; no asistir a clases presenciales; mantenerse lejos de restaurantes, lugares de música, eventos deportivos, servicios religiosos y otros lugares donde pudiera haber grandes concentraciones humanas.

Por tanto, «ya que las personas han tenido que evitar las actividades, esto ha tenido una repercusión significativa en las pérdidas económicas,[20] declaró Dan Wei, investigador de CREATE y profesor asociado en USC Price School for Public Policy.

A pesar de calcular que en el peor de los casos el comportamiento de evasión podría resultar en la pérdida de casi novecientos mil millones de dólares en el PIB, los investigadores afirmaron que tales pérdidas podrían compensarse en parte por el repunte económico natural que podría ocurrir después que los estados reabrieran las actividades en un esfuerzo por volver a una apariencia de normalidad. Terrie Walmsley, investigadora de USC CREATE y profesora adjunta de prácticas en economía en USC Dornsife College of Letters, Arts and Sciences, manifestó: «Aunque los cierres obligatorios y las reaperturas parciales promuevan la mayor parte del declive económico, el grado en que la demanda reprimida conduzca a un aumento en el consumo después de la reapertura puede ser crucial para la recuperación económica».[21]

Adam Rose, líder del equipo de estudio, director de CREATE y profesor investigador en la USC Price School of Public Policy, planteó esta pregunta clave: «¿Cuándo veremos una reapertura total en este país? Simplemente no podemos predecirlo, sobre todo si tenemos en cuenta que no hemos logrado el control total de la propagación de la enfermedad».[22]

CHEQUE DE ESTÍMULO O CAMBIO SÍSMICO

Un titular de la revista *Forbes* de septiembre de 2020 expresó: «Gracias a los gastos en estímulo, se espera que la deuda estadounidense supere la magnitud de toda la economía del próximo año».[23]

En otras palabras, nos estamos arruinando y la actividad trascendental que nos hará caer será nuestra deuda nacional.

En enero de 2021 la deuda nacional (la cantidad total de bonos del tesoro, letras y pagarés en circulación que debe nuestro gobierno) ascendía casi a $28.200.000.000.000.[24] Esto es más de veintiocho *billones* de dólares. Un billón es un número difícil de entender. Piénselo de este modo: si usted hubiera empezado un negocio el día que nació Jesucristo, lo hubiera mantenido abierto los 365 días del año, y perdiera un millón de dólares cada día, tendría que trabajar otros 680 años a partir de hoy antes de perder un billón de dólares. En un intento por describir la enorme cantidad de dinero de la que estamos hablando, un millón de dólares en billetes de mil dólares hace una pila de un metro con veinte centímetros de alto. Un billón de dólares es un millón de millones, ¡y actualmente debemos más de veintiocho billones!

No hace falta ser un genio para mirar las cifras y ver que matemáticamente es imposible que nuestro gobierno pague la deuda nacional. He aquí la razón: el gasto público se divide en tres categorías. La primera son los gastos discrecionales, que incluyen cuánto dinero recibirá cada departamento cada año. La segunda categoría son los gastos obligatorios, que incluyen programas como la Seguridad Social y el Medicare, donde los gastos se establecen por ley. La tercera categoría de gastos son los intereses sobre la deuda nacional, que crece anualmente con un gasto deficitario continuo.

Al añadir las dos últimas categorías (gastos obligatorios y servicio de la deuda nacional) el total es casi tan grande como la totalidad de los ingresos fiscales del gobierno cada año. Esto deja poco o nada para el funcionamiento de los departamentos gubernamentales, el manejo de emergencias o la participación en operaciones militares.[25] Luego agregue a estas categorías las enormes medidas de estímulo a través de CARES Act (Ley de Ayuda, Alivio y Seguridad Económica contra el Coronavirus) que promovió $2,2 billones a los hogares estadounidenses en marzo de 2020 y luego $900 mil millones adicionales en diciembre pasado, todo en un intento de frenar la crisis económica provocada por la pandemia de covid-19. Y a principios de 2021 el presidente Biden y el Congreso de Estados Unidos aprobaron el Plan Estadounidense de Rescate, otro paquete de ayuda económica que añade 1,9 billones de dólares adicionales a nuestra deuda descontrolada.

En resumen, nuestra creciente deuda nacional finalmente destruirá el dólar estadounidense, nuestra economía y nuestra nación.

LOS RUMORES YA COMENZARON

Estados Unidos se encuentra en una fila de fichas de dominó que ha comenzado a derrumbarse. A fin de ver lo fácil que podría ocurrir un colapso económico, echemos un breve vistazo a la historia reciente. En el verano de 1997 la pequeña nación de Tailandia devaluó su moneda, el baht, y pocos estadounidenses se dieron cuenta. Pero la devaluación de cualquier moneda es un asunto serio, y la economía global es tan frágil y está tan interconectada que hasta el más leve empujoncito puede desencadenar la caída de las fichas de dominó. Los socios comerciales asiáticos de Tailandia pronto se vieron afectados y siguieron el ejemplo, devaluando sus monedas. Los inversores extranjeros entraron en pánico y retiraron sus inversiones asiáticas.

Japón fue el siguiente país en ser afectado, ya que 40% de su comercio se realizaba con otras naciones asiáticas.[26] La pérdida de exportaciones empujó la ya débil economía japonesa a una terrible recesión. Los bancos nacionales se quedaron con más de quinientos mil millones de dólares en deudas incobrables. Los fondos de pensiones japoneses sufrieron enormes pérdidas, y los bonos del estado se hundieron en tasas negativas de interés.

A continuación, el éxodo inversor golpeó América Latina y Rusia. Para evitar que los inversores convirtieran las monedas locales en dólares u otra divisa más estable, las naciones aumentaron las tasas de interés. Pero las tasas altas se traducen en lento crecimiento económico; las fichas de dominó habían sacudido a casi la mitad de la economía mundial.

Los bancos coreanos que habían hecho grandes inversiones en el mercado ruso debieron vender sus posicionamientos a fin de pagar a sus propios acreedores. El rublo ruso comenzó a caer mientras las tasas de interés empezaron a aumentar, alcanzando niveles entre 70% y 90% en julio de 1998. Por último, a mediados de agosto el gobierno ruso literalmente se quedó sin dólares y anunció que ya no convertiría sus inestables rublos en más dólares. El mercado de valores entró en caída libre; el sistema financiero ruso se derrumbó.

Posteriormente, la fila de fichas de dominó llegó a Estados Unidos. Los primeros en recibir los golpes devastadores fueron los enormes fondos de cobertura, los bancos inversores y la banca comercial que invierte en mercados extranjeros.[27] Pocas personas prestaron atención cuando los periódicos y las revistas informaron que la Junta de la Reserva Federal había organizado un rescate multimillonario de un fondo de cobertura en dificultades.

La revista *Newsweek* comenzó su historia acerca del rescate del fondo de cobertura citando una parodia frívola: «Si debes al banco un millón de dólares y no puedes pagar, le perteneces al banco. Pero si le debes al banco mil millones de dólares, el banco te pertenece porque no se atreve a ejecutar la hipoteca y asumir una enorme pérdida».[28]

Esa es la mejor explicación que he escuchado de lo que ocurrió en octubre de 1998. Long-Term Capital Markets, localizado en Greenwich, Connecticut, debía tanto dinero a instituciones importantes que la Reserva Federal y Wall Street no se atrevieron a dejar que colapsara. ¿Por qué no? Porque si Long-Term Capital fracasaba, los negocios a los que debían dinero se declararían en quiebra, obligando a otros negocios a quebrar. ¿Quién sabe dónde terminaría la reacción en cadena? ¡Hablamos de un efecto dominó!

Cuando vemos lo fácil que la economía mundial puede verse perturbada por lo que parece ser una nación pequeña, es aterrador pensar en lo que significaría que la economía más fuerte del mundo se tambaleara de repente. Como acabamos de ver, esto no solo podría suceder fácilmente, sino que, en opinión de muchos economistas, es inevitable dada la enorme deuda y la insolvencia del gobierno estadounidense.

¿Cómo se desarrollaría tal escenario? ¿Qué hará Estados Unidos cuando se quede sin dinero para pagar sus subsidios? En primer lugar, comenzaría a incumplir el pago de sus deudas. Sus acreedores irían a la quiebra, lo que crearía un efecto dominó. La confianza en el dólar se desplomaría, junto con la calificación crediticia de la nación y la disposición de las instituciones a prestarnos dinero.

Cuando nos golpee el inevitable colapso económico, ¿cómo intentará el gobierno salir a flote? Simon Black declaró:

A lo largo de la historia la inflación ha sido la opción para los gobiernos desesperadamente endeudados. Puesto que el dólar estadounidense no es más que una promesa vacía del gobierno, este simplemente puede crear más dólares de la nada ... devaluando así todos los demás dólares en circulación. Esto le permite pagar a sus acreedores con dólares que valen «menos» ... hasta que el dólar estadounidense se quede literalmente sin valor y todos los que lo posean pierdan su poder adquisitivo.[29]

En 2019, un bloguero económico comentó: «La Reserva Federal intentará estabilizar las cosas a corto plazo. Hace poco empezó otra vez a imprimir dinero salvajemente».[30] Pero como hemos visto, estamos en un punto en que todos los arreglos son meramente temporales. Al igual que un hombre que choca con un bordillo, puede que se tambalee unos cuantos pasos más mientras cae, pero inevitablemente chocará contra el suelo.

¿POR QUÉ PERMITIRÍA DIOS UN COLAPSO ECONÓMICO?

Desde hace mucho tiempo Estados Unidos y el mundo entero pusieron al margen al Dios de Abraham, Isaac y Jacob para adorar al dios Mamón. En Deuteronomio 28:17–18, Dios anunció las maldiciones que caerían sobre la nación que no escuche su voz ni obedezca sus preceptos: «Maldita tu canasta, y tu artesa de amasar. Maldito el fruto de tu vientre, el fruto de tu tierra, la cría de tus vacas, y los rebaños de tus ovejas». La canasta (para recoger grano) y la artesa (para hacer pan), el fruto de la tierra, el aumento del ganado y la descendencia de los rebaños tienen que ver con la fuente de suministro de una nación. Los hombres pueden creer que controlan las economías de las naciones, pero no es así; ¡Dios tiene el control!

Durante la tribulación venidera, el anticristo exigirá una sociedad sin dinero efectivo en la cual toda transacción económica sea monitoreada en forma electrónica. Juan, el autor del Apocalipsis, describió así la situación: «Hacía que a todos, pequeños y grandes, ricos y pobres, libres y esclavos, se les pusiese una marca en la mano derecha, o en la frente; y que ninguno pudiese comprar ni vender, sino el que tuviese la marca o el nombre de la bestia, o el número de su nombre» (Apocalipsis 13:16–17). Todos somos demasiado ingenuos si creemos que esta clase de monitoreo no existe en la actualidad.

Pero tenga la seguridad de esto: el Dios todopoderoso derribará al falso dios de Estados Unidos: Mamón. El Señor esencialmente nos señala: «Yo soy el Señor tu Dios, y no hay ningún otro además de mí. Yo soy tu escudo, tu protector, tu torre alta, tu proveedor». Recuerda esto Estados Unidos, el poder de ganar riquezas no viene del Presidente, del Congreso, de la Reserva Federal ni de Wall Street. Es Dios el que gobierna en los asuntos de los hombres, y el que nos «da el poder para hacer las riquezas» (Deuteronomio 8:18).

DIOS DERRIBARÁ A UN GOBIERNO INJUSTO

¿De qué manera evolucionamos de ser «*Estados Unidos, una* nación bajo el amparo de Dios» a ser el hazmerreír del mundo? ¿Por qué ocurrió esta transición en tan poco tiempo? Porque Estados Unidos perdió su base moral y está cayendo en una espiral de inmoralidad y degradación que rivaliza con las antiguas ciudades condenadas de Sodoma y Gomorra. Y con la decadencia moral viene el desmoronamiento de nuestra destreza política, económica y social.

En su discurso de 2019 citado anteriormente, el ex fiscal general de Estados Unidos William Barr identificó astutamente la causa de la caída de nuestros principios:

> El problema no es que se esté imponiendo la religión a los demás, el problema es que a las personas de fe se les está imponiendo la irreligión y los valores seculares... Esto no es decadencia, es destrucción organizada. Los secularistas y sus aliados... han dirigido todas las fuerzas de comunicaciones masivas, de cultura popular, de la industria del entretenimiento y de la academia en un asalto incesante sobre la religión y los valores tradicionales.[31]

Es evidente que el fiscal general Barr se da cuenta de que Estados Unidos está desesperadamente inmerso en una guerra a muerte, no una conflagración de armas convencionales, químicas o incluso biológicas, sino una guerra espiritual en la cual el enemigo parece haber obtenido la victoria. Me temo que muy pocos de nosotros, incluidos los cristianos estadounidenses, nos damos cuenta de lo sombría y mortalmente grave que es la situación actual. ¡Ya es hora de que despertemos a la realidad!

Amigo lector, cada vez que veo las noticias me convenzo más y más de que el reloj profético de Dios está marcando los últimos minutos de la última hora del fin de los tiempos como los conocemos. Cada vez aumentan más y más las noticias de asesinatos masivos en escuelas e iglesias, de disturbios, caos y anarquía en las calles estadounidenses, y de ataques dirigidos contra oficiales de policía. La unidad familiar tradicional (que consta de padre, madre e hijos) está deteriorándose rápidamente. Perversiones de las que no se hubiera hablado hace unas décadas son ahora estilos aceptables de vida. Los propios conceptos de «masculino» y «femenino» están siendo rechazados y declarados fuera de los límites de la aceptación.

La pornografía es un flagelo nacional. La Internet alberga más de 24,5 millones de sitios porno, los que reciben más de sesenta y ocho millones de búsquedas diarias, más de 25% de todas las búsquedas en la red. Más de treinta mil personas ven pornografía cada segundo. Lo más trágico es que más de 80% de los niños se exponen involuntariamente a la pornografía.[32]

El grupo gay de presión ha logrado en gran medida que la homosexualidad sea aceptada como un estilo normal de vida. Según una encuesta Gallup de 2019, 63% de estadounidenses cree que las relaciones gay o lesbianas son moralmente aceptables.[33] La Corte Suprema Estadounidense estableció en 2015 que el matrimonio gay es un derecho civil, y uno de los candidatos demócratas que hizo campaña para la nominación presidencial de 2020 es un homosexual que está legalmente casado con su pareja masculina. Otros candidatos prometieron revocar el estado de exención de impuestos a las iglesias que no reconozcan el matrimonio gay. A los cristianos con negocios que brindan servicios de bodas como pasteleros, fotógrafos, floristas e impresores los están demandando y sacándolos del negocio por negarse a atender bodas de homosexuales. Varios estados han cerrado agencias cristianas de adopción que se han negado a colocar niños en hogares de parejas gay o lesbianas.

La inmoralidad sexual entre heterosexuales también está generalizada. La encuesta Gallup de 2019 muestra que 71% de los estadounidenses cree que las relaciones sexuales entre solteros son moralmente aceptables, y 64% no ve como algo malo tener un bebé fuera del matrimonio.[34] Dadas estas actitudes, no sorprende que 48% de los niños estadounidenses nazcan de madres solteras, y que 43% no tengan padre en el hogar.[35] La convivencia de parejas no casadas se ha vuelto la norma. Según estadísticas de CDC, 67% de adultos casados de entre dieciocho y cuarenta y cuatro años habían cohabitado con una o más parejas antes de casarse.[36]

La razón y la cordura se han abandonado a medida que empresas, organizaciones, estados y municipios se han doblegado ante lo políticamente correcto en la actualidad, y han dictaminado que los baños, los vestuarios escolares, los eventos deportivos e incluso las instalaciones de protección para mujeres maltratadas y víctimas de abuso estén abiertos a miembros transexuales. Al momento de escribir esto por lo menos nueve atletas transgéneros esperaban ganarse un lugar en los Juegos Olímpicos de Tokio.

Por terrible que esta prueba de decadencia es, tal vez no sea tan escandalosa y deplorable como el respaldo de nuestra nación al aborto. Desde que la Corte Suprema Estadounidense legalizó el aborto en 1973, esta práctica perniciosa ha segado las vidas de más de 62,8 millones de bebés.[37] Varios estados han tratado de poner limitaciones a los abortos, pero los supuestos progresistas los enfrentan con uñas y dientes al exigir que se amplíe el acceso al aborto hasta el momento del nacimiento e incluso más allá.

¿Qué significa «más allá»? El gobernador de Virginia, Ralph Northam, defendió un proyecto de ley en su estado que eliminaría todas las restricciones al aborto, permitiendo incluso a la mujer abortar a su hijo mientras estuviera en labor de parto. Luego fue un paso más adelante y dijo que al bebé se le permitía morir incluso después de haber nacido vivo.[38]

En octubre de 2019, el gobernador de California, Gavin Newsom, firmó un proyecto de ley que obliga a todas las universidades públicas a proporcionar a las estudiantes acceso gratuito a los abortos médicos.[39] Todos los candidatos presidenciales demócratas a las elecciones 2020, excepto uno, apoyaron el aborto sin restricciones y a petición. Según un periodista, «la base demócrata actual [es] que el aborto debería ser legal durante los nueve meses del embarazo por cualquier motivo».[40] Vale la pena repetir la declaración hecha por la Madre Teresa de Calcuta en el Desayuno de Oración de Washington D.C. de 1994: «Toda nación que acepta el aborto no está enseñando a su pueblo a amar, sino a usar la violencia para satisfacer sus deseos. Por eso, el mayor destructor del amor y la paz es el aborto».[41]

Dios le ordenó a Josué que destruyera las tribus en la tierra de Canaán por entregarse a las mismas prácticas despreciables que se han vuelto comunes en nuestra nación. En Levítico 18, Dios enumeró las prácticas depravadas de los cananeos, las cuales incluían inmoralidad sexual desenfrenada, adulterio, prostitución de culto, homosexualidad, bestialidad, incesto y sacrificar niños a su dios Moloc. Después Dios añadió esta advertencia:

> *En ninguna de estas cosas os amancillaréis; pues en todas estas cosas se han corrompido las naciones que yo echo de delante de vosotros, y la tierra fue contaminada; y yo visité su maldad sobre ella, y la tierra vomitó sus moradores. Guardad, pues, vosotros mis estatutos y mis ordenanzas, y no hagáis ninguna de*

estas abominaciones ... no sea que la tierra os vomite por haber-
la contaminado, como vomitó a la nación que la habitó antes
de vosotros.

(vv. 24–28)

Israel se sumió en la depravación, y aunque era la nación escogida de Dios, eso no la salvó del juicio. El hecho de que Estados Unidos se haya fundado sobre principios piadosos, y que los haya mantenido durante la mayor parte de dos siglos, no nos salvará. Si Dios no salvó a su propia nación de las consecuencias de sus acciones, ¿cómo podemos esperar que nos perdone cuando estamos descendiendo tan rápidamente al mismo pozo de depravación?

Nuestra conciencia nacional está cauterizada. La sociedad estadounidense, fundada sobre los principios de fe y libertad, ha abandonado sus fundamentos morales y se ha ido tras los vientos dominantes. Somos como el rey Salomón, quien declaró:

No negué a mis ojos ninguna cosa que desearan, ni aparté mi
corazón de placer alguno, porque mi corazón gozó de todo mi
trabajo; y esta fue mi parte de toda mi faena. Miré yo luego todas
las obras que habían hecho mis manos, y el trabajo que tomé para
hacerlas; y he aquí, todo era vanidad y aflicción de espíritu, y sin
provecho debajo del sol.

(Eclesiastés 2:10–11)

Estados Unidos es una parodia desalmada de lo que una vez fue. Nuestra sociedad, al igual que la de la antigua Roma, se encamina hacia la destrucción.

Mientras escribo esto, el reloj profético de Dios marca las 11:52. No hay vuelta atrás.

CAPÍTULO CUATRO

11:53 P.M.

El gran escape

Luego nosotros los que vivimos, los que hayamos quedado, seremos arrebatados juntamente con ellos en las nubes para recibir al Señor en el aire, y así estaremos siempre con el Señor.
1 Tesalonicenses 4:17

TITULARES FUTUROS:

USA Today:
¡MILLONES DESAPARECEN MISTERIOSAMENTE!

The Wall Street Journal:
¡DOW JONES CAE EN PICADA MIENTRAS LOS
MERCADOS DEL MUNDO SE DESMORONAN!

New York Times:
¡IGLESIAS DE ESTADOS UNIDOS LLE-
NAS DE GENTE QUE SE QUEDÓ!

La mayoría de las personas ha oído hablar del «Día del Juicio»; sin embargo, demasiadas lo ven como un mito manipulador, creado para mantener a raya a la gente. Para los estadounidenses mayores, Armagedón es simplemente un sinónimo de guerra, mientras que muchos otros podrían pensar de inmediato en la película con Bruce Willis, Billy Bob Thornton y Ben Affleck. Pocos han oído hablar del arrebatamiento, e incluso muchos menos lo entienden por completo; no obstante, se trata del próximo acontecimiento en el reloj profético de Dios.

Cada vez se oye hablar más del fin del mundo. Desde que se acercaba el año 2012, cuando muchos creyeron en la narración del pronóstico del antiguo calendario maya de la destrucción catastrófica del planeta, ha habido una creciente especulación en que «el final» está cerca.

No solo entre cristianos conscientes de la profecía, sino también entre ciertos políticos, sismólogos, físicos nucleares e incluso ciudadanos comunes que están profundamente perturbados por el colapso inminente del orden nacional y mundial, es evidente que algo está por venir. Muchos incluso se han sumado a la congresista Alexandra Ocasio-Cortez, quien predijo recientemente que el cambio climático acabará con el mundo en 2030. Algunos están esperando que el mundo muera de hambre, por contaminación o en una invasión extraterrestre. Otros esperan una guerra nuclear con Corea del Norte e Irán, terrorismo biológico de China y devastación cibernética de parte de extremistas radicales, y aún otros creen que la pandemia de covid-19 es el principio del fin.

El reloj del juicio final se fijó en 2018 en dos minutos para la medianoche por su junta de gobierno debido a las mismas preocupaciones del calentamiento global y la amenaza adicional de las armas nucleares.[1] Muchos científicos en varias disciplinas esperan que el mundo sea destruido por terremotos masivos o gigantescas erupciones volcánicas. Algunos astrónomos creen que una colisión entre la tierra y un enorme asteroide ocurrirá en algún momento inevitable. Y los geólogos preocupados advierten que está por suceder una explosión del volcán Yellowstone, erupción que acabaría con la vida en la Tierra tal como la conocemos.

Pero los creyentes en la Biblia no esperamos nada de lo anterior. Anticipamos en cualquier momento que «el Señor mismo con voz de mando, con voz de arcángel, y con trompeta de Dios, descenderá del cielo; y los muertos en Cristo resucitarán primero. Luego nosotros los que vivimos, los que hayamos quedado, seremos arrebatados juntamente con ellos en las nubes para recibir al Señor en el aire, y así estaremos siempre con el Señor» (1 Tesalonicenses 4:16–17). Sí, amigo mío, el Hijo de Dios, Jesucristo vendrá en el arrebatamiento por su Iglesia. Aquellos que pusieron su fe en Él serán transportados al cielo.

En su obra «The Rapture in History and Prophecy», Thomas D. Ice declaró que «el arrebatamiento de la Iglesia será la primera vez que Dios llevará un gran grupo de personas de la tierra al cielo sin que experimenten la muerte». Sin embargo, «no habrá sido la primera vez que Él lleva individuos al cielo de este modo». El primero fue Enoc: «Caminó, pues, Enoc con Dios, y desapareció, porque le llevó Dios» (Génesis 5:24); Elías fue llevado «en un torbellino al cielo» (2 Reyes 2:1); Isaías fue llevado físicamente al salón del trono de Dios y devuelto a la tierra (Isaías 6:1); Felipe no fue llevado al cielo, sino que fue «arrebatado» del desierto de Judea por el Espíritu del Señor después de evangelizar al etíope eunuco y «se encontró en Azoto» (Hechos 8:39–40); Pablo, al igual que la experiencia del trono de Isaías, «fue arrebatado hasta el tercer cielo» y recibió «visiones y ... revelaciones del Señor» (2 Corintios 12:1–4); y los dos testigos de Apocalipsis subirán «al cielo en una nube» durante la tribulación (Apocalipsis 11:12).[2]

Pero el arrebatamiento más mencionado está por venir. Será el de la Iglesia de Jesucristo y ocurrirá antes del inicio de la tribulación de siete años.

Daniel, el profeta que vio las cosas venideras, no menciona el arrebatamiento. Él vio el «tiempo de angustia» y el futuro de Israel, pero no mencionó nada acerca de un rapto de creyentes. Así que, ¿cómo sabemos que el arrebatamiento ocurrirá?

EL MISTERIO DEL ARREBATAMIENTO

Pablo escribió en 1 Corintios 15:51–52: «He aquí, os digo un misterio: No todos dormiremos; pero todos seremos transformados, en un momento, en un abrir y cerrar de ojos, a la final trompeta; porque se tocará la trompeta, y los muertos serán resucitados incorruptibles, y nosotros seremos transformados».

El apóstol vio que era necesario explicar este misterio a la iglesia en Corinto porque la edad y las enfermedades comenzaban a reclamar a los miembros de la congregación, y habían esperado que Jesús regresara por ellos antes que murieran. Los creyentes querían saber si los que habían muerto tendrían parte en el reino eterno venidero. Por eso Pablo les habló de un *misterio*, un término usado en las Escrituras para denotar algo que Dios no había comunicado anteriormente a la humanidad.

El apóstol les dio una explicación concisa del arrebatamiento: al sonido de la trompeta, los muertos en Cristo se levantarán instantáneamente, «en un abrir y cerrar de ojos» con cuerpos sobrenaturales e inmortales. Aquellos que permanezcan vivos serán arrebatados para encontrarse con el Señor, y también recibirán cuerpos glorificados de absoluta perfección. A esta imagen verbal de la reunión masiva de creyentes se le llama comúnmente el arrebatamiento.

Si le preguntáramos al común de los miembros de iglesias en Estados Unidos qué piensan del arrebatamiento, muchos nos mirarían con expresiones de desconcierto en el rostro. Algunos nunca han oído la palabra mencionada desde sus púlpitos y no tienen la menor idea de lo que significa. A pesar de que durante años la mayoría de las iglesias evangélicas ha predicado la doctrina del arrebatamiento, ahora están cayendo bajo ataque por enseñar que un arrebatamiento literal ocurrirá de veras. Otros debaten sobre si el acontecimiento ocurrirá antes, durante o después de la tribulación.

La manada que duda grita: «¡No habrá arrebatamiento! Vamos a pasar por la tribulación, ¡así que prepárate!». Esa posición me recuerda una historia de un pequeño pueblo del medio oeste. Un hombre llegó corriendo por la calle principal.

—¡*La represa se rompió!* —anunciaba a gritos el individuo— *¡Sálvese quien pueda!*

—¿Se rompió la represa? —preguntaron dos señoras que salían de la tienda de comestibles y escucharon al sujeto, y salieron corriendo detrás de él chillando de pánico mientras derramaban las compras por toda la acera.

Un trío de hombres en la barbería oyó la conmoción. Vieron al individuo que corría presa del pánico con las aterradas señoras detrás, y entonces también salieron corriendo.

—¡*Se rompió la represa!* —exclamaban con las capas de barbero ondeando en sus pechos mientras corrían hacia las afueras de la ciudad —*¡Sálvese quien pueda!*

En la estación de bomberos de la calle principal, el jefe de bomberos escuchó el ruido y pulsó el botón de alarma. La sirena resonó en el pueblo, atrayendo a más personas a la aterrorizada oleada de evacuados. El jefe de policía, el alcalde y el secretario de la población abandonaron sus puestos y se unieron a la multitud que huía.

Un anciano de la barbería llegó a la esquina de la calle 14 y la principal, y luego se retiró a un lugar protegido, casi sin aliento para seguir corriendo.

—Creo que aquí es donde todo termina para mí —masculló, preparándose para enfrentar el torrente de agua.

Entonces, de la nada, lo asaltó un pensamiento sorprendente: *Espera un momento. He vivido aquí toda mi vida, ¡y no tenemos represa!*

Los predicadores malinformados están corriendo por la calle principal y chillan: «Estamos atravesando la tribulación», y aquellos que son más leales al mensaje de un hombre que a la Palabra de Dios se le unen en la estampida. Los santos de Dios dejan de correr como ratones por un acantilado. ¡Levanten la mirada! ¡Oren! ¡Empaquen! ¡Nos vamos! La redención se acerca, ¡porque ya viene el Rey de reyes!

Veamos 1 Tesalonicenses 4:13–18:

Tampoco queremos, hermanos, que ignoréis acerca de los que duermen, para que no os entristezcáis como los otros que no tienen esperanza. Porque si creemos que Jesús murió y resucitó, así también traerá Dios con Jesús a los que durmieron en él. Por lo cual os decimos esto en palabra del Señor: que nosotros que vivimos, que habremos quedado hasta la venida del Señor, no precederemos a los que durmieron. Porque el Señor mismo con voz de mando, con voz de arcángel, y con trompeta de Dios, descenderá del cielo; y los muertos en Cristo resucitarán primero. Luego nosotros los que vivimos, los que hayamos quedado, seremos arrebatados juntamente con ellos en las nubes para recibir al Señor en el aire, y así estaremos siempre con el Señor. Por tanto, alentaos los unos a los otros con estas palabras.

En el momento del arrebatamiento tanto los muertos como los vivos en Cristo serán transformados «en un abrir y cerrar de ojos», un microsegundo. Los cadáveres serán revitalizados; los cuerpos que aún vivan se volverán inmortales y sobrenaturales. En ese instante el cristiano experimentará victoria sobre la muerte, el infierno, la tumba, el mundo, la carne y el diablo. ¡Aleluya!

¿CUÁNDO Y CÓMO VENDRÁ JESÚS POR SU *NOVIA*?

Jesús declaró: «De aquel día y de la hora nadie sabe, ni aun los ángeles que están en el cielo, ni el Hijo, sino el Padre» (Marcos 13:32). A pesar de los miles de individuos que les gustaría predecir el año, el mes, el día o la hora exacta del regreso de Cristo, Jesús informó que ningún ser humano lo sabe... ni siquiera Él. Solamente Dios el Padre sabe cuándo enviará a su Hijo a llevarse su novia a casa. Sin embargo, aunque no conocemos el día y la hora, podemos saber por las Escrituras proféticas que el arrebatamiento está muy, pero muy cerca. Jesús explicó: «Mas como en los días de Noé, así será la venida del Hijo del Hombre» (Mateo 24:37).

¿Cómo era «en los días de Noé»? Noé no sabía la fecha ni la hora del diluvio, pero sabía que estaba muy, pero muy cerca. ¿Por qué? Porque Dios puso a Noé y su familia en el arca con todos los animales, y Dios mismo cerró la puerta. Cuando Noé oyó que la puerta se cerraba supo que el diluvio era inminente.

Hoy día, con la descripción del futuro claramente revelada en las Escrituras proféticas, la puerta de la era de la dispensación de la gracia se está cerrando, y la venida del Rey Jesús se aproxima, ¡podría ocurrir antes que usted termine de leer esta página!

Cuando usted combina las referencias proféticas con el sentido común, puede pintar el siguiente cuadro del arrebatamiento:

sin ninguna advertencia sonará la trompeta de Dios anunciando la aparición de la realeza, porque Jesús es el Príncipe de gloria, el Rey de reyes y Señor de señores. La voz del arcángel convocará de sus lugares de reposo a los justos ya muertos, y las tumbas explotarán en toda la tierra mientras sus ocupantes se elevan a los cielos para encontrarse con el Señor en el aire.

La repercusión en la tierra será indescriptible. Vehículos vacíos se desplazarán por las carreteras, sin sus conductores y ocupantes. Los hogares de los creyentes quedarán vacíos con los platos de la cena sobre la mesa. La novia radiante, sin mancha ni arruga, habrá sido arrebatada de este valle de lágrimas a un lugar donde no hay llanto, despedidas ni muerte, para celebrar la cena de bodas del Cordero de Dios.

A la mañana siguiente los titulares de los periódicos vocearán: «¡Millones de personas desaparecieron!». La Iglesia de Jesucristo, que incluye a todos los creyentes nacidos de nuevo, se habrá ausentado de la tierra. Los miembros de la Nueva Era, los humanistas seculares y los agnósticos permanecerán en la tierra en un estado de conmoción y confusión. Personas de todo el planeta buscarán frenéticamente a sus seres queridos en todas las plataformas de las redes sociales, lo que provocará que los servidores de Internet colapsen bajo el peso del tráfico.

En las horas siguientes los medios informativos de las cadenas noticiosas se llenarán de informes sobre accidentes de aviación, vehículos no tripulados que se salen de las carreteras y una avalancha de reportes de personas desaparecidas. Todos los medios de comunicación interrumpirán sus programaciones habituales y tendrán entrevistas especiales con charlatanes y sabiondos que intentarán explicar lo que ha sucedido. Entre los «expertos» estará algún profeta de la Nueva Era que parloteará sobre una invasión de extraterrestres que «transportó por medio de un rayo» a millones de terrestres. Un psicólogo afirmará que los desaparecidos fueron víctimas de histeria masiva causada por un «desorden de desaparición», mientras que algún teólogo que se quedará en la tierra expresará que el mundo está mejor sin los «fundamentalistas de derecha, creyentes en la Biblia y políticamente incorrectos» que creían en una alegoría sin sentido llamada arrebatamiento.

En los días posteriores al arrebatamiento, las iglesias estarán repletas de personas llorosas que habrán comprendido, demasiado tarde, que el reloj profético de Dios ha avanzado, cumpliéndose otro acontecimiento en su cronología. El mundo, y todos en él, seguirán moviéndose segundo a segundo hacia la mayor época de sufrimiento jamás conocida.

PUNTOS DE VISTA OPUESTOS SOBRE EL ARREBATAMIENTO

Al arrebatamiento se le ha definido como un acontecimiento en que la Iglesia, todos los creyentes vivos y muertos, será trasladada o resucitada y llevada al cielo. La tribulación es el tiempo de siete años de preparación para la restauración y regeneración de Israel (Deuteronomio 4:29–30; Jeremías 30:4–11; Ezequiel 20:22–44; 22:13–22).[3] Aunque algunos creen que ambos hechos ocurrirán, hay un debate en cuanto a cuándo sucederán el arrebatamiento y la tribulación.

El siguiente es un breve resumen de cinco puntos de vista opuestos de la ocurrencia del arrebatamiento en referencia a la tribulación de siete años:

1. El arrebatamiento parcial

La posición del arrebatamiento parcial afirma que cuando Jesús venga en las nubes de gloria llevará solo a los que hayan tenido una segunda obra de gracia o que estén santificados en sus vidas diarias.

De acuerdo con este punto de vista, el cuerpo de Cristo será dividido en dos partes: una parte santificada que ascenderá al cielo, y una parte no santificada que será dejada para pasar por la tribulación con la esperanza de que sus pecados puedan ser purgados a través de este gran tiempo de prueba.

Esta opinión debe rechazarse sobre la base de que la muerte de Jesucristo quita *todo* pecado. La Biblia declara: «Nunca más me acordaré de sus pecados [de aquellos que se arrepienten] y transgresiones» (Hebreos 10:17). Debido a que nuestra redención en el Calvario fue total, Dios recibirá a todo aquel que ha confesado a Cristo como Señor y haya aceptado su muerte sustitutiva en el Calvario.

Otra razón para rechazar este punto de vista es que la novia de Cristo es un cuerpo, perfecto y completo: «Porque por un solo Espíritu fuimos todos bautizados en un cuerpo, sean judíos o griegos, sean esclavos o libres; y a todos se nos dio a beber de un mismo Espíritu» (1 Corintios 12:13). Sugerir que parte del cuerpo debe permanecer en la tierra mientras la otra parte está en el cielo es contraria a las Escrituras.

Esta doctrina también insinúa que la salvación viene por nuestras obras, lo cual también es contrario a la Palabra de Dios (Romanos 11:6). No nos santificamos nosotros mismos, pues no hay forma en que podamos hacerlo. Somos salvos y santificados solo por medio de la sangre redentora de Jesucristo.

2. El arrebatamiento a mitad de la tribulación

Este punto de vista sugiere que la Iglesia soportará los primeros tres años y medio de los siete años de tribulación y que será arrebatada antes del inicio de la segunda mitad, antes de la gran tribulación.

La idea del arrebatamiento a mediados de la tribulación también debe rechazarse. Los primeros tres años y medio de la tribulación consisten en guerras, pestes, hambrunas, enfermedad, desolación y muerte, y es el comienzo de la ira de Dios derramada sobre la tierra. El teólogo Arthur Pink declaró lo siguiente:

> Repetimos, en el arrebatamiento y durante el período de tribulación todo en la tierra estará moral y espiritualmente corrompido. Incluso los juicios de Dios en ese tiempo no tendrán otro efecto que hacer que los moradores de la tierra blasfemen «contra el Dios del cielo» (Apocalipsis 16:11). Por tanto, no es evidente que toda la sal ... deba ser quitada primero, ¡sino que la Iglesia y el Espíritu Santo que ahora hacen imposible esta corrupción total deban primero ser «quitados del medio»![4]

3. El arrebatamiento posterior a la tribulación

Esta posición sostiene que la Iglesia pasará todos los siete años del período de tribulación. Soportará el juicio y la ira de Dios, y luego será arrebatada para encontrarse con el Señor en el aire y regresar de inmediato con Él a la tierra.

Un versículo que a menudo se utiliza para justificar esta posición es Juan 16:33: «En el mundo tendréis aflicción».

En las Escrituras la palabra *aflicción* se utiliza de dos modos diferentes. Primero, se usa para describir cualquier sufrimiento severo que viene sobre un individuo en su caminar con Cristo. En este sentido el creyente debe esperar aflicciones en su vida diaria, y creo que todos somos testimonios vivos de esta realidad (Juan 16:33). Segundo, la palabra aflicción se usa como *tribulación* para describir ese período específico de siete años (la semana setenta de Daniel) en que la ira de Dios se derramará sobre la humanidad por su rechazo a Jesucristo y su evangelio.

Uno de los propósitos de la tribulación es castigar a los gentiles que han rechazado la Palabra de Dios, y la Biblia asegura a los creyentes que «ninguna condenación [juicio] hay para los que están en Cristo Jesús» (Romanos 8:1). Tanto por esta razón, como por las ya citadas, la teoría del arrebatamiento posterior a la tribulación debe rechazarse. No solo es antibíblico sino ilógico considerar que la Iglesia vaya a sufrir durante alguna parte de la tribulación.

4. El arrebatamiento anterior a la ira

Este punto de vista enseña que el arrebatamiento ocurrirá cinco años y medio después de la tribulación. En esta visión el Día del Señor comienza casi al final de la tribulación, no antes.

Primera Tesalonicenses 5:1–3 establece que el Día del Señor vendrá inesperadamente mientras la gente en todas partes esté diciendo «paz y seguridad».

Sin embargo, según el punto de vista anterior a la ira, el sexto sello se acabará de romper, lo cual resultará en terremotos y grandes perturbaciones cósmicas que producirán increíble terror a los habitantes del planeta (Apocalipsis 6:12–17).

La verdad es que en este tiempo más de una cuarta parte de la población del mundo habrá sido destruida por hambre, enfermedad y guerra generalizada. Nadie estará proclamando «paz y seguridad» cuando millones y millones de almas habrán perecido recientemente.

No tiene sentido poner el Día del Señor y el arrebatamiento en este punto de la tribulación. Según las Escrituras, la ira de Dios se derramará sobre la tierra desde el mismo inicio de la tribulación.

5. Arrebatamiento antes de la tribulación: plan de Dios premilenarista y pretribulacionista

La posición del arrebatamiento antes de la tribulación establece que la Iglesia no atravesará ninguna parte de la tribulación. Creo que esta es la posición correcta por varias razones.

En primer lugar, la propia naturaleza de la tribulación impide que la Iglesia sufra algo de esta aflicción. La tribulación es una época horrible de ira, juicio, indignación, tinieblas, destrucción y muerte, y lleva al final de los tiempos. Pablo escribió: «Ninguna condenación hay para los que están en Cristo Jesús» (Romanos 8:1).

La Iglesia ha sido limpiada por la sangre de Jesús y no necesita otra purificación. Algunos preguntan: «¿No es necesario que los cristianos se limpien?». La respuesta es sí, pero son limpiados a través de la confesión del pecado y la sangre de Jesucristo, no mediante sufrimiento personal: «Si confesamos nuestros pecados, él es fiel y justo para perdonar nuestros pecados, y limpiarnos de toda maldad» (1 Juan 1:9).

En segundo lugar, creo que la posición del arrebatamiento antes de la tribulación es bíblicamente correcta debido a la enseñanza de Pablo en 2 Tesalonicenses 2. Los creyentes en Tesalónica experimentaban gran persecución. Querían saber si los sufrimientos que soportaban eran parte de la tribulación, y cuestionaban la primera carta que Pablo les escribiera en la que establecía que los cristianos no pasarían por la tribulación.

Pablo les informó: «No os dejéis mover fácilmente de vuestro modo de pensar, ni os conturbéis, ni por espíritu, ni por palabra, ni por carta como si fuera nuestra, en el sentido de que el día del Señor está cerca» (v. 2).

El apóstol les dijo que no estaban atravesando la tribulación. Les escribió que ese día «no vendrá sin que antes venga la apostasía, y se manifieste el hombre de pecado, el hijo de perdición» (v. 3).

El «hombre de pecado» es el futuro anticristo, que vendrá de los estados federados de Europa, la última forma de poder mundial gentil. Él será el líder de los «diez dedos» que Daniel vio en su sueño de la estatua con la cabeza de oro.

El anticristo aún no ha aparecido, «porque ya está en acción el misterio de la iniquidad; sólo que hay quien al presente lo detiene, hasta que él a su vez sea quitado de en medio» (v. 7).

¿Quién está impidiendo que Satanás presente al anticristo al mundo? El Espíritu Santo. El Día de Pentecostés, el Espíritu Santo entró a los creyentes (conocidos más adelante como la Iglesia) y habitó dentro de ellos. Cuando la Iglesia deje la tierra, el Espíritu Santo se irá con ella. Por tanto, cuando el Señor Jesús aparezca en las nubes del cielo para arrebatar de la tierra a la Iglesia, el obstáculo de Dios será quitado, y Satanás podrá entonces lograr su propósito de dominar al mundo por medio de la obra del anticristo, pero no hasta que la Iglesia y el Espíritu que mora en ella hayan sido arrebatados.

En tercer lugar, creo que la posición antes de la tribulación es bíblicamente correcta debido a lo que encontramos en Apocalipsis 4:4: «Alrededor del trono había veinticuatro tronos; y vi sentados en los tronos a veinticuatro ancianos, vestidos de ropas blancas, con coronas de oro en sus cabezas».

Observe que estos ancianos están sentados, vestidos y coronados. Esto es claramente simbólico de la Iglesia. En Efesios 2:6 leemos que Dios «nos hizo sentar en los lugares celestiales con Cristo Jesús». En Apocalipsis 19:8 leemos: «A ella [la Iglesia] se le ha concedido que se vista de lino fino, limpio y resplandeciente». También 2 Timoteo 4:8 nos informa: «Por lo demás, me está guardada la corona de justicia, la cual me dará el Señor, juez justo, en aquel día; y no sólo a mí, sino también a todos los que aman su venida».

La pregunta fundamental es: ¿Cuándo se ve a la Iglesia en el cielo en su posición glorificada? Se le ha visto en el mismo inicio de la tribulación que Juan describió en Apocalipsis 4–19. Se le ve en el cielo, sentada, vestida y coronada. Por tanto, el arrebatamiento debe preceder a la tribulación.

En cuarto y último lugar, creo que la posición pretribulacionista es correcta gracias a lo que encontramos en 2 Tesalonicenses 1:7–8, donde Pablo declaró: «A vosotros que sois atribulados, daros reposo con nosotros, cuando se manifieste el Señor Jesús», y «en llama de fuego, para dar retribución a los que no conocieron a Dios, ni obedecen al evangelio de nuestro Señor Jesucristo». La ira de Dios debe derramarse sobre «los que no conocieron a Dios», no sobre la Iglesia.

Dios salvó a Lot de la destrucción de Sodoma y Gomorra porque era un hombre justo. Debido a que Lot era justo (2 Pedro 2:7), el ángel declaró: «Escapa por tu vida; no mires tras ti, ni pares en toda esta llanura; escapa al monte, no sea que perezcas ... porque nada podré hacer hasta que hayas llegado allí» (Génesis 19:17, 22). La presencia de un justo contuvo la ira de Dios.

Lo mismo sucedió en la época del diluvio en Génesis. La tierra era terriblemente malvada y estaba totalmente corrompida, «pero Noé halló gracia ante los ojos de Jehová» (Génesis 6:8). Dios planeó una vía para que Noé escapara de la ira y esperó hasta que Noé y su familia estuvieran a bordo del arca. Entonces Dios cerró la puerta, y las aguas del diluvio cubrieron la tierra y consumieron todo ser viviente.

De igual manera, la Iglesia y el Espíritu Santo deben ser quitados antes que la ira de Dios pueda derramarse sobre la tierra.

Apocalipsis 3:10 observa que la tribulación no será para la Iglesia sino para «los que moran sobre la tierra» (Apocalipsis 3:10; 6:10; 8:13; 11:10 [dos veces]; 13:8, 12, 14 [dos veces]; 17:2, 8), como un juicio sobre ellos por su rechazo a Cristo y la salvación que les ofrece. Aunque la Iglesia experimentará aflicción en la definición universal durante esta era actual (Juan 16:33), no se la menciona como participante en el Día del Señor, una época de angustia sin precedentes.

El pretribulacionismo se alinea con las referencias bíblicas de que la Iglesia experimentará el arrebatamiento antes que la tribulación empiece.

LA IGLESIA PRIMITIVA CREÍA EN EL ARREBATAMIENTO ANTES DE LA TRIBULACIÓN

Los miembros de la iglesia primitiva contaban la doctrina del arrebatamiento como una de sus creencias más benditas. Los escritores de las epístolas hablaron de la aparición del Señor en términos de esperanza, gozo y consuelo. Anhelaban que viniera por segunda vez.

Los discípulos que siguieron a Jesús hasta la cima del monte de los Olivos lo vieron ascender majestuosamente en el aire hasta que desapareció de la vista. Desconcertados, escudriñaban los cielos con los ojos entrecerrados, hasta que un ángel se les apareció y les expresó: «Varones galileos, ¿por qué estáis mirando al cielo? Este mismo Jesús, que ha sido tomado de vosotros al cielo, así vendrá como le habéis visto ir al cielo» (Hechos 1:11).

Es probable que los discípulos regresaran corriendo a contarles a los demás lo que había sucedido, y que al hacerlo reiteraran las palabras del ángel: «¡Jesús regresará! Tal como lo vimos ir, ¡en las nubes!».

Aunque ocurrió hace varios años, todavía recuerdo que sentí mucha frustración al ver por televisión un programa religioso particular. Algunos predicadores muy respetados se hallaban en un panel, y el presentador le pidió a uno de ellos que le diera sus razones para creer en el arrebatamiento. El presentador agregó entonces: «Por supuesto, como usted sabe, los padres de la iglesia primitiva no creían en el arrebatamiento».

¡Eso es falso! Los discípulos vieron a Jesús ascender al cielo, y creían que Él volvería de la misma manera. También habían oído a Jesús mismo afirmar que regresaría para dar a sus seguidores un escape de la tribulación venidera: «Velad, pues, en todo tiempo orando que seáis tenidos por dignos de escapar de todas estas cosas que vendrán, y de estar en pie delante del Hijo del Hombre» (Lucas 21:36).

Los discípulos conocían la verdad por experiencia directa, y la comunicaban a todos los demás seguidores de Cristo.

Grant Jeffrey desacreditó por completo la idea de que la iglesia primitiva no creía en un arrebatamiento antes de la tribulación. Él hizo referencia a un antiguo manuscrito del año 373 D.C., en que Efraín el sirio escribiera: «Porque todos los santos y elegidos de Dios son reunidos [en el arrebatamiento], antes de la tribulación que ha de venir, y son llevados al Señor para no ver la confusión que abrumará al mundo debido a nuestro pecado».[5]

SE LEVANTARÁN FALSOS CRISTOS

Si usted no cree en el arrebatamiento, ¿cómo sabrá cuándo venga el verdadero Jesús por su novia? Cualquiera puede pararse en el monte de los Olivos y asegurar: «Yo soy Jesús». Cualquiera puede usar una túnica blanca y afirmar que es descendiente del rey David. Cualquier líder de secta puede hacer que sus seguidores lo coronen como rey del «nuevo Israel» en el monte del templo en Jerusalén... pero nada de eso lo convierte en Jesús.

Un falso mesías podría tener cicatrices en pies y manos y realizar acciones sobrenaturales igual que hacen brujas y hechiceros. Podemos incluso encender la televisión y ver un documental sobre «curanderos psíquicos» que llevan a cabo operaciones con las uñas. Pero recuerde esto: las personas que poseen poderes sobrenaturales no necesariamente manifiestan estos poderes de parte de Dios. El diablo también tiene poderes sobrenaturales, al igual que sus demonios.

Dios sabía que impostores y estafadores afirmarían ser Cristo, especialmente en los últimos días. Veamos Mateo 24:23–27, cuando Jesús habló a sus discípulos acerca de su regreso y de la llegada de falsos cristos:

Si alguno os dijere: Mirad, aquí está el Cristo, o mirad, allí está, no lo creáis. Porque se levantarán falsos Cristos, y falsos profetas, y harán grandes señales y prodigios, de tal manera que engañarán, si fuere posible, aun a los escogidos. Ya os lo he dicho antes. Así que, si os dijeren: Mirad, está en el desierto, no salgáis; o mirad, está en los aposentos, no lo creáis. Porque como el relámpago que sale del oriente y se muestra hasta el occidente, así será también la venida del Hijo del Hombre.

USA Today publicó una vez un anuncio de página completa que decía: «Cristo está ahora en la Tierra». El *Times* de Nueva York publicó un anuncio similar que proclamaba: «Cristo ya está aquí». Tales anuncios se publicaron en la década de los ochenta, y rápidamente los descarté cuando los mostraron por televisión nacional.

En 2017 la revista *National Geographic* publicó una historia sobre cinco individuos que afirmaban ser Jesucristo. El artículo hacía un perfil de los hombres que proclamaban su divinidad en diversas partes del mundo, incluyendo Brasil, Siberia, Japón, Sudáfrica y Zambia. Todos tenían seguidores y presentaban una narrativa para conciliar sus afirmaciones con las Escrituras. Uno de ellos, conocido como el «Cristo de Siberia», presumía de tener más de cinco mil discípulos.[6]

No debemos prestar atención a este tipo de afirmaciones. Cristo no está en la tierra en forma corporal, porque cuando venga de nuevo, ¡todo el mundo lo sabrá! El apóstol Juan nos cuenta inequívocamente que cuando Cristo venga, «todo ojo le verá» (Apocalipsis 1:7).

En cierta ocasión uno de los miembros de nuestra iglesia me informó: «Pastor Hagee, una señora me dijo que mientras conducía en California, Jesús se le apareció de repente en el auto. ¿Qué cree usted?».

Le respondí: «No lo creo, porque si Jesús estuviera aquí, yo ya me habría ido, y no estaría hablando ahora mismo con usted».

Jesús no está en California, Nueva York, Siberia ni Brasil. Él está sentado a la diestra de Dios el Padre, donde permanecerá hasta que Gabriel toque la trompeta para sacar a los muertos en Cristo de sus polvorientos lechos de sueño y llevarlos a mansiones en lo alto.

¿Cómo distinguiremos al verdadero Jesús de los falsos? Jesús sabía que vendrían imitadores, así que Dios instaló un mecanismo a prueba de fallas que es tan asombroso en poder sobrenatural, tan estremecedor, que ni el mismo Satanás podría duplicarlo. El método a prueba de fallas es el arrebatamiento.

ALGUNA ALEGRE MAÑANA ME IRÉ VOLANDO

Los antiguos compositores de himnos escribieron sobre el arrebatamiento y cantaron acerca del tema mientras levantaban sus voces en alabanza. Estos hombres y mujeres dotados sabían, como yo sé, ¡que un poco más allá de las nubes los santos de Dios se reunirán en nuestro hogar celestial! Del este y el oeste, del norte y del sur, llegaremos, diez mil veces diez mil. Dios enjugará toda lágrima de nuestros ojos, y no habrá más separación, ni más sufrimiento, ni más dolor, ni más tristeza, ni más muerte, ni más enfermedad.

Mi madre y mi padre se levantarán. Mis abuelos se levantarán con cuerpos resucitados y sanos. Mi familia y yo volaremos para encontrarnos con ellos; nuestros cuerpos cambiarán y se vestirán de inmortalidad. Mi cuerpo glorificado navegará por los cielos, pasando por la Vía Láctea hacia la presencia de Dios. Sabré que estoy con el verdadero Jesús cuando me encuentre en su gloriosa presencia con mi cuerpo a prueba de enfermedad, eterno y libre de fatiga que se ve mejor, se siente mejor y ¡es mejor que cualquier versión de Arnold Schwarzenegger o Brad Pitt en su esplendor!

¿IMPORTA SI CREO?

Usted podría estar diciendo: «Las cosas son como son. Realmente no importa si creo o no en el arrebatamiento. Esta es solo una de esas profecías que pueden interpretarse de cien maneras diferentes».

Siento discrepar con usted, amigo lector. Así como la palabra *arrebatamiento* no aparece en la Biblia, ni tampoco la palabra *trinidad*, vez tras vez las Escrituras se refieren a la «unicidad» de Dios y a la «trinidad» de Dios.[7] Asimismo, existen referencias muy claras a este «arrebatamiento» de creyentes que he detallado en este capítulo. Puede que el término no esté en la Biblia, pero la verdad del mismo ciertamente sí se encuentra.

Márquenlo, tómenselo en serio, y consuélense unos a otros con estas palabras: los creyentes en Cristo escaparán de la tribulación. Esta terrible época de dolor y sufrimiento está llegando a las naciones y los individuos que se quedarán, pero los que creemos en Jesús como Señor y Salvador no estaremos en la tierra para presenciarlo.

El apóstol Pedro advirtió que al final de los tiempos surgirán escépticos:

Sabiendo primero esto, que en los postreros días vendrán burladores, andando según sus propias concupiscencias, y diciendo: ¿Dónde está la promesa de su advenimiento? Porque desde el día en que los padres durmieron, todas las cosas permanecen así como desde el principio de la creación.

(2 Pedro 3:3–4)

J. Vernon McGee expresó: «En el Antiguo Testamento, la profecía de la venida de Cristo fue para establecer su reino en la tierra; en el Nuevo Testamento, la profecía de su venida fue primero para sacar a su Iglesia del mundo y luego venir a establecer su reino sobre la tierra».[8] El hecho de que la enseñanza del arrebatamiento haya caído en oídos incrédulos es una prueba real de que Jesús vendrá pronto.

Otros críticos del arrebatamiento afirman que la doctrina no es más que escapismo o un intento de huir del mundo real. Bueno, ahora mismo estoy viviendo en el mundo real, y si quiero escapar de él, no se me ocurre mejor manera que trabajar y esperar la venida de mi Señor. Me emociona que Jesús sea mi Señor y Salvador, que el cielo sea mi hogar y que yo no vaya a parar al fuego de un infierno eterno. Si eso es escapismo, que así sea.

Seamos realistas: todo el mundo quiere escapar del día del juicio final que se avecina (tal como lo perciben). Los ambientalistas quieren escapar de la extinción causada por la contaminación. Los globalistas del desarme quieren escapar de la aniquilación que causaría una guerra nuclear.

La Biblia nos enseña a prepararnos para nuestro escape que vendrá en el arrebatamiento: «¿Cómo escaparemos nosotros, si descuidamos una salvación tan grande?» (Hebreos 2:3). ¿Cómo nos preparamos? Aceptando a Jesucristo como nuestro Salvador y Señor, y esperando su venida.

Crea en esta verdad: Cristo vendrá por su novia en el arrebatamiento. Este glorioso acontecimiento es literal y visible, porque «todo ojo le verá», y esto podría ocurrir en cualquier momento (Apocalipsis 1:7).

EL NOVIO ESPERA A SU NOVIA

A fin de comprender mejor el significado que hay detrás del lenguaje simbólico usado para describir el arrebatamiento, también debemos entender las raíces judías de nuestra fe. El misterio del arrebatamiento se explica en la cadena de acontecimientos nupciales en una boda hebrea tradicional.

En la antigua ceremonia bíblica, el novio o un representante del padre del novio salía en busca de una novia. Un ejemplo es cuando Abraham envió a su criado con el fin de asegurarle una novia a Isaac. Si él era un buen partido, la novia o su familia solían aceptar el matrimonio sin siquiera ver al futuro novio.

Después se establecía un precio por la novia: veinte camellos, una docena de brazaletes de plata o cualquier cosa que el novio tenía para ofrecer. El precio acordado se llamaba *mohar*. La novia y el novio quedaban ahora comprometidos y legalmente vinculados entre sí, aunque aún no vivieran juntos. Un escriba redactaba un *ketubah*, o contrato de matrimonio. El documento incluía el precio de la novia, los derechos de ella, la promesa del novio de honrar, apoyar y vivir con la novia.

Por último, el novio le entregaba regalos a la novia. Hoy día la mayoría de los novios le regalan a la novia un anillo como evidencia de amor y compromiso, pero en los tiempos antiguos el regalo podría haber sido casi cualquier cosa. Si la novia aceptaba el regalo del novio, compartían una copa de vino llamada la copa del pacto, y los esponsales quedaban ultimados. Sin embargo, antes de salir de casa, el novio le decía a su novia: «Voy a preparar un lugar para ti. Volveré de nuevo para llevarte».

Según la costumbre bíblica, el novio iba luego a la casa de su padre con el fin de preparar un *chuppah*, o el dosel nupcial. Mientras tanto, la novia se preparaba y debía estar lista, porque no tenía idea de cuándo regresaría su novio. Ella estaba consagrada para sus esponsales y apartada mientras esperaba a su amado. Tomaba un *mikvah*, o baño de limpieza, a fin de purificarse para la boda venidera. A menudo mantenía una luz ardiendo en la ventana y una jarra extra de aceite a la mano, no fuera que el novio llegara en medio de la noche y no la encontrara preparada.

No se enviaban invitaciones impresas para la boda. Cuando al joven novio le preguntaban cuál era la fecha para su boda, solo podía responder: «Nadie lo sabe, excepto mi padre». ¿Por qué? Porque no podía ir a buscar a la novia hasta que el padre aprobara los preparativos que el hijo había realizado.

Cuando el padre del novio decidía que todo estaba en orden, liberaba a su hijo para buscar a la novia. El novio llegaba a la casa de la novia con un grito y el toque de una trompeta, o *shofar*. Una vez anunciado, el novio presentaba al padre de su prometida el contrato de matrimonio previamente acordado. La reclamaba como de su propiedad y la llevaba a casa de su propio padre, quien recibía a la pareja y colocaba la mano de la novia en la mano de su hijo. En ese momento ella se convertía en la esposa. A esta acción se le llamaba la presentación.

Después de la presentación, el novio llevaba a su novia a la cámara nupcial que había ido a preparar. Allí la presentaba a sus amigos que habían escuchado la trompeta y venían a celebrar la fiesta de bodas. Pablo escribió a la Iglesia: «Os celo con celo de Dios; pues os he desposado con un solo esposo, para presentaros como una virgen pura a Cristo» (2 Corintios 11:2).

De igual manera, los cristianos estamos desposados con Cristo por el nuevo pacto escrito en nuestros corazones y santificado por la sangre que Él derramó. Amamos a nuestro Novio celestial, a quien no hemos visto pero creemos que puede venir en cualquier momento. ¡Esta es una poderosa representación de lo que Dios ha preparado para nosotros! Somos la amada esposa de Cristo, buscada por el Espíritu Santo y comprada en el Calvario con la sangre preciosa de Jesús. Pablo declaró: «Habéis sido comprados por precio» (1 Corintios 6:20). El Padre todopoderoso miró hacia abajo desde el cielo y aceptó el precio de nuestra redención. Nosotros, la novia, aceptamos al Novio y la evidencia del amor que nos tiene. Nuestro contrato matrimonial es la Palabra de Dios, porque contiene todas las promesas que nuestro Novio amoroso ha hecho a favor de nosotros.

En nuestro compromiso recibimos regalos. Cuando lo aceptamos, ¡Jesús nos dio el regalo de vida eterna! Dios mismo nos ha dado el Espíritu Santo, quien nos ha concedido sus propios obsequios de gracia, fe, amor, gozo, paz, paciencia, bondad, fidelidad, mansedumbre y dominio propio. Al igual que la novia en su *mikvah* purificador, hemos sido bautizados con agua y por el poder limpiador del Espíritu Santo (Lucas 3:16; Hechos 1:5).

Mientras esperamos a nuestro Novio, Jesús ha vuelto a la casa de su Padre con el fin de preparar todo para nuestra llegada. Antes que partiera de esta tierra, el Señor manifestó: «En la casa de mi Padre muchas moradas hay; si así no fuera, yo os lo hubiera dicho; voy, pues, a preparar lugar para vosotros. Y si me fuere y os preparare lugar, vendré otra vez, y os tomaré a mí mismo, para que donde yo estoy, vosotros también estéis» (Juan 14:2–3).

¿Cómo demostramos públicamente nuestra aceptación de Cristo? Al igual que la novia, cada vez que tomamos la copa de la Comunión, y bebemos el vino, proclamamos nuestros votos matrimoniales con nuestro amado Señor. Demostramos que lo amamos solo a Él, que le somos leales y que estamos esperándolo. Así como la novia ansiosa, mantenemos mientras tanto nuestras lámparas encendidas y nos esforzamos por estar listos, porque no sabemos cuándo podría venir Él.

Nuestro Novio vendrá pronto por nosotros. No nos equivoquemos; debemos esperar con nuestros oídos sintonizados para escuchar el sonido de la trompeta.

Recordemos esta verdad: la Iglesia no pasará por la tribulación. Nos iremos a casa, a la ciudad donde el Cordero es la Luz, a la ciudad donde las rosas nunca se marchitan, a la ciudad donde habitan Abraham, Isaac, Jacob y el Rey Jesús.

Todavía no hemos visto cara a cara a nuestro Novio, pero lo amamos y nos regocijamos «con gozo inefable y glorioso» (1 Pedro 1:8) esperando su regreso.

NUESTRO TRAJE NUPCIAL

¿Qué sucedía en una antigua boda hebrea después que el novio llevaba a su novia a casa? Ella se paraba frente a él y esperaba que la evaluara. Si ella era sabia, había preparado un baúl con su vestido de novia y se había adornado con las hermosas prendas que había confeccionado por amor a su novio.

En los tiempos bíblicos la fiesta de bodas era una celebración para honrar no a la novia, como es nuestra costumbre, sino al novio. Se esperaba que todos los invitados que se reunían en la cena de bodas compusieran poemas y entonaran cánticos para honrarlo mientras apreciaban la belleza y la gracia de la novia.

Jesús, el Novio bendito, será honrado, no debido a lo que somos, sino por lo que nos ha hecho ser. Pablo se refirió a esta analogía en Efesios 5:27, cuando escribió que Cristo se entregó por la Iglesia «a fin de presentársela a sí mismo, una iglesia gloriosa, que no tuviese mancha ni arruga ni cosa semejante, sino que fuese santa y sin mancha».

No somos santos por naturaleza. No somos santos por costumbre. Pero la novia es el amor del Padre al Hijo en honor por su obediencia a la voluntad del Padre. Cuando a Jesús, el Novio, se le presente la novia, declarará: «Ella es hermosa, sin mancha ni arruga», y se alegrará mientras la conduce al banquete de bodas.

Imagínese, si lo desea: después de llevar a la novia a su casa, el novio la conduce a su recámara, la mira a los ojos, y le dice: «Pronto te llevaré a conocer a todos mis amigos. Querrán alabarte y exaltar tu belleza, así que mira en tu baúl y saca esos vestidos que has preparado para nuestra fiesta de bodas».

¿Qué haría usted si al mirar dentro del arcón del ajuar no encontrara nada? ¿O si solamente hallara prendas mal confeccionadas? Se quedaría muy avergonzado delante de su amado novio, del suegro y de los testigos allí reunidos.

J. Vernon McGee hace una pregunta muy importante a la novia:

El vestido de novia de la Iglesia son las acciones justas de los santos ... El vestido de novia se usará una sola vez, pero estaremos ataviados con la justicia de Cristo durante toda la eternidad ...

A lo largo de las épocas los creyentes han estado realizando acciones justas que se han ido acumulando para adornar el vestido de novia. A propósito, ¿qué está haciendo usted para adornar ese traje nupcial?[9]

EL TRIBUNAL DE CRISTO

La analogía de los vestidos de boda se traduce en la realidad del tribunal de Cristo. Poco después del arrebatamiento, todos los creyentes se hallarán delante del tribunal, el «asiento *bema*» de Cristo.

En la antigua Grecia, el asiento *bema* no se utilizaba como un banco judicial donde los delincuentes eran perdonados o sentenciados. Más bien se refería a una plataforma elevada en la arena deportiva, sobre la cual se sentaba el árbitro. Desde esta plataforma el juez premiaba a todos los contendientes y ganadores.

Como cristianos, corremos la carrera que tenemos por delante. Si actuamos según las reglas establecidas en la Palabra de Dios, seremos conducidos al asiento *bema* para estar, no delante de jefes de estado, sino delante del Hijo de Dios.

Pablo escribió: «Es necesario que todos nosotros comparezcamos ante el tribunal de Cristo, para que cada uno reciba según lo que haya hecho mientras estaba en el cuerpo, sea bueno o sea malo» (2 Corintios 5:10).

En este tribunal de Cristo no se nos juzga si somos salvos, porque todo aquel que se encuentra allí es creyente. Pablo escribió: «Ninguna condenación hay para los que están en Cristo Jesús» (Romanos 8:1). Cristo llevó todos nuestros juicios en el Calvario. Si Él pagó mi pena en su totalidad, no hay juicio por el pecado que debamos enfrentar en el asiento *bema* de Cristo. Pablo afirmó que son las obras del creyente las que serán juzgadas, para que se determine si son buenas o malas.

Con relación al vocablo *malas* (*phaulos*), Dwight Pentecost observó que Pablo no utilizó las palabras comunes (*kakos* o *poneras*), que cualquiera de ellas significaría lo que es ética o moralmente malo, sino que usó más bien una expresión que significa «bueno para nada» o «inútil». El Señor premiará nuestras obras hechas en su nombre y las cualidades que se examinarán en el tribunal de Cristo serán nuestro carácter y nuestra fidelidad.

Por esto es que Pablo escribió: «Golpeo mi cuerpo, y lo pongo en servidumbre, no sea que habiendo sido heraldo para otros, yo mismo venga a ser eliminado» (1 Corintios 9:27). Al apóstol no le preocupaba perder la salvación, sino que sus obras pudieran resultar inútiles.

Cuando comparezcamos ante el tribunal de Cristo se revelará a todos los presentes lo que hay dentro de nosotros. La Biblia enseña: «El hombre mira lo que está delante de sus ojos, pero Jehová mira el corazón» (1 Samuel 16:7). No nos es posible saber lo que motiva a las personas a servir a Dios. Para alguno puede una expresión altruista de servicio. Otro que trabaja con la misma diligencia podría estar sirviendo para recibir aplausos y reconocimiento de otras personas. Los motivos que usted tenga serán revelados y expuestos delante de todos en el tribunal de Cristo. Pablo escribió en 1 Corintios 3:11–15:

> *Nadie puede poner otro fundamento que el que está puesto, el cual es Jesucristo. Y si sobre este fundamento alguno edificare oro, plata, piedras preciosas, madera, heno, hojarasca, la obra de cada uno se hará manifiesta; porque el día la declarará, pues por el fuego será revelada; y la obra de cada uno cuál sea, el fuego la probará. Si permaneciere la obra de alguno que sobreedificó, recibirá recompensa. Si la obra de alguno se quemare, él sufrirá pérdida, si bien él mismo será salvo, aunque así como por fuego.*

En el tribunal de Cristo se mostrarán cinco grandes coronas que se otorgarán a la novia como los siervos leales y confiables de Cristo.

La novia se parará delante del Señor para una revisión final de nuestra fidelidad. Es aquí que Él nos recompensará por las vidas que hayamos llevado. Nuestras recompensas se basarán en parte en la fidelidad con que servimos al Señor (1 Corintios 9:4–27; 2 Timoteo 2:5), en cómo obedecimos la Gran Comisión (Mateo 28:18–20) y en el modo en que vencimos al pecado (Romanos 6:1–4):

1. A los creyentes firmes probados por medio de prisión y persecución incluso hasta la muerte, el Señor les dará una corona de vida (Apocalipsis 2:10).

2. A los pastores abnegados que apacientan su rebaño les espera una corona imperecedera e incorruptible de gloria (1 Pedro 5:2–4).

3. Todo aquel que corre con paciencia y perseverancia la carrera de la vida recibirá una corona de justicia (2 Timoteo 4:8).

4. Los evangelistas y ganadores de almas pueden anticipar ansiosamente recibir la corona de gozo (1 Tesalonicenses 2:19–20).

5. Por último, todos aquellos que vencieren por el bien del evangelio recibirán una corona eterna de victoria (1 Corintios 9:25).

Es en el tribunal de Cristo que recibiremos nuestras coronas que simbolizan nuestras obras justas. Santiago describió así este fabuloso momento: «Bienaventurado el varón que soporta la tentación; porque cuando haya resistido la prueba, recibirá la corona de vida, que Dios ha prometido a los que le aman» (Santiago 1:12).

Sí, la novia de Cristo recibirá coronas con hermosas joyas incrustadas, y nuestras vestiduras estarán adornadas por nuestras obras de justicia.

¿Qué corona usará usted?

¿Cuál de sus obras resultará quemada, y cuál de ellas soportará?

¿Tomará el brazo del Novio con olor a humo encima de usted? ¿O se unirá a Él vestido de blanco resplandeciente y con una radiante corona sobre la cabeza? Juan advirtió a todos los creyentes: «Retén lo que tienes, para que ninguno tome tu corona» (Apocalipsis 3:11). Todos debemos correr la carrera, ¡y correrla para ganar!

Las bodas del Cordero (el Esposo) con su Iglesia (la esposa) se llevarán a cabo en el cielo, después del tribunal de Cristo, y serán inmediatamente seguidas por la celebración de la cena de bodas:

Gocémonos y alegrémonos y démosle gloria; porque han llegado las bodas del Cordero, y su esposa se ha preparado. Y a ella se le ha concedido que se vista de lino fino, limpio y resplandeciente; porque el lino fino es las acciones justas de los santos.

(Apocalipsis 19:7–9)

Por supuesto, a partir de este momento el Hijo del Amo, Jesucristo, espera venir por su novia. Cuando venga a buscarla, todo aquel que haya creído en Él y en su señorío irá al lugar que el Señor ha preparado. Si usted es creyente en Cristo, hay un lugar debajo del dosel de bodas reservado especialmente para usted.

CAPÍTULO CINCO

11:54 P.M.

Rusia invade Israel

Vendrás de tu lugar, de las regiones del norte, tú y muchos pueblos contigo, todos ellos a caballo, gran multitud y poderoso ejército, y subirás contra mi pueblo Israel como nublado para cubrir la tierra; será al cabo de los días; y te traeré sobre mi tierra, para que las naciones me conozcan, cuando sea santificado en ti, oh Gog, delante de sus ojos.

Ezequiel 38:15–16

Usted es ciudadano de Irán. Su vida se ha vuelto muy difícil debido a las sanciones contra su país. Su esposa ya no canta en casa; pasa todo momento libre en el mercado, tratando de cambiar el pan de ayer por jarabe para la tos a fin de que los niños pequeños puedan dormir toda la noche. Estos son días difíciles, pero usted y sus compatriotas los soportan porque el ayatola les asegura que el día de la victoria hará que todos los sacrificios valgan la pena.

Usted llega de un largo día de trabajo a casa, se sienta en la sala y enciende la televisión. El rostro del líder político y espiritual más poderoso de Irán aparece instantáneamente en la pantalla, y otra vez está denunciando a Estados Unidos e Israel. «Pero ha llegado el momento —declara él con brillo en los ojos mientras la cámara le acerca el iracundo rostro—, de que saldemos las viejas cuentas. Los muertos serán vengados, ¡y Alá será alabado! Marcharemos sobre el asentamiento de Israel y libraremos la tierra de los invasores. ¡Aquellos que han distorsionado la fe y han cambiado el regalo de Alá por la herejía y la rebelión serán eliminados de la faz de la tierra!».

La cámara retrocede, y usted ve hileras de hombres, varios en completa vestimenta militar, otros usando el tradicional chafiyeh (turbante) y junto con ellos el presidente. Todos asienten al unísono ante cada palabra dicha por su líder supremo; entonces, en un abrir y cerrar de ojos, la pantalla titila y enfoca a un grupo jubiloso de sus compatriotas danzando en las calles de Teherán. «¡La invasión ha comenzado!». La voz del ayatola resalta la celebración. «¡Nuestros aliados incondicionales, el pueblo de Rusia y nuestros hermanos en armas se han unido para limpiar Palestina de una vez y para siempre! ¡Victoria para Alá!».

Una ola de escalofríos le sube a usted por los brazos y se estrella contra la nuca. En público, por supuesto, usted alabará al ayatola. Pero aquí, en la privacidad de su pequeña casa, no puede dejar de preguntarse si esta vez terminará igual que la anterior: con bombas, muerte y humillación ante los enemigos de Irán.

Pero sin duda el líder supremo ha aprendido una lección importante. No volverá a atacar sin una confianza segura y total de que esta vez saldrá victorioso. Y seguramente, con armamento, comandantes y tecnología rusa detrás de él, esta vez habrá victoria.

Usted lanza un suspiro de alivio cuando considera las implicaciones. Hitler debía conquistar toda Europa con el fin de destruir a la mayor parte del pueblo judío, pero Irán solo debe conquistar un territorio minúsculo, habitado por poco menos de diez millones de personas. ¿Qué pueden hacer contra los cientos de millones que permanecerán leales a Rusia? Absolutamente nada.

Pero el Dios de Abraham, Isaac y Jacob puede hacerlo todo, y una vez más librará a Israel de sus enemigos.

EL RELOJ AVANZA

No nos equivoquemos, en algún momento de la cuenta regresiva hacia *El fin de los tiempos* ocurrirá el escenario antes descrito o algo muy similar. Rusia, junto con Irán, Turquía, Libia y las naciones islámicas radicales, dirigirán un ataque masivo contra la nación de Israel. Esta arremetida se llevará a cabo después del arrebatamiento de la Iglesia y de que el anticristo sea revelado. La batalla futura se describió claramente en el libro del profeta Ezequiel, capítulos 38 y 39. Creo que este ataque ocurrirá tres años y medio después que el anticristo haga un tratado de paz de siete años con Israel, presentándose él mismo como el príncipe de paz.

Recuerde por favor que el arrebatamiento de la Iglesia ocasionará una crisis económica mundial cuando millones de millones de personas de la población activa desaparezcan instantáneamente de la Tierra. Las naciones lucharán por tener estabilidad económica y recibirán con agrado al líder carismático y brillante de Europa que llega como un hombre de paz, pero que en realidad es el hijo principal de Satanás. Él es el anticristo que creará un gobierno global de diez naciones para regir el planeta. Obligará a todos los habitantes del mundo a recibir su marca, ya sea en la frente o en la mano derecha. Los que reciban la marca perderán el alma; los que no la reciban perderán la vida a manos del gobierno del anticristo.

EL VALLE DE LOS HUESOS SECOS

Ezequiel 37 narra que el profeta fue arrebatado por el Espíritu de Dios y llevado al valle de los huesos secos. Ezequiel vio una multitud de huesos secos, esparcidos por el viento, la lluvia y por animales salvajes, y se preguntó qué tenía Dios en mente al llevarlo a tal lugar.

Entonces Dios le hizo al profeta una pregunta extraña: «Hijo de hombre, ¿vivirán estos huesos?» (v. 3).

Ezequiel arqueó las cejas. Quizás esta era una pregunta capciosa, porque esos huesos habían estado muertos por mucho tiempo, pero con Dios cualquier cosa es posible. El profeta, siempre diplomático, ofreció una respuesta cuidadosa: «Señor Jehová, tú lo sabes» (v. 3).

Después Dios le dijo a Ezequiel que profetizara sobre el valle de los huesos secos, y cuando lo hizo, los huesos comenzaron a repiquetear y traquetear. Un hueso del brazo corrió a unirse a su muñeca; un hueso del muslo se encajó en un hueso de la pierna. Costillas rotas se juntaron; cráneos aplastados se curvaron y volvieron a su estado original. Y entonces, a medida que el profeta observaba, tendones crecían sobre los huesos, luego apareció piel que los cubrió por completo. En instantes, los huesos milagrosamente se transformaron en cuerpos humanos enteros y completos, pero no se movían ni respiraban (v. 8).

Entonces Dios volvió a dirigirse a Ezequiel y le ordenó: «Profetiza al espíritu, profetiza, hijo de hombre, y di al espíritu: Así ha dicho Jehová el Señor: Espíritu, ven de los cuatro vientos, y sopla sobre estos muertos, y vivirán» (v. 9).

Así que Ezequiel obedeció, y el aliento entró en los cuerpos, y abrieron los ojos y vivieron. Se pusieron de pie, y conformaban un ejército sumamente grande de hombres (v. 10).

Y Dios le dijo a Ezequiel:

Me dijo luego: Hijo de hombre, todos estos huesos son la casa de Israel. He aquí, ellos dicen: Nuestros huesos se secaron, y pereció nuestra esperanza, y somos del todo destruidos. Por tanto, profetiza, y diles: Así ha dicho Jehová el Señor: He aquí yo abro vuestros sepulcros, pueblo mío, y os haré subir de vuestras sepulturas, y os traeré a la tierra de Israel. Y sabréis que yo soy Jehová, cuando abra vuestros sepulcros, y os saque de vuestras sepulturas, pueblo mío. Y pondré mi Espíritu en vosotros, y viviréis, y os haré reposar sobre vuestra tierra; y sabréis que yo Jehová hablé, y lo hice, dice Jehová.

(Ezequiel 37:11–14)

Esta profecía es un mensaje de esperanza relacionado con la restauración de Israel. El pueblo judío fue esparcido por todo el mundo como los huesos en el valle, pero Dios los trajo de vuelta en 1948. J. Vernon McGee observó: «Israel tiene una bandera, tiene una constitución, tiene un primer ministro y tiene un parlamento. Tiene una fuerza policial y un ejército. Tiene una nación e incluso tiene a Jerusalén, la capital eterna de Israel».[1] En otras palabras, ¡ha revivido!

GOG Y MAGOG SON
ATRAÍDOS A ISRAEL

En Ezequiel 38 la profecía continúa: «Vino a mí palabra de Jehová, diciendo: Hijo de hombre, pon tu rostro contra Gog en tierra de Magog, príncipe soberano de Mesec y Tubal, y profetiza contra él» (vv. 1–2).

El líder es «Gog», y su reino es «Magog». A Magog se le conoce como uno de los descendientes de Jafet en Génesis 10:2 y en 1 Crónicas 1:5.

¿Quién es Gog? Es llamado el príncipe de «Ros, Mesec y Tubal» (Ezequiel 38:3, LBLA), que son provincias de Asia Menor.

Actualmente esta región geográfica está ocupada por Irán, Turquía y las provincias sureñas de la Comunidad de Estados Independientes (CEI), la confederación dominada por Rusia que se levantó en lugar de la antigua Unión Soviética. Desde su creación en 1991, la CEI ha estado plagada de luchas internas, de hostilidades étnicas y regionales y de sangrientas guerras civiles.[2] Los ciudadanos de estos estados desarticulados experimentan con regularidad conmociones políticas, golpes de estado e intentos de asesinato. Con la creciente confusión e incertidumbre del futuro, los ciudadanos están buscando alguien que los guíe, alguien que parezca confiable y seguro.

Vladimir Vladimirovich Putin ha sido tanto el presidente de la Federación Rusa como su primer ministro desde 1999. Él es un exagente de la KGB que parece decidido a devolver a Rusia el antiguo poder y prestigio que poseyó una vez antes de la desintegración de la URSS. Putin incluso ha logrado garantizar su longevidad como presidente después de un controvertido referendo nacional que allanó el camino para que permaneciera en el poder hasta 2036.[3] Recuerde mis palabras, el «puño de hierro» de la KGB es más poderoso que nunca, y aún sigue silenciando activamente a sus oponentes.

Consideremos el sonado caso de solo uno de los críticos del gobierno de Putin a principios de 2021:

El líder de la oposición rusa y feroz crítico del Kremlin, Alexey Navalny, fue sentenciado a tres años y medio de prisión.

Sus partidarios, más de ocho mil de los que han sido detenidos en protestas por la policía... convocaron de inmediato una nueva muestra de apoyo.

Navalny, un investigador anticorrupción de cuarenta y cuatro años que se ha convertido cada vez más en una espina en el costado de Putin, fue arrestado al regresar [a Rusia] desde Alemania, donde pasó cinco meses recuperándose de envenenamiento con el agente nervioso de la era soviética *novichok*.

Él asegura que el ataque se llevó a cabo en Rusia, bajo órdenes de Putin, una acusación que el Kremlin ha negado.

Navalny fue hallado culpable... de violar los términos de una sentencia previa suspendida de tres años y medio, derivada de una condena anterior que siempre ha desestimado por motivos políticos.

Según el servicio penitenciario y los fiscales rusos, Navalny no se comunicó con los funcionarios de la prisión mientras se recuperaba en Alemania [¡de ser envenenado!].[4]

A mediados de 2021 el tribunal ruso calificó a Navalny y su organización de «extremistas» y proscribió todas sus actividades. La sentencia prohibió a los aliados de Navalny postularse para cargos públicos.[5] La Vieja Guardia sigue vivita y coleando.

Mientras tanto, Putin ha dado varios pasos para incrementar la influencia rusa en Oriente Medio. Entre 2000 y 2010 vendió a Siria armamento avaluado en 1.500 millones de dólares. En 2017, Putin firmó un contrato a largo plazo con Siria que le permitía a Rusia mantener tropas y presencia naval en esa nación.

A finales de 2019, Putin y el presidente Erdogan de Turquía firmaron un acuerdo de cooperación militar, creando una zona segura a lo largo de la frontera entre Turquía y Siria con la intención de poner fin a la acción militar del Kurdistán sirio controlado por los separatistas.[6] Durante el conflicto de Estados Unidos con Libia, Putin expresó su firme apoyo a Libia y condenó la intervención estadounidense. En octubre de 2019, él firmó seis acuerdos comerciales con los Emiratos Árabes Unidos por mil trescientos millones de dólares que involucran salud, energía y tecnología avanzada.[7]

Rusia e Irán patrocinan juntos en el Líbano a Hezbolá, una organización terrorista altamente entrenada y bien equipada cuyo propósito declarado es borrar del mapa a Israel. Putin tiene intereses naturales en Israel debido a su posición estratégica en la encrucijada geográfica, sus enormes depósitos de gas natural y sus puertos marítimos de aguas cálidas.

Al sumar todos estos factores antiguos y modernos, parece completamente lógico pensar que Rusia sea el líder probable de una futura gran agresión contra Israel.

Un gran movimiento militar bajo el liderazgo de Gog, el líder de Ros, se describe en Ezequiel 38:4: «Te quebrantaré, y pondré garfios en tus quijadas, y te sacaré a ti y a todo tu ejército, caballos y jinetes, de todo en todo equipados, gran multitud con paveses y escudos, teniendo todos ellos espadas».

Dios identificó a continuación a los invasores que se unirán a Rusia: Persia, Cus, Fut, Gomer y Togarma (vv. 5–6).

A Persia se le identifica fácilmente como Irán. Cus y Fut se refieren a las naciones islámicas de la península Arábiga. Creo que cuando Ezequiel habló de Persia, Etiopía y Libia se estaba refiriendo a los estados árabes contemporáneos extremistas que constantemente piden una guerra santa para exterminar a Israel. Lo más probable es que Gomer y Togarma se refieran a la nación ocupada hoy por Turquía.

Ya que Israel es la cuarta potencia militar más grande sobre la faz de la tierra, no hay forma de que los árabes puedan derrotarla sin ayuda externa. Por eso entrarán en un acuerdo con Rusia, que estará más que dispuesta a compartir su organización militar, sus conocimientos técnicos y sus armas.

En resumen, es razonable suponer que Rusia dirigirá una masiva fuerza militar panislámica extremista con el fin de invadir Israel. La motivación de Rusia es controlar el golfo Pérsico rico en petróleo, y el puerto de aguas cálidas de Haifa, mientras que los fundamentalistas islámicos tienen una pasión ardiente por controlar Jerusalén. Esta coalición rusa / panislámica es una alianza impía que llevará a la invasión descrita por Ezequiel 38 y 39.

ISRAEL, LA CLAVE DE LOS ÚLTIMOS TIEMPOS

No es posible entender la profecía bíblica sin una comprensión del pasado, presente y futuro de Israel. Esta nación será el epicentro de las estremecedoras aflicciones de los últimos días, y todos los acontecimientos cruciales girarán en torno a la Tierra Santa y la familia de Abraham.

Israel fue fundada por un acto soberano de Dios, quien le manifestó a Abraham:

Vete de tu tierra y de tu parentela, y de la casa de tu padre, a la tierra que te mostraré.

(Génesis 12:1).

Al llegar Abraham a la tierra prometida, Dios le repitió esta promesa: «A tu descendencia daré esta tierra» (v. 7).

Actualmente hay dos controversias con relación a Israel: la primera declara que la promesa de Dios a Abraham no fue una promesa de tierra literal, sino una promesa de cielo. Quienes sostienen esta posición enseñan que Israel perdió el favor de Dios mediante la desobediencia, y que la Iglesia es ahora Israel. La segunda controversia sostiene que la promesa a Abraham y sus descendientes es literal, pero que también es condicional, basada en la obediencia de Israel a Dios.

Esta confusión común se corrige al instante por la clara enseñanza que se encuentra en la Palabra de Dios. En Génesis 22:17, Dios le dijo a Abraham: «De cierto te bendeciré, y multiplicaré tu descendencia como las estrellas del cielo y como la arena que está a la orilla del mar».

Dios mencionó dos elementos separados y distintos: estrellas y arena. Las «estrellas del cielo» representan a la Iglesia. Las estrellas, al igual que la luz, gobiernan la oscuridad, la cual es la comisión dada a la Iglesia. Jesús declaró: «Vosotros sois la luz del mundo» (Mateo 5:14). A Jesús se le llama «la estrella resplandeciente de la mañana» (Apocalipsis 22:16). Y Daniel 12:3 nos informa:

Los entendidos resplandecerán como el resplandor del firmamento; y los que enseñan la justicia a la multitud, como las estrellas a perpetua eternidad.

Las estrellas son celestiales, no terrenales. Representan a la Iglesia, la simiente espiritual de Abraham.

En cambio, la «arena que está a la orilla del mar» es terrenal y representa un reino terrenal con una Jerusalén literal como su ciudad capital. Tanto las estrellas como la arena existen al mismo tiempo, y ninguna reemplaza a la otra. De igual manera, la nación de Israel y la Iglesia existen al mismo tiempo y no reemplazan la una a la otra.

La Biblia enseña claramente que la promesa que Dios le hizo a Abraham fue literal e incondicional. Examinemos las Escrituras para verificar más allá de toda duda que Dios quiso que Abraham y el pueblo judío poseyeran una tierra literal.

En Génesis 13, Dios le dijo a Abraham: «Alza ahora tus ojos, y mira desde el lugar donde estás hacia el norte y el sur, y al oriente y al occidente. Porque toda la tierra que ves, la daré a ti y a tu descendencia para siempre ... Levántate, ve por la tierra a lo largo de ella y a su ancho; porque a ti la daré» (Génesis 13:14–15, 17).

Génesis 15:18 declara: «En aquel día hizo Jehová un pacto con Abram, diciendo: A tu descendencia daré esta tierra, desde el río de Egipto hasta el río grande, el río Éufrates». Luego Dios enumeró las tribus paganas que vivían en esa región en ese momento. Esta es una tierra muy literal. El cielo no se describe, ni siquiera en forma alegórica, como la región entre el río de Egipto (el Nilo) y el Éufrates.

Dios le dijo a Abraham con relación al pueblo judío que se hallaba esclavo en Egipto: «Ten por cierto que tu descendencia morará en tierra ajena, y será esclava allí, y será oprimida cuatrocientos años. Mas también a la nación a la cual servirán, juzgaré yo; y después de esto saldrán con gran riqueza» (Génesis 15:13–14).

Después de cuatrocientos años de esclavitud, los descendientes de Abraham se convirtieron en una nación de más de dos millones de personas, y salieron físicamente de un Egipto literal hacia una tierra prometida literal. Los libros de Éxodo, Levítico, Números, Deuteronomio y Josué tratan con el regreso de Israel a la tierra terrenal prometida, no al cielo.

El título de propiedad de la tierra prometida fue transmitido a Isaac por parte de Abraham. En Génesis 26:3, Dios le comunicó a Isaac: «Habita como forastero en esta tierra, y estaré contigo, y te bendeciré; porque a ti y a tu descendencia daré todas estas tierras, y confirmaré el juramento que hice a Abraham tu padre».

Esas escrituras de la tierra prometida fueron después transmitidas a Jacob por parte de Isaac. En Génesis 28:13, Dios le informó a Jacob:

«Yo soy Jehová, el Dios de Abraham tu padre, y el Dios de Isaac; la tierra en que estás acostado te la daré a ti y a tu descendencia». ¡Es necesario estar en una tierra muy literal para acostarse en ella!

¿Fue condicional la promesa que Dios le hizo a Abraham? Quienes creen que la promesa de Dios dependía de la obediencia de Abraham simplemente no entienden el pacto de sangre.

En el Antiguo Testamento, un pacto de sangre era el más solemne y vinculante de todos los pactos. Las partes que lo acordaban tomaban uno o varios animales, los mataban, partían los cadáveres por la mitad a lo largo de la columna vertebral y colocaban las secciones divididas una frente a la otra en el suelo, formando un camino entre las piezas. Entonces los participantes se daban la mano, recitaban el contenido del pacto y caminaban entre las mitades partidas de los animales sacrificados.

El pacto de sangre significaba que sus participantes estaban vinculados hasta la muerte, y si alguno de ellos rompía los términos del pacto, su sangre se derramaría igual que la de los animales inmolados. Dios entregó a Abraham, Isaac y Jacob y sus descendientes un acuerdo permanente e incondicional de una tierra prometida en la que vivirían realmente para siempre, basándose en el pacto de sangre que Dios hizo con Abraham.

En Génesis 15, Dios le ordenó a Abraham que tomara un novillo, una cabra, un cordero, una tórtola y una paloma. Todos los animales fueron partidos en mitades excepto las aves. Como ningún ser humano puede ver a Dios y quedar con vida, Dios le indujo a Abraham un profundo sueño mientras Él se preparaba para entrar en un pacto de sangre con el padre de la fe.

Abraham vio en su sueño «un horno humeando, y una antorcha de fuego que pasaba por entre los animales divididos» (Génesis 15:17). En el Antiguo Testamento, una antorcha ardiendo significaba la presencia de la gloria Shekhiná de Dios. El Señor estaba comprometiéndose mediante un pacto de sangre con Abraham y sus descendientes para siempre, diciendo: «A tu descendencia daré esta tierra» (vv. 15–18). Dios nunca sugirió que el pacto fuera condicional. Exactamente lo opuesto es la verdad; este pacto depende solo de la fidelidad de Dios, no depende del hombre, y el Todopoderoso siempre es fiel.

Salmos 89:30–37 confirma esta promesa incondicional cuando Dios declaró:

Si dejaren sus hijos [de Israel] *mi ley, y no anduvieren en mis juicios, si profanaren mis estatutos, y no guardaren mis mandamientos, Entonces castigaré con vara su rebelión, y con azotes sus iniquidades. Mas no quitaré de él mi misericordia, ni falsearé mi verdad. No olvidaré mi pacto, ni mudaré lo que ha salido de mis labios. Una vez he jurado por mi santidad, y no mentiré a David. Su descendencia será para siempre, y su trono como el sol delante de mí. Como la luna será firme para siempre, y como un testigo fiel en el cielo.*

Dios expresó claramente que no le mentiría a David y que no rompería el pacto con Israel, aunque la nación le desobedeciera. También puso a la luna como testigo de su pacto. Cuando usted sale a caminar en la noche y ve la luna brillando en los cielos, está presenciando al testigo eterno de Dios hablándoles a todos los hombres en todos los idiomas respecto a que el pacto divino con Israel es para siempre.

ISRAEL: RENACIDO, RECONSTRUIDO Y RESTAURADO

¿Y qué hay del futuro de Israel? Israel nació como nación en un solo día, el 15 de mayo de 1948, cuando las Naciones Unidas reconocieron al estado de Israel. Este fue el cumplimiento de Isaías 66:8:

¿Quién oyó cosa semejante? ¿quién vio tal cosa? ¿Concebirá la
tierra en un día? ¿Nacerá una nación de una vez? Pues en cuanto
Sion estuvo de parto, dio a luz sus hijos.

Dios escribió por medio del profeta Ezequiel: «Os sacaré de entre los pueblos, y os reuniré de las tierras en que estáis esparcidos, con mano fuerte y brazo extendido, y enojo derramado ... y sabréis que yo soy Jehová» (Ezequiel 20:34, 38).

Respecto a la restauración de Israel, el profeta Amón escribió:

Traeré del cautiverio a mi pueblo Israel, y edificarán ellos las
ciudades asoladas, y las habitarán; plantarán viñas, y beberán el
vino de ellas, y harán huertos, y comerán el fruto de ellos. Pues
los plantaré sobre su tierra, y nunca más serán arrancados de su
tierra que yo les di, ha dicho Jehová Dios tuyo.

(Amós 9:14–15)

Los profetas declararon que la nación de Israel renacería y sería reconstruida y restaurada. El pueblo judío nunca más sería movido de su tierra. Sin importar quién mire a Israel con codicia (Gog, Magog, Persia [Irán] o cualquier otra nación árabe) no lo volverán a sacar de su tierra. Esa es la promesa de Dios.

LOS ACUERDOS DE ABRAHAM

El expresidente Trump siempre ha sido amigo de Israel. En diciembre de 2017, bajo su administración, Estados Unidos fue el primer país en reconocer a Jerusalén como capital de Israel. Este hecho histórico abrió el camino para que otras naciones siguieran el ejemplo. En la primavera de 2021, la nación de Kosovo abrió oficialmente su embajada en Jerusalén. Kosovo se convirtió en el tercer país con una embajada en la Ciudad Santa. Estados Unidos fue el primero en trasladar su embajada a Jerusalén en mayo de 2018, y Guatemala le siguió poco después. Sin embargo, Kosovo es la primera nación predominantemente musulmana en hacer este movimiento histórico. En junio de 2021 Honduras se convirtió en el cuarto país en trasladar su embajada a Jerusalén.[8]

Desde la década de los setenta, varios intentos por establecer la paz entre Israel y sus vecinos árabes fracasaron hasta que el presidente Donald Trump y el primer ministro Benjamin Netanyahu se reunieron en la Casa Blanca en septiembre de 2020 y firmaron los Acuerdos de Abraham con los Emiratos Árabes Unidos (UAE, por sus siglas en inglés) y Bahréin.

Viajé a los UAE a mediados de 2021 para reunirme con su ministro de Relaciones Exteriores, el jeque Abdullah bin Zayed, signatario de los Acuerdos de Abraham. Personalmente le di las gracias por firmar los acuerdos y por mostrar un valor encomiable al defender a Israel durante el conflicto con Hamas. También tuve el privilegio de recorrer la exposición del Holocausto «Recordamos» en Dubái, la primera de este tipo en el mundo árabe. ¿Quién hubiera imaginado que esto sería posible?

Por el contrario, Irán, que representa al imperio persa moderno, ha tenido la obsesión de destruir a los judíos desde la época de Amán hace miles de años. El objetivo principal de Irán sigue siendo crear un arma nuclear que pueda matar a todos los judíos de Israel.

Poco después de asumir el cargo en junio de 2021, el recién elegido gobierno de Israel bajo el primer ministro Naphtali Bennett y el primer ministro suplente Yair Lapid declaró: «Más que nunca, el programa nuclear de Irán debe detenerse de inmediato, revertirse por completo y detenerse indefinidamente».[9]

El actual canciller Yair Lapid, con quien tuve el placer de reunirme cuando estuve en Israel, señaló que «el recién elegido gobernante de Irán, Ebrahim Raisi, conocido como "el carnicero de Teherán", es hasta ahora su presidente más extremo, y está comprometido con el rápido avance del programa nuclear de Teherán. [Raisi] es un extremista, responsable de la muerte de miles de iraníes. Está comprometido con las ambiciones nucleares del régimen y con su campaña de terror global».[10]

Después que se declarara que Ebrahim Raisi, jefe judicial de Irán, había ganado las elecciones, los líderes de Rusia, Turquía, Siria y el grupo terrorista Hamas enviaron felicitaciones por tan aplastante victoria. El presidente ruso Vladimir Putin expresó su esperanza por «un mayor desarrollo de una cooperación bilateral constructiva». Un vocero de la embajada rusa en Teherán declaró además: «Respetamos la decisión del pueblo iraní. Estamos dispuestos a fortalecer constantemente la cooperación con la república islámica en todas las direcciones, tal como hicimos bajo anteriores presidencias iraníes».[11]

Durante el bombardeo con misiles a Israel por parte de Hamas en el verano de 2021, Raisi elogió al grupo terrorista por luchar contra el estado judío y exigió la liberación de Jerusalén del control israelí: «La resistencia heroica de Palestina brilló una vez más en una sensacional prueba decisiva y obligó al régimen sionista invasor a dar otro paso [hacia atrás] hacia el noble ideal de liberar a la Holy Qud ["ciudad de Jerusalén" en lengua farsi]».[12]

La unión Gog-Magog de Rusia e Irán sigue siendo sólida como la roca, y su mensaje fundamental es claro: «¡Muerte a Israel!».

¿POR QUÉ DESEARÍA RUSIA ATACAR A ISRAEL?

Hay varias razones probables de por qué Rusia invadiría a Israel.

En primer lugar, la economía rusa podrá ser muy débil debido a los efectos del coronavirus y las guerras por el precio del petróleo, pero tiene algunos activos muy valiosos, como amplios conocimientos en desarrollo nuclear, capacidad militar y un depósito de armas. ¿Por qué no ofrecer estos activos a Irán y las naciones árabes que los necesitan desesperadamente a cambio de alianzas con Oriente Medio, que contrarrestarían la influencia económica de la Unión Europea?

En segundo lugar, aunque Rusia es rica en reservas de petróleo y otros recursos naturales, estos activos tienden a estar en regiones remotas de difícil acceso. Esto hace que la perforación y el transporte del petróleo a sus refinerías tengan un costo prohibitivo. Por tanto, Rusia debe establecer alianzas con las naciones que controlan los enormes yacimientos petroleros mundiales: las naciones árabes que rodean el golfo Pérsico.

A fin de transportar ese petróleo de manera eficiente, y en el futuro participar eficazmente en el envío de armamento militar, Rusia necesita puertos marítimos de aguas cálidas. Históricamente, Rusia ha codiciado los puertos de aguas cálidas, es decir, los puertos que están libres de hielo todo el año. El mapa de Rusia revela que sus puertos marinos están localizados principalmente en el gélido océano Ártico y hacia el oriente. En esencia, su armada se haya cubierta de hielo durante varios meses del año.

Actualmente los barcos rusos deben viajar por el mar Negro, luego por el angosto Bósforo, hasta el mar de Mármara, y finalmente por el mar Egeo antes de llegar al Mediterráneo. Sin embargo, Israel está ubicado exactamente *en* el mar Mediterráneo, y es considerado una zona de navegación de primer orden. Los puertos marítimos de Israel ofrecen acceso al océano Atlántico a través del Mediterráneo, el estrecho de Gibraltar; y acceso al océano Índico hasta el Pacífico hacia el sur por el mar Rojo y el golfo de Adén. Para lograr sus objetivos de dominio militar, Rusia debe tener acceso directo a estos océanos.

La codicia de Rusia por apoderarse de Israel aumentó en 2010 cuando los geólogos descubrieron enormes depósitos de petróleo que existían bajo la zona de los Altos de Golán. Calculan que el yacimiento es lo suficientemente abundante para satisfacer durante un siglo o más las necesidades de Israel de petróleo y gas, pero también porque esto puede interrumpir la manipulación política de Putin del gas natural enviado a Europa.

El interés de Rusia en Israel y el Oriente Medio no es una novedad. Como se dijo anteriormente, las crecientes ambiciones de Rusia de recuperar el poder que perdió como el estado dominante de la desaparecida URSS han sido evidentes durante más de dos décadas. En 1996, Uri Dan y Dennis Eisenberg, escritores para el *Jerusalem Post*, observaron lo siguiente:

> [Rusia] ha vuelto a las políticas de la antigua Unión Soviética, y su objetivo es volver a convertirse en un poder dominante en Oriente Medio. El oso ruso ya ha estrechado a Irán en un meloso abrazo al construir un reactor nuclear para los mulás de Teherán. También se ha esforzado mucho por volver a acoger en su seno a Siria, ofreciendo a Damasco armamento moderno como carnada.[13]

Siria ha mordido el anzuelo. A principios de 2017, Putin firmó un acuerdo con este país en que permitía que los militares rusos extendieran su presencia y ejercieran control absoluto de su base naval en el puerto de Tartus. El tratado permite a Rusia atracar once buques de guerra, incluidas naves nucleares, en forma permanente y mantener una base aérea militar en las cercanías. También les otorga soberanía sobre el territorio y jurisdicción administrativa. Este acuerdo tiene una duración de cuarenta y nueve años.[14]

Después que el presidente Trump sacó las tropas estadounidenses de Siria, Putin no perdió tiempo y convenció al gobierno sirio de que le permitiera el despliegue de tropas rusas en la frontera sirio-turca. Esta nueva alianza entre Rusia, Siria y Turquía asegurará que los combatientes kurdos abandonen la región, aumentando así la creciente influencia de Rusia en los asuntos de Oriente Medio.[15]

Como ya se dijo, además de su sólida posición en Siria, Rusia también ha realizado grandes avances dentro de Irán. Ya a mediados de la década de los noventa, Rusia contribuyó al programa nuclear de Irán al completar su planta de reactores en Bushehr. Putin sacó ventaja de la creciente tensión entre Estados Unidos e Irán, sobre todo con su desarrollo de energía nuclear y las ampliadas relaciones rusas con los iraníes.

En un principio Rusia cumplió con las resoluciones de la ONU de 2010 que impuso sanciones contra la venta de equipos nucleares o militares a Irán. Pero en 2016, Putin desafió la prohibición y entregó a los iraníes un sistema móvil de defensa antimisiles S-300 tierra aire, con planes de un acuerdo de diez mil millones de dólares para suministrarles helicópteros, aviones y artillería.[16]

Rusia e Irán se han unido para patrocinar a la sumamente entrenada y bien equipada organización terrorista Hezbolá, que tiene su sede en Líbano y cuenta con importante presencia en Siria, Irak y Yemen. El propósito declarado de Hezbolá es el mismo que el de la OLP: la masacre absoluta de todo el pueblo judío. Hezbolá representa un grave peligro para Israel, ya que atacará de dos maneras contrastantes: con emboscadas e incursiones de guerrillas en las fronteras de Israel y con su enorme arsenal de cohetes iraníes.

¿Por qué los enemigos de Israel necesitan tantos cohetes? Por la gran eficacia de la «Cúpula de Hierro», el sistema de defensa israelí en toda clase de clima, el cual ha sido su base defensiva desde 2011. En el momento en que un cohete enemigo es lanzado hacia Israel, la Cúpula de Hierro lo detecta y calcula su ruta. Si el sistema determina que el misil impactará en una región poblada, dispara al instante un misil defensivo que intercepta y destruye la ojiva entrante.

En un período de cincuenta días de conflicto en 2014, Hezbolá disparó 4.594 cohetes contra Israel, y la Cúpula de Hierro destruyó todos menos setenta, un porcentaje de éxito de 90%.[17] Hezbolá, junto con sus patrocinadores Irán y Rusia, están convencidas de que su incrementado arsenal de medio millón de cohetes aplastará al tan cacareado sistema de defensa israelí.

Más recientemente, en un lapso de once días (mayo 10–21, de 2021), Hamas lanzó en Gaza más de 4.500 misiles hacia Israel. La Cúpula de Hierro de Israel intervino una vez más, interceptando 90% de los misiles.[18] Recuerde, la nación de Israel está rodeada en tres de sus costados por fuerzas hostiles decididas a aniquilarla por completo. Las fuerzas iraníes y sirias, respaldadas por Rusia, se ciernen diariamente sobre la frontera israelí-siria. Hezbolá está firmemente asentada en la frontera norte de Israel con Líbano. Y Hamás, una brutal organización terrorista, tiene el control total de la Franja de Gaza en el suroeste.

Jordania, que está dividida de Israel solamente por el río Jordán al oriente, ha disfrutado la paz con los israelíes desde la firma de un tratado de paz en 1994. Egipto, que tiene en común con Israel una frontera en el lado occidental de la península de Sinaí, firmó en 1980 un tratado con los israelíes, el cual sigue vigente al momento de escribir esto. Pero todos los tratados árabes con Israel son frágiles y precarios, y los tratados entre las dos partes han sufrido muchas tensiones por provocaciones reales y percibidas.

Putin ha visitado varias veces al rey Abdulá de Jordania, y podemos tener la seguridad de que está listo para sacar ventaja inmediata de cualquier ruptura en la relación entre Israel y Jordania.

La relación de Putin con Egipto es mucho más cercana. En 2005 prometió trabajar con el presidente egipcio Mubarak en la creación de un programa nuclear en Egipto. Desde el golpe de estado que convirtió a Abdel Fattah al-Sisi en jefe del gobierno egipcio, los lazos de Putin con Egipto son aún más cercanos. La cooperación militar y económica ha aumentado entre las dos naciones. Y Putin firmó en 2014 un protocolo que dio lugar a que Rusia entregara a Egipto miles de millones de dólares en armas.[19]

En otras palabras, Putin está tan ansioso por tener presencia en Oriente Medio que prácticamente regalará armas. Rusia necesita socios económicos y militares, puertos estratégicos y las recién descubiertas reservas de petróleo de Israel, y el Oso no se detendrá ante nada por conseguir sus objetivos.

Poco ha cambiado, Aleksandr Solzhenitsyn (1918–2008), novelista, historiador y prisionero político ruso cuyas obras pusieron al descubierto la brutalidad de los campos soviéticos de trabajo, declaró: «Todo lo que se añade a la verdad, se resta de la verdad». Y acerca de la mentalidad gubernamental rusa manifestó: «Sabemos que mienten, ellos saben que mienten y que sabemos que mienten, sabemos que saben que sabemos que mienten, pero siguen mintiendo».

Por más que Rusia intente explicar sus acciones agresivas en Oriente Medio, sabemos lo que están haciendo. Al unir fuerzas con Rusia, las naciones islámicas radicales, que desprecian a Israel, se benefician en gran manera de la fortaleza de las fuerzas armadas rusas. Las naciones islámicas extremistas tienen petróleo y dinero en efectivo. Rusia tiene poderío militar y las capacidades organizativas necesarias para emprender una invasión militar. Juntos harán un tratado que les garantice apoyo mutuo.

Rusia les dirá a las naciones islámicas: «Ustedes quieren Jerusalén y el monte del Templo como un lugar sagrado. Nosotros queremos el golfo Pérsico y el petróleo israelí. ¡Unamos nuestras fuerzas, cada uno de nosotros conseguirá lo que desea y juntos gobernaremos el mundo!».

La razón final y más convincente para que Gog y Magog invadan Israel son los «garfios» en las quijadas de Gog (Ezequiel 38:4). Independientemente de las razones políticas o económicas, Dios atraerá de manera inexorable a Gog y sus fuerzas hacia Israel. Pronto será el día de pago para las naciones antisemitas que a lo largo de la historia han atormentado, torturado y asesinado al pueblo judío.

¿Cuál será el resultado final? Una enorme fuerza militar panis-lámica dirigida por el alto mando ruso vendrá contra Israel «como nublado para cubrir la tierra» (Ezequiel 38:16); y el Dios de Israel eliminará a cinco de cada seis en ese ejército invasor (Ezequiel 39:2, RVA).

EL GUARDIÁN DE ISRAEL NUNCA DUERME

Como muchos de los planes humanos, lo que se intenta para mal, Dios lo convertirá para bien. Esta monumental batalla entre Israel y la coalición del islamismo y Rusia no es una excepción. Pues aunque este temible ejército colaborador crea haber concebido esta batalla por su propia cuenta, en realidad es Dios el Padre el que los ha traído.

Ezequiel 38:4–6 declara:

Te quebrantaré, y pondré garfios en tus quijadas, y te sacaré a ti y a todo tu ejército, caballos y jinetes, de todo en todo equipados, gran multitud con paveses y escudos, teniendo todos ellos espa-das; Persia, Cus y Fut con ellos; todos ellos con escudo y yelmo; Gomer, y todas sus tropas; la casa de Togarma, de los confines del norte, y todas sus tropas; muchos pueblos contigo.

En Ezequiel 38:16 volvemos a ver que el Señor ha organizado esta batalla: «Será al cabo de los días; y te traeré sobre mi tierra».

Gog no verá la mano de Dios, solo verá a Israel, «la tierra salvada de la espada, recogida de muchos pueblos, a los montes de Israel, que siempre fueron una desolación; mas fue sacada de las naciones, y todos ellos morarán confiadamente» (v. 8). Como resultado de los tratados de paz de Israel con los palestinos en que ha intercambiado tierras valiosas por paz, parecerá más vulnerable que nunca, «una tierra indefensa ... gentes tranquilas que habitan confiadamente; todas ellas habitan sin muros, y no tienen cerrojos ni puertas ... y sobre el pueblo recogido de entre las naciones, que se hace de ganado y posesiones, que mora en la parte central de la tierra» (vv. 11–12).

En consecuencia, así le dice Dios a la coalición: «Vendrás de tu lugar, de las regiones del norte, tú y muchos pueblos contigo, todos ellos a caballo, gran multitud y poderoso ejército, y subirás contra mi pueblo Israel como nublado para cubrir la tierra» (vv. 15–16).

Pero los invasores no se dan cuenta de que Dios ha jurado por su santidad defender a Jerusalén. Puesto que Dios creó y defiende a Israel, esas naciones que la atacan están peleando contra Dios mismo.

Los invasores encuentran una entrada fácil a la tierra prometida. Ya sea en honor a Alá, o en obediencia a un comandante militar ruso, los atacantes se dedicarán a cumplir su plan de cometer saqueo y genocidio.

La gran mayoría nunca sabrá qué los atacó. La derrota de los enemigos de Israel será repentina, devastadora, total y divina.

RESPUESTA DE DIOS A LA AMENAZA

Dios afirmó que cuando Gog descienda desde el norte, «subirá mi ira y mi enojo» (Ezequiel 38:18). El rey David declaró: «He aquí, no se adormecerá ni dormirá el que guarda a Israel» (Salmos 121:4). Después de ver a los judíos del holocausto ingresar a las cámaras de gas, después de ver a la «niña de sus ojos» arrojada a los hornos y sus cenizas lanzadas por toneladas a los ríos de Europa, después de ver a la «tierra que fluye leche y miel» enrojecida por la sangre de los judíos en cinco grandes guerras por paz y libertad, Dios se levantará y gritará a las naciones del mundo, romperá su silencio y exclamará: «¡Basta!».

En primer lugar, el Señor enviará un poderoso terremoto tan devastador que estremecerá los montes y los mares, y todo muro caerá a tierra:

He hablado en mi celo, y en el fuego de mi ira: Que en aquel tiempo habrá gran temblor sobre la tierra de Israel; que los peces del mar, las aves del cielo, las bestias del campo y toda serpiente que se arrastra sobre la tierra, y todos los hombres que están sobre la faz de la tierra, temblarán ante mi presencia; y se desmoronarán los montes, y los vallados caerán, y todo muro caerá a tierra.

(Ezequiel 38:19–20)

En segundo lugar, Dios enviará una confusión generalizada a la fuerza multinacional de combate, y «la espada de cada cual será contra su hermano» (v. 21). Esto es exactamente lo que Dios hizo cuando ordenó a Gedeón que tocara las trompetas y quebrara los cántaros. Los madianitas se confundieron divinamente y se atacaron a espada unos a otros. Gedeón obtuvo una gran victoria militar sin una sola muerte. Dios volverá a hacer esto en defensa de Israel.

En tercer lugar, Dios abrirá fuego con su artillería divina: «Yo litigaré contra él [el enemigo de Israel] con pestilencia y con sangre; y haré llover sobre él, sobre sus tropas y sobre los muchos pueblos que están con él, impetuosa lluvia, y piedras de granizo, fuego y azufre» (v. 22).

Este pasaje se podría interpretar de dos maneras: primera, «fuego y azufre» puede referirse al lanzamiento de armas nucleares por parte de Israel en un intento desesperado por evitar la aniquilación. «Pestilencia» puede referirse a un instrumento de guerra más nefasto: armamento biológico. Fácilmente puedo imaginar un escenario en que los rusos disparen armas biológicas sobre Israel, pero Dios cambia milagrosamente el rumbo de los misiles o hace que fallen, ¡por lo que los invasores son destruidos mediante sus malas intenciones!

La segunda interpretación es que este acontecimiento es una repetición de Sodoma y Gomorra. Dios hará desaparecer a los enemigos de Israel haciendo caer sobre ellos fuego y azufre del cielo. Tanto en un caso como en el otro, los resultados serán igualmente catastróficos. No obstante, supongamos que Israel decida lanzar un ataque nuclear sobre Rusia en un intento desesperado por detener el avance del ejército ruso-árabe... ¿cuál sería la respuesta de Rusia?

¿CAERÁN BOMBAS NUCLEARES SOBRE ESTADOS UNIDOS?

Ezequiel 39:6 presenta un escenario posible que encuentro interesante a la luz de la tecnología actual. Revisemos el versículo: «Enviaré fuego sobre Magog, y sobre los que moran con *seguridad en las costas*; y sabrán que yo soy Jehová» (cursivas añadidas).

Hay algo que usted debe saber acerca de la antigua URSS. Durante el apogeo de la Guerra Fría, los científicos soviéticos diseñaron y construyeron una «máquina del fin del mundo», a la que llamaron «Perímetro» o «la mano muerta». Según el doctor Bruce Blair de Brookings Institution, este sistema apocalíptico, con abundantes respaldos de seguridad y a prueba de fallas, fue diseñado para detectar cualquier ataque sobre Rusia y enviar automáticamente un mensaje a una cadena de misiles balísticos intercontinentales a través de satélites de comunicaciones en órbita. En caso de que los comandantes rusos fueran aniquilados por un primer ataque estadounidense, «la mano muerta» entregaría órdenes a los sistemas de defensa para contraatacar por completo. Este sistema fue construido sobre la doctrina de la «destrucción mutua asegurada» en caso de cualquier intercambio nuclear.[20]

En diciembre de 2018 el experto militar ruso y excomandante de cohetes Viktor Yesin advirtió que, si alguna vez Estados Unidos despliega misiles de alcance intermedio en Europa, Rusia considerará adoptar una doctrina de un ataque nuclear preventivo. Agregó esta nota en que advertía que «la mano muerta» no solo se mantiene activa en la actualidad, sino que se ha mejorado: «El sistema Perímetro está funcionando, e incluso se ha mejorado. Pero cuando actúe, nos habrá quedado poco; solo podremos lanzar los misiles que sobrevivan después del primer ataque del agresor».[21]

Por desgracia, los objetivos asignados de antemano al sistema Perímetro son ciudades estadounidenses.

Seguramente sufriremos daño por esta guerra, porque Dios declara: «Todos los hombres que están sobre la faz de la tierra, temblarán ante mi presencia; y se desmoronarán los montes, y los vallados caerán, y todo muro caerá a tierra» (Ezequiel 38:20). Ya sea que esta devastación surja de una guerra nuclear o de un terremoto catastrófico, todas las personas que habitan en la faz de la tierra temblarán cuando Dios cause destrucción sobre los enemigos de Israel durante *El fin de los tiempos*.

GOG Y MAGOG SON ANIQUILADOS

El relato gráfico que Ezequiel hace de las secuelas de la batalla deja en claro cuán completa y desastrosa será la derrota de esta coalición árabe-rusa. El profeta inició el capítulo 39 indicando: «Así ha dicho Jehová el Señor: He aquí, yo estoy contra ti, oh Gog». Este comentario pasará a la historia como una de las mayores subestimaciones de todos los tiempos ya que Internet estará llena de imágenes y reportes de millones de cadáveres hinchados que yacen bajo el ardiente sol de Oriente Medio.

¿Por qué está Dios contra Rusia? Se me ocurren varias razones, incluyendo el hecho de que los líderes soviéticos impusieron el ateísmo a millones de personas durante la mayor parte del siglo xx. Por años, durante la Guerra Fría vimos cómo el ateísmo emanaba de Moscú y se infiltraba en decenas de países de todo el mundo. El finado Tim LaHaye expresó:

> Ninguna nación en la historia del mundo ha destruido más personas que Rusia a través de la expansión del comunismo ... Pero su mayor pecado no ha sido la destrucción de individuos, por grave que esto sea. Su mayor pecado ha sido la condenación de almas causada por su ideología atea ... Ninguna nación ha hecho más para destruir la fe en Dios que la Rusia comunista, ganándose por tanto la enemistad de Dios.[22]

Creo que la razón más importante por la que Dios se opone a Gog tiene que ver con el hecho de que Él le prometió a Abraham: «Bendeciré a los que te bendijeren, y a los que te maldijeren maldeciré» (Génesis 12:3). Durante años, Rusia ha maldecido y perseguido a los judíos.

La palabra rusa *pogromo*, que se refiere a la persecución y masacre de un pueblo indefenso, pasó al léxico internacional después de la destrucción en 1903 de los judíos rusos en Ucrania. La nación rusa ha perseguido a los judíos desde la época de los zares. En el tiempo transcurrido entre las dos guerras mundiales, toda la población judía del distrito militar ruso occidental (inclusive ancianos, enfermos y niños) fue evacuada al interior del país con un preaviso de doce horas.

En agosto de 1924, la revista *Dawn* informó lo siguiente al citar una declaración de 1923 de un doctor Adler, el rabino principal de Gran Bretaña:

La matanza metódica y los entierros vivos, la violación y la tortura, se convirtieron no solo en algo habitual, sino en el orden del día. Hubo pogromos con una semana de duración; y en varios casos la tortura, el ultraje y la carnicería sistemáticos y diabólicos continuaron durante un mes. En muchas comunidades judías populosas no quedaron sobrevivientes judíos para enterrar a los muertos, y miles de judíos heridos y asesinados fueron comidos por perros y cerdos; en otras comunidades, las sinagogas se convirtieron en tumbas por la despiadada carnicería de quienes buscaban refugio en ellas. Si a las cifras citadas anteriormente sumamos el número de víctimas indirectas que, como resultado del robo y la destrucción que acompañaron a estas masacres, fueron arrastradas por hambruna, enfermedad, vulnerabilidad y todo tipo de privaciones, el total de muertos estará muy cerca del medio millón de seres humanos.[23]

La sangre de por lo menos quinientos mil judíos inocentes clama por justicia, y Dios la dará en su batalla contra Gog y Magog.

SECUELAS DE LA BATALLA

Ezequiel no nos dijo cuántos morirán en la batalla, pero nos informó cuántos quedarán vivos: solo una sexta parte (39:2, RVA). El porcentaje de bajas en esta batalla será de 84%, una cifra inaudita en la guerra moderna.

Entonces el pueblo de Israel se pondrá a enterrar a los muertos en una fosa común que recuerda de manera inquietante las enormes trincheras que los nazis usaban para enterrar a los judíos muertos en el holocausto. A este valle de muerte lo llamarán «el Valle de Hamón-gog», que significa «valle de la multitud de Gog [Rusia]».

En aquel tiempo yo daré a Gog lugar para sepultura allí en Israel,
el valle de los que pasan al oriente del mar; y obstruirá el paso a los
transeúntes, pues allí enterrarán a Gog y a toda su multitud; y lo
llamarán el Valle de Hamón-gog. Y la casa de Israel los estará en-
terrando por siete meses, para limpiar la tierra. Los enterrará todo
el pueblo de la tierra; y será para ellos célebre el día en que yo sea
glorificado, dice Jehová el Señor. Y tomarán hombres a jornal que
vayan por el país con los que viajen, para enterrar a los que queden
sobre la faz de la tierra, a fin de limpiarla; al cabo de siete meses
harán el reconocimiento. Y pasarán los que irán por el país, y el
que vea los huesos de algún hombre pondrá junto a ellos una señal,
hasta que los entierren los sepultureros en el valle de Hamón-gog. Y
también el nombre de la ciudad será Hamona; y limpiarán la tierra.

(Ezequiel 39:11–16)

Algunos eruditos bíblicos creen que este valle de los muertos podría estar en el Líbano actual. Esta es una nación de montañas que la recorren de norte a sur, con un valle entre dos cordilleras y un camino lógico para un ataque dirigido por Rusia sobre Israel. El profeta Habacuc mencionó al Líbano en un pasaje que tiene que ver con *El fin de los tiempos*: «La rapiña del Líbano caerá sobre ti» (Habacuc 2:17); y Zacarías 11:1 declara: «Oh Líbano, abre tus puertas, y consuma el fuego tus cedros». Los cadáveres de los invasores quedarán esparcidos en los campos y las montañas que rodean a Israel, y el detalle del entierro de siete meses involucrará a cada ciudadano israelí, y hasta el último hueso será enterrado.

No solo habrá tremenda carnicería, sino que las armas dejadas por estas fuerzas devastadoras proporcionarán combustible para Israel durante siete años, a lo largo de los años de la tribulación.

Los moradores de las ciudades de Israel saldrán, y encenderán
y quemarán armas, escudos, paveses, arcos y saetas, dardos de

mano y lanzas; y los quemarán en el fuego por siete años. No traerán leña del campo, ni cortarán de los bosques, sino quemarán las armas en el fuego; y despojarán a sus despojadores, y robarán a los que les robaron, dice Jehová el Señor.

(Ezequiel 39:9–10)

¿Se imagina usted un arsenal ardiendo durante siete años? Estuve en Israel durante la Operación Paz para Galilea dirigida por el general Ariel Sharon en la década de los ochenta. Personalmente vi camiones israelíes de dieciocho ruedas transportando el botín de guerra en una caravana que se extendía más allá de lo que mis ojos podían ver. Eran suministros que la Unión Soviética había almacenado en el Líbano y se decía que eran suficientes para mantener en combate a quinientos mil hombres durante seis meses. A pesar de lo enorme de ese botín, al ejército israelí le tomó solo días recogerlo y almacenarlo. Pero Ezequiel describe una guerra tan vasta que se necesitarán siete años para recoger y disponer de las armas de guerra.

Israel obtendrá un beneficio inesperado de esto. El profeta indicó que el botín de esta masiva invasión proporcionará a la nación combustible para siete años, y debido a esto los bosques se salvarán. Solo en ese versículo encontramos evidencia de que esto ocurrirá en los últimos días, incluso en los tiempos contemporáneos. Antes del establecimiento del estado de Israel en 1948, la tierra estaba casi totalmente desforestada, era una tierra desierta. Pero los israelíes se han esforzado mucho para hacer que la tierra prometida vuelva a renacer.

A lo largo de los años he tenido el honor de plantar un árbol cada vez que voy a Israel. Tenemos un bosque de «Noche para honrar a Israel» al que sistemáticamente añadimos cada vez que visitamos. ¡Me alegra saber que los ejércitos invasores dejarán una cantidad tan enorme de combustible que «mis» árboles sobrevivirán a la guerra!

ESTO NO ES EL ARMAGEDÓN

Aunque el mundo se tambalee por los daños sufridos en esta batalla, es importante darse cuenta de que esto no es el Armagedón. La batalla que vendrá tres años y medio después, al final de la gran tribulación (Ezequiel 38) involucra solamente a un grupo selecto de naciones, mientras que el Armagedón involucrará a todos los reyes de la tierra, una verdadera guerra mundial.

El Armagedón involucrará un campo de batalla que abarcará más de trescientos kilómetros de norte a sur y ciento sesenta kilómetros de oriente a occidente. La batalla será más intensa en el valle de Josafat (Joel 3:2, 12). La palabra «Josafat» significa «Dios juzga». Zacarías localiza el juicio final de las naciones invasoras cerca de la ciudad de Jerusalén (Zacarías 14:1–5). Cuando Jesús regrese al monte de los Olivos, enviará su ejército a Edom para rescatar al remanente judío escondido allí. Su ropa estará manchada de sangre y su espada se empapará de sangre (Isaías 34:6; 63:1–3). Las personas malvadas de Bosra serán masacradas hasta tal punto que los montes fluirán y la tierra estará empapada de sangre.

Juan el Revelador describió la brutalidad del Armagedón en Apocalipsis 14:17–20:

Salió otro ángel del templo que está en el cielo, teniendo también una hoz aguda. Y salió del altar otro ángel, que tenía poder sobre el fuego, y llamó a gran voz al que tenía la hoz aguda, diciendo: Mete tu hoz aguda, y vendimia los racimos de la tierra, porque sus uvas están maduras. Y el ángel arrojó su hoz en la tierra, y vendimió la viña de la tierra, y echó las uvas en el gran lagar de la ira de Dios. Y fue pisado el lagar fuera de la ciudad, y del lagar salió sangre hasta los frenos de los caballos, por mil seiscientos estadios.

Se cumplirá la promesa de Dios a Abraham: «A los que te maldijeren maldeciré» (Génesis 12:3).

ISRAEL RECONOCE LA MANO DE DIOS

¿Por qué permite Dios que las naciones le hagan la guerra a Israel? Solo hay una respuesta: para la gloria del Señor. Ezequiel escribió: «Seré engrandecido y santificado, y seré conocido ante los ojos de muchas naciones; y sabrán que yo soy Jehová ... y de aquel día en adelante sabrá la casa de Israel que yo soy Jehová su Dios» (Ezequiel 38:23; 39:22).

La humanidad adora un panteón de supuestos dioses. Algunos adoran a Buda, otros a Mahoma, algunos a Satanás. Otros más adoran a dioses de su propia creación, pero ¿quién es el Dios todopoderoso? Cuando el Dios de Abraham, Isaac y Jacob destruya por completo a los enemigos de Israel no quedará ninguna duda de que Jehová Dios es el único Jehová Dios: «Subirás contra mi pueblo Israel como nublado para cubrir la tierra; será al cabo de los días; y te traeré sobre mi tierra, para que las naciones me conozcan, cuando sea santificado en ti, oh Gog, delante de sus ojos» (Ezequiel 38:16).

En realidad, la única manera en que podamos comprender el significado de esta increíble derrota es aceptarla como un acto de Dios. Ezequiel quería que el mundo supiera que Dios neutralizará de modo sobrenatural a los enemigos de Israel para que el nombre del Señor sea glorificado.

Una segunda razón para esta gran demostración del poder de Dios es testificar a su amado pueblo que solo Él es su Dios. A través de su milagrosa liberación, los corazones de los judíos comenzarán a volverse otra vez hacia el Dios de Abraham, Isaac y Jacob:

De aquel día en adelante sabrá la casa de Israel que yo soy Jehová su Dios. Y sabrán las naciones que la casa de Israel fue llevada cautiva por su pecado, por cuanto se rebelaron contra mí, y yo escondí de ellos mi rostro, y los entregué en manos de sus enemigos, y cayeron todos a espada. Conforme a su inmundicia y conforme a sus rebeliones hice con ellos, y de ellos escondí mi rostro. Por tanto, así ha dicho Jehová el Señor: Ahora volveré la cautividad de Jacob, y tendré misericordia de toda la casa de Israel, y me mostraré celoso por mi santo nombre. Y ellos sentirán su vergüenza, y toda su rebelión con que prevaricaron contra mí, cuando habiten en su tierra con seguridad, y no haya quien los espante; cuando los saque de entre los pueblos, y los reúna de la tierra de sus enemigos, y sea santificado en ellos ante los ojos de muchas naciones. Y sabrán que yo soy Jehová su Dios, cuando después de haberlos llevado al cautiverio entre las naciones, los reúna sobre su tierra, sin dejar allí a ninguno de ellos. Ni esconderé más de ellos mi rostro; porque habré derramado de mi Espíritu sobre la casa de Israel, dice Jehová el Señor.

(Ezequiel 39:22–29)

El Israel de la visión de Ezequiel en el valle de los huesos secos sabrá más allá de toda duda que el Dios de Abraham, Isaac y Jacob organizó la victoria de la nación en esta futura batalla de Gog-Magog. No sé exactamente cómo sucederá esto, pero sí sé que Israel reconstruirá su templo, y es lógico suponer que su despertar espiritual será el resultado de ver la poderosa mano de Dios en defensa de la nación judía. La Biblia es muy clara en que este suceso ocurrirá en medio de la tribulación, un momento aún por llegar en nuestro estudio del reloj profético de Dios.

CAPÍTULO SEIS

11:55 P.M.

El tiempo de la tribulación comienza

Según una encuesta de 2016 realizada por LifeWay Research, 49% de todos los pastores estadounidenses creen en un ser literal llamado anticristo que surgirá en el futuro. Ese porcentaje es mucho más alto entre los cristianos evangélicos (Bautistas 75%, Pentecostales 83%). La encuesta también reveló que 43% de los pastores evangélicos creen en el arrebatamiento que iniciará un período llamado tribulación.
Bob Smietana, Baptist Press[1]

El reloj profético de Dios ha avanzado hasta las 11:55 P.M. El tiempo simboliza el comienzo del período de siete años de tribulación, y este instante representa los primeros tres años y medio. Muchas características marcan este intervalo, e incluyen guerras, pestilencia, hambre, terremotos y devastación.

PROPÓSITO DE LA TRIBULACIÓN

La palabra *tribulación* infunde terror en los corazones de los hombres, y con toda la razón. La descripción que Dios hace de los siete años de tribulación revela una época de horror indescriptible que solo puede describirse como el infierno en la tierra. J. Dwight Pentecost proporcionó diez palabras bíblicas descriptivas que caracterizan la llegada de este tiempo espantoso: «Ira, juicio, indignación, sufrimiento, prueba, destrucción, tinieblas, desolación, derrocamiento y castigo».[2]

¿Por qué permite Dios que este período de siete años venga al mundo? La Biblia nos brinda al menos tres razones para la tribulación:

1. Prepararse para la regeneración y restauración de Israel, llevando a la nación a someterse totalmente al Dios de Abraham, Isaac y Jacob en anticipación para el Mesías venidero (Jeremías 30:11; Zacarías 12:10).
2. Castigar a las naciones gentiles impías y a todos los incrédulos por su pecado de rechazar al Hijo de Dios, y por inclinarse delante del anticristo (Apocalipsis 16:2).

3. Demostrar el poder supremo de Dios al aplastar a las naciones malvadas del mundo, en especial a las que han venido contra Israel. La historia se repite. Faraón de Egipto, quien se negó a dejar salir al pueblo de Dios, dijo burlonamente: «¿Quién es Jehová?» (Éxodo 5:2). Después de diez monstruosas plagas que dejaron a Egipto en la ruina económica y lamentando la muerte de todos los primogénitos, Faraón recibió su respuesta y suplicó a los hijos de Israel que se fueran.

En la tribulación venidera Dios todopoderoso derramará su asombroso poder sobre todo el mundo. Habrá veintiún actos separados de juicio sobre la tierra asociados con los siete sellos, las siete trompetas y las siete copas (Apocalipsis 1–6; 8–9; 11; 16). En cierto momento Dios liberará cuatro ángeles en un día determinado para matar a un tercio de la humanidad (Apocalipsis 9:15). También demostrará a un mundo rebelde que solo Él es Dios, y que no hay otro.

Una de las descripciones más gráficas de esta época se encuentra en Sofonías 1:12–18:

Acontecerá en aquel tiempo que yo escudriñaré a Jerusalén con linterna, y castigaré a los hombres que reposan tranquilos como el vino asentado, los cuales dicen en su corazón: Jehová ni hará bien ni hará mal. Por tanto, serán saqueados sus bienes, y sus casas asoladas; edificarán casas, mas no las habitarán, y plantarán viñas, mas no beberán el vino de ellas. Cercano está el día grande de Jehová, cercano y muy próximo; es amarga la voz del día de Jehová; gritará allí el valiente. Día de ira aquel día, día de angustia y de aprieto, día de alboroto y de asolamiento, día de tiniebla y de oscuridad, día de nublado y de entenebrecimiento, día de trompeta y de algazara sobre las ciudades fortificadas, y sobre las altas torres. Y atribularé a los hombres, y andarán como ciegos, porque pecaron contra Jehová; y la sangre de ellos será derramada como polvo, y su carne como estiércol. Ni su plata ni su oro podrá librarlos en el día de la ira de Jehová, pues toda la tierra será consumida con el fuego de su celo; porque ciertamente destrucción apresurada hará de todos los habitantes de la tierra.

Jesús describió específicamente en Mateo 24:5–8 los primeros tres años y medio de la tribulación:

Vendrán muchos en mi nombre, diciendo: Yo soy el Cristo; y a muchos engañarán. Y oiréis de guerras y rumores de guerras; mirad que no os turbéis, porque es necesario que todo esto acontezca; pero aún no es el fin. Porque se levantará nación contra nación, y reino contra reino; y habrá pestes, y hambres, y terremotos en diferentes lugares. Y todo esto será principio de dolores.

En el quinto capítulo de Apocalipsis, el apóstol Juan fue aún más específico en cuanto al inicio de la tribulación. En su visión, un rollo sellado con siete sellos estaba en la mano derecha de Aquel que se sentaba en el trono del cielo. Una voz proclamó: «¿Quién es digno de abrir el libro y desatar sus sellos?» (v. 2). Juan lloró cuando nadie en el cielo ni en la tierra o debajo de la tierra pudo abrir el rollo.

Pero uno de los ancianos consoló a Juan, diciéndole: «No llores. He aquí que el León de la tribu de Judá, la raíz de David, ha vencido para abrir el libro y desatar sus siete sellos» (v. 5).

Mientras Juan observaba, Jesucristo llegó. Los ancianos y la Iglesia arrebatada también observaban, y Él, el Cordero perfecto del sacrificio, se presentó delante del ejército de creyentes, contando: «Millones de millones» de cada tribu, lengua, pueblo y nación (v. 11). Mientras la Iglesia redimida entonaba alabanzas al Señor, Él dio un paso adelante y tomó el rollo. En este momento los escenarios apocalípticos del mundo pasan del reino de la simple posibilidad a la cruda realidad.

EL PRIMER SELLO: EL JINETE
SOBRE EL CABALLO BLANCO

Después que Jesucristo abrió el rollo y rompió el primer sello, Juan vio un caballo blanco: «Y el que lo montaba tenía un arco; y le fue dada una corona, y salió venciendo, y para vencer» (Apocalipsis 6:2).

El hombre sobre el caballo será un maestro de la imitación. Puesto que la profecía nos dice que Jesús regresará en su segunda venida sobre un caballo blanco (19:11), este individuo montará un caballo blanco, pero no es un salvador. A este sujeto se le dará un arco, un arma de guerra y una corona, y saldrá a conquistar el mundo.

Y tendrá éxito.

La primera y más notable señal de la llegada de la tribulación es el surgimiento de una personalidad mundial, un individuo cuyo nombre estará en los labios de todos los habitantes del planeta. Será llamado el anticristo.

¿Es el anticristo un hombre literal? Para algunos, solo se trata de una alegoría. Veamos esta cita del *Dallas Morning News*:

> Muchos eruditos sostienen que los autores de la Biblia nunca tuvieron la intención de que su trabajo se interpretara como profecía literal. Por ejemplo, el anticristo en Apocalipsis alude al emperador romano Nerón, quien representaba al mal para los primeros cristianos. Los estudiosos afirman que el pasaje que predice al Armagedón se refiere a la victoria final del bien sobre el mal, no a una batalla literal. El arrebatamiento, mencionado en 1 Tesalonicenses, es una expresión de la confianza del apóstol Pablo en cuanto a que los cristianos pasarán la eternidad con Jesús.[3]

¿Cuál es mi reacción a la declaración anterior? ¡Tonterías! Antes que nada, cualquier supuesto «erudito» que habla sobre los «autores» de la Biblia no entiende cómo esta se escribió. Podemos hablar de «escritores», «escribas» y hasta de «amanuenses», pero no nos atrevamos a hablar de «autores» de la Biblia. Un autor es alguien que escribe palabras que ha creado en su mente o imaginación. El autor de la Biblia es el Espíritu Santo de Dios, no seres humanos. ¡Hombres bajo el control absoluto del Espíritu Santo registraron las palabras de Dios, a fin de que el producto terminado fuera simplemente la *Palabra de Dios*!

En segundo lugar, los hombres que escribieron lo que el Espíritu Santo dictaba no estaban creando alegorías o fábulas. Juan el revelador no intentó describir de manera táctica al emperador romano Nerón, ni fue metafórico cuando describió el Armagedón con detalles tremendos y vívidos. Y si Pablo tan solo quiso asegurar a los cristianos que pasarían la eternidad con Jesús, ¿por qué no lo dijo directamente? No, amigo lector. El arrebatamiento va a ocurrir exactamente como se describió. El Armagedón es una batalla real, y el anticristo es una persona viva, que respira, y a quien la Biblia llama el hijo de perdición (2 Tesalonicenses 2:3).

Juan no fue el único escritor bíblico que mencionó al anticristo. A Daniel se le mostró este personaje, no una vez, sino tres veces por medio de visiones proféticas de parte de Dios. Veamos la historia que comienza en Daniel 10.

EL AYUNO Y LA ORACIÓN DE DANIEL

«En el año tercero de Ciro rey de Persia fue revelada palabra a Daniel, llamado Beltsasar» (Daniel 10:1). Corría el año 534 A.C., cuatro años después que Daniel recibiera la visión de las setenta semanas.

En los primeros versículos del capítulo 10, Daniel informó que había estado afligido, en ayuno durante tres semanas completas. «No comí manjar delicado, ni entró en mi boca carne ni vino, ni me ungí con ungüento, hasta que se cumplieron las tres semanas» (v. 3).

Algo había intranquilizado a Daniel. No se nos dice por qué estaba afligido, pero podemos suponerlo. Daniel nos contó que transcurría el tercer año del reinado de Ciro, y sabemos que Ciro proclamó en su primer año un decreto que permitía que cualquier hebreo capaz y dispuesto regresara a su tierra. A Daniel pudo haberle afectado el hecho de que muy poca gente de su pueblo había regresado a Jerusalén (esta fue la época en que Nehemías y sus colaboradores formaron un comité para reconstruir los muros).

Daniel también pudo haber estado afligido porque se dio cuenta de que no regresaría a su amada Jerusalén, la ciudad santa de Dios. Se acercaba a sus noventa años y quizás sentía que podía ser más útil a su pueblo en la poderosa posición que tenía en el palacio.

Después de veintiún días de oración y ayuno, Daniel salió a las riberas del río Tigris, y allí tuvo una visión totalmente distinta a todas las que había experimentado antes. Algunos eruditos bíblicos creen que vio la transfiguración de Jesucristo:

Alcé mis ojos y miré, y he aquí un varón vestido de lino, y ceñidos sus lomos de oro de Ufaz. Su cuerpo era como de berilo, y su rostro parecía un relámpago, y sus ojos como antorchas de fuego, y sus brazos y sus pies como de color de bronce bruñido, y el sonido de sus palabras como el estruendo de una multitud. Y sólo yo, Daniel, vi aquella visión, y no la vieron los hombres que estaban conmigo, sino que se apoderó de ellos un gran temor, y huyeron y se escondieron. Quedé, pues, yo solo, y vi esta gran visión, y no quedó fuerza en mí, antes mi fuerza se cambió en desfallecimiento, y no tuve vigor alguno. Pero oí el sonido de sus palabras; y al oír el sonido de sus palabras, caí sobre mi rostro en un profundo sueño, con mi rostro en tierra.

(vv. 5–9)

La descripción que Daniel hizo de este visitante celestial es asombrosamente parecida a la de Juan, quien vio a Jesús y narró su impresión en Apocalipsis:

[Juan vio] *en medio de los siete candeleros, a uno semejante al Hijo del Hombre, vestido de una ropa que llegaba hasta los pies, y ceñido por el pecho con un cinto de oro. Su cabeza y sus cabellos eran blancos como blanca lana, como nieve; sus ojos como llama de fuego; y sus pies semejantes al bronce bruñido, refulgente como en un horno; y su voz como estruendo de muchas aguas.*

(Apocalipsis 1:13–15).

Aunque con Daniel estaban otros hombres, estos no vieron la visión, pero se aterraron tanto que huyeron y se escondieron en los arbustos a lo largo del río. El apóstol Pablo tuvo una experiencia similar en su camino a Damasco. Vio a Jesús y escuchó su voz, mientras sus aterrados compañeros no vieron nada. Pero el poder sobrenatural de Dios fue claramente evidente en el camino a Damasco (Hechos 9:1–8).

Agobiado por el poder y la importancia de lo que había visto, Daniel, ya debilitado por el ayuno, se desmayó:

Y he aquí una mano me tocó, e hizo que me pusiese sobre mis rodillas y sobre las palmas de mis manos. Y me dijo: Daniel, varón muy amado, está atento a las palabras que te hablaré, y ponte en pie; porque a ti he sido enviado ahora. Mientras hablaba esto conmigo, me puse en pie temblando. Entonces me dijo: Daniel, no temas; porque desde el primer día que dispusiste tu corazón a entender y a humillarte en la presencia de tu Dios, fueron oídas tus palabras; y a causa de tus palabras yo he venido. Mas el príncipe del reino de Persia se me opuso durante veintiún días; pero he aquí Miguel, uno de los principales príncipes, vino para ayudarme, y quedé allí con

los reyes de Persia. He venido para hacerte saber lo que ha de venir
a tu pueblo en los postreros días; porque la visión es para esos días.

(Daniel 10:10–14)

Este ángel anónimo, que muchos creen que se trata de Gabriel, explicó que fue obstaculizado por el príncipe de Persia, el gobernante satánico de ese reino, el dios de este mundo. El santo ángel recibió sus órdenes de marcha el primer día de ayuno y oración de Daniel, ¡pero este príncipe demoníaco lo bloqueó durante veintiún días! No se nos dice el nombre de este ser, pero era un principado de alto rango asignado por Satanás para controlar las actividades demoníacas en el reino de Persia donde Daniel vivía.

Vea usted, Satanás tiene bajo su control una hueste de ángeles caídos, tal como Dios tiene un ejército de ángeles. Los ángeles caídos están organizados en jerarquías, y el poderoso príncipe de Persia pudo oponerse al mensajero angelical de Dios hasta que el arcángel Miguel llegó para ayudar a despejar el camino.

Los demonios son criaturas terrestres que andan en la tierra (Mateo 12:43) y anhelan habitar en un cuerpo. Cuando Jesús echó fuera los demonios del endemoniado (Mateo 8:28–34), estos seres le suplicaron que les permitiera entrar en los cerdos. Cuando Lucifer dirigió la rebelión en el cielo, la tercera parte de los ángeles se le unieron y fueron desterrados, estos son los ángeles caídos de los que se habla en el libro de Judas, versículo 6: «A los ángeles [caídos] que no guardaron su dignidad, sino que abandonaron su propia morada, los ha guardado bajo oscuridad, en prisiones eternas, para el juicio del gran día».[4] Por tanto, los demonios y los ángeles caídos son dos batallones satánicos diferentes con el mismo comandante en jefe: ¡el mismísimo Satanás!

¿Por qué querría Satanás impedir que un ángel se le apareciera a Daniel? Porque Dios deseaba darle información profética importante, y Satanás no quería que Daniel la recibiera. Al hacernos saber acerca del rechazo de Satanás y la lucha por medio del príncipe de Persia, el mensajero celestial levantó el velo de la invisible guerra espiritual que se realiza alrededor de todos nosotros. Pablo escribió: «No tenemos lucha contra sangre y carne, sino contra principados, contra potestades, contra los gobernadores de las tinieblas de este siglo, contra huestes espirituales de maldad en las regiones celestes» (Efesios 6:12). Un principado en el alto mando de Satanás es un gobernante principal del más alto rango (Efesios 1:21; Colosenses 2:10).

Curiosamente, antes de partir, el ángel le dijo a Daniel: «¿Sabes por qué he venido a ti? Pues ahora tengo que volver para pelear contra el príncipe de Persia; y al terminar con él, el príncipe de Grecia vendrá ... y ninguno me ayuda contra ellos, sino Miguel vuestro príncipe. Y yo mismo, en el año primero de Darío el medo, estuve para animarlo y fortalecerlo» (Daniel 10:20–11:1).

Hay gran seguridad en el comentario explicativo del ángel, quien comunicó en un firme susurro: «Yo mismo fui quien fortaleció al rey Darío después que fuiste lanzado al foso de los leones. ¿Recuerdas cuán angustiado estaba el rey? Pasó una noche en vela preocupado por ti y suplicando a Dios, de modo que fui quien le dio fortaleza para confiar en que Dios te salvaría la vida».

El ángel también mencionó que pronto no solo volvería a enfrentar al príncipe de Persia, sino también al príncipe de Grecia. ¿Por qué? Porque la profecía que el ángel relató se relacionaba con Grecia.

El ángel comenzó la profecía explicando que tenía que ver con el pueblo de Daniel. «He venido para hacerte saber lo que ha de venir a tu pueblo [la nación de Israel] en los postreros días; porque la visión es para esos días» (10:14).

Inmediatamente *después* que la Iglesia sea llevada en el arrebatamiento, el reloj profético de Dios comenzará a sonar otra vez, y el mundo entrará en la semana setenta de Daniel. La frase «la visión es para esos días» le hace saber a Daniel que en el cumplimiento de la visión estaba involucrado un largo período.

Lo que siguió a continuación fue el relato más detallado de la historia en toda la Biblia, pero fue profético cuando se escribió. Las palabras del ángel cubrían acontecimientos que ocurrirían aproximadamente entre los años 529 y 164 A.C., y veremos cómo se cumplieron con exactitud. También cubrían sucesos que se cumplirán precisamente en los siete años de tribulación que están justo delante de nosotros.

LEY DE LA DOBLE REFERENCIA

Mientras miramos el próximo pasaje en Daniel es importante que comprendamos la ley profética de la doble referencia. Este principio de suma importancia significa simplemente esto: «Dos sucesos, muy separados en cuanto al tiempo de su cumplimiento, podrían participar en el ámbito de una profecía. Esto se hizo porque el profeta tenía un mensaje tanto para su propia época como para el futuro. Al integrar dos acontecimientos muy separados en la esfera de la profecía podían cumplirse ambos propósitos».[5]

La visión de Daniel en los capítulos del 10 al 12 es una profecía de doble referencia. Se relacionaba con lo que vendría en el futuro cercano, así como con lo que pasaría en *El fin de los tiempos*. El capítulo 11 contiene un ejemplo extraordinario de historia escrita por anticipado. El ángel explicó exactamente lo que ocurriría en Grecia, Egipto y Siria durante los años entre el Antiguo y el Nuevo Testamento. Al leer la profecía de Daniel y compararla con la historia del mundo, vemos por qué la profecía nunca debe confundirse o equipararse con alegorías o metáforas.

Muchos eruditos bíblicos hablan del período intertestamentario (los cuatrocientos años entre el Antiguo y el Nuevo Testamento) como una época de silencio profético, pero Dios no guardó silencio en absoluto respecto a este tiempo. Con total omnisciencia predijo el auge y la caída de grandes imperios y describió a las naciones que oprimirían a los hijos de Israel en generaciones venideras. Dios predijo el surgimiento de un gobernante, Antíoco Epífanes, quien sería una imagen o tipo del príncipe venidero al que se refería la visión de Daniel de setenta semanas. Sin embargo, Antíoco Epífanes definitivamente fue el menor de dos males.

Ya que nos preocupan principalmente los acontecimientos de la tribulación, resumamos los sucesos ahora históricos incluidos en la visión de Daniel 11:

- Cuatro reyes persas gobernarían después de Ciro. El cuarto, el rey Jerjes, que se casó con Ester, fue el más rico de los cuatro.[6]
- «Se levantará luego un rey valiente» (v. 3). Este fue Alejandro Magno de Grecia.
- Este rey sería desarraigado, y su reino dividido en cuatro partes y entregado a personas que no eran de su posteridad (v. 4). Alejandro murió a los treinta y dos años de edad, y su reino pasó a sus cuatro generales.[7]
- «Y se hará fuerte el rey del sur; mas uno de sus príncipes será más fuerte que él» (v. 5). Uno de los generales, Ptolomeo, comenzó una dinastía en Egipto, mientras que Seleuco hizo lo mismo en Siria.[8]
- «Al cabo de años harán alianza» (v. 6). Egipto y Siria hicieron alianza en el año 250 A.C., tras la muerte de ambos generales. Ptolomeo II dio a su hija Berenice en matrimonio al nieto de Seleuco, Antíoco II, lo que obligó a este a divorciarse de su primera, Laodice I. Tras la muerte de Ptolomeo, en una serie de viles maniobras políticas, Laodice hizo envenenar a Antíoco II, hizo asesinar a Berenice y colocó a su hijo, Seleuco II, en el trono.[9]
- «Pero un renuevo de sus raíces se levantará sobre su trono» (v. 7). El hermano de Berenice, Ptolomeo III, gobernaba ahora Egipto. Para vengar la muerte de su hermana, Ptolomeo III invadió Siria, saqueando dramáticamente sus enormes riquezas.[10]

- «Y aun a los dioses de ellos ... llevará cautivos a Egipto» (v. 8). Ptolomeo III saqueó toneladas de tesoro sirio, incluyendo cuarenta mil talentos de plata y dos mil quinientos ídolos de oro.[11]

- «Así entrará en el reino el rey del sur, y volverá a su tierra» (v. 9). Seleuco II murió en el año 225 A.C., antes de su invasión planificada a Egipto. Lo sucedió primero su hijo mayor Alejandro, quien tomó el nombre de Seleuco III Cerauno, y después un hijo menor Antíoco III el Grande en el año 222 A.C.[12]

- «Por lo cual se enfurecerá el rey del sur» (v 11). Los versículos siguientes describen la guerra continua entre Egipto y Siria. Durante este período Antíoco III obtuvo el control de Palestina en una batalla fuera de Sidón. Finalmente dio a su hija Cleopatra (no la famosa) en matrimonio a Ptolomeo V. Cleopatra resultó ser una esposa leal... tal como Daniel había profetizado (v. 17).[13]

- «Volverá después su rostro a las costas» (v. 18). Aconsejado por Aníbal, el gran general cartaginés, Antíoco III invadió finalmente a Grecia, donde los guerreros romanos lo derrotaron contundentemente.[14]

- «Se levantará en su lugar uno que hará pasar un cobrador de tributos por la gloria del reino» (v. 20). Seleuco IV gobernó en lugar de su padre, pero pronto fue asesinado por su propio comandante Heliodoro después que regresara de Jerusalén intentando imponer impuestos a sus ciudadanos.[15]

ANTÍOCO EPÍFANES: UN PROTOTIPO DEL ANTICRISTO

Antíoco Epífanes era el hijo menor de Antíoco III, y en el mejor de los casos, el ángel del Señor lo describió como «un hombre despreciable» que «tomará el reino con halagos»:

Le sucederá en su lugar un hombre despreciable, al cual no darán la honra del reino; pero vendrá sin aviso y tomará el reino con halagos. Las fuerzas enemigas serán barridas delante de él como con inundación de aguas; serán del todo destruidos, junto con el príncipe del pacto. Y después del pacto con él, engañará y subirá, y saldrá vencedor con poca gente. Estando la provincia en paz y en abundancia, entrará y hará lo que no hicieron sus padres, ni los padres de sus padres; botín, despojos y riquezas repartirá a sus soldados, y contra las fortalezas formará sus designios; y esto por un tiempo.

(Daniel 11:21–24)

El erudito bíblico Harold Willmington ha dicho que los que conocían mejor a Antíoco Epífanes lo apodaron «Epímanes», una palabra que significa «demente». Según parece, «él pretendía ser un Robin Hood del siglo segundo»,[16] que robaba a un grupo y repartía el botín a otros.

Despertará sus fuerzas y su ardor contra el rey del sur con gran ejército; y el rey del sur se empeñará en la guerra con grande y muy fuerte ejército; mas no prevalecerá, porque le harán traición. Aun los que coman de sus manjares le quebrantarán; y su ejército será destruido, y caerán muchos muertos. El corazón de estos dos reyes será para hacer mal, y en una misma mesa hablarán mentira; mas no servirá de nada, porque el plazo aún no habrá llegado.

(vv. 25–27)

En el año 170 A.C., Antíoco Epífanes derrotó al rey egipcio Ptolomeo Filométor en una batalla al oriente del delta del río Nilo. Ptolomeo perdió la batalla porque fue traicionado por consejeros que se sentaban a su propia mesa (v. 26).

Volverá a su tierra con gran riqueza, y su corazón será contra el pacto santo; hará su voluntad, y volverá a su tierra. Al tiempo señalado volverá al sur; mas no será la postrera venida como la primera. Porque vendrán contra él naves de Quitim, y él se contristará, y volverá, y se enojará contra el pacto santo, y hará según su voluntad; volverá, pues, y se entenderá con los que abandonen el santo pacto.

(vv. 28–30)

Antíoco avanzó en una segunda campaña militar contra Egipto, pero fue detenido por barcos romanos que navegaban desde Chipre. En su furia, se volvió hacia Palestina, rompiendo su tratado de paz con los hijos de Israel. Atrajo y halagó a ciertos judíos no observantes que estuvieron dispuestos a abandonar «el santo pacto».

Se levantarán de su parte tropas que profanarán el santuario y la fortaleza, y quitarán el continuo sacrificio, y pondrán la abominación desoladora.

(v. 31)

Armado con información de espías desleales, Antíoco atacó a Jerusalén en el año 171 A.C. En un violento arrebato de frustración asesinó a cuarenta mil judíos y vendió una cantidad igual como esclavos. Prohibió la adoración al Dios de Israel en el templo de Zorobabel que había sido erigido por los exiliados y ofreció cerdos sobre el altar. En un acto de máxima profanación, Antíoco Epífanes colocó una imagen del dios heleno Zeus, para ser deificada en el lugar sagrado de Jerusalén.

ORIGEN DEL JANUCÁ

¿Se ha preguntado usted alguna vez dónde se originó la festividad judía de Janucá? Hallará la respuesta en la cronología profética de Daniel.

Antíoco empezó su campaña antijudía el 6 de septiembre de 171 A.C. y la continuó hasta el 25 de diciembre de 165 A.C., cuando Judas Macabeo y sus seguidores restauraron la verdadera adoración en el segundo templo de Jerusalén mediante su famosa revuelta. Los dos mil trescientos días de Daniel 8:14 representan el tiempo transcurrido entre la profanación del templo por parte de los opresores greco-sirios y la reedificación que le hicieran los Macabeos.

Janucá o Chanukah es la celebración de ocho jornadas en el día veinticinco del mes hebreo de Kislev, en conmemoración de la victoria de los Macabeos sobre las fuerzas de Antíoco Epífanes. Janucá no se menciona en el Antiguo Testamento porque la Torá se escribió antes de los acontecimientos que inspiraron el festival. No obstante, se menciona en el Nuevo Testamento cuando Jesús asiste a la «fiesta de la dedicación» (Juan 10:22–23).

Según el Talmud, Judas Macabeo y los demás judíos observantes que volvieron a dedicar el templo presenciaron un milagro. Judas ordenó la limpieza del templo, la reconstrucción de su altar y el encendido de los candeleros dorados de siete brazos, que representaban el conocimiento y la creación de Dios. Apenas había suficiente aceite no contaminado (no ofrecido a los ídolos) para mantener encendida la menorá durante un día, pero milagrosamente permaneció encendida durante ocho días.[17]

TIEMPO DE GRAN SUFRIMIENTO

Con lisonjas seducirá a los violadores del pacto; mas el pueblo
que conoce a su Dios se esforzará y actuará. Y los sabios del

pueblo instruirán a muchos; y por algunos días caerán a espada
y a fuego, en cautividad y despojo. Y en su caída serán ayudados
de pequeño socorro; y muchos se juntarán a ellos con lisonjas.
También algunos de los sabios caerán para ser depurados y lim-
piados y emblanquecidos, hasta el tiempo determinado; porque
aun para esto hay plazo.

(Daniel 11:32–35)

En esta porción de la profecía de Daniel podemos ver que los
años venideros iban a ser un tiempo de gran sufrimiento. Las naciones gentiles seguirán vapuleando a la nación de Israel: Siria desde
el norte, Egipto desde el sur, Roma desde el occidente. Muchos se
apartarán de la fe e intentarán sumergirse en la cultura predomi-
nante. Otros se mantendrán fieles al Dios de Abraham, Isaac y
Jacob. Esta gente, al igual que los Macabeos, «se esforzará y actuará». Algunos caerán y se levantarán, siendo depurados, refinados y
fortalecidos a medida que *El fin de los tiempos* se acerca.

EL SOBERANO MALINTENCIONADO

Ahora el ángel llevó a Daniel a una brecha profética de tiempo.
Pasó de predecir el futuro acerca de Antíoco Epífanes a hablar de
un hombre que se parecerá mucho al rey pagano seléucida. El ángel
comenzó a hablar del anticristo, y Daniel relató diligentemente la
descripción:

El rey hará su voluntad, y se ensoberbecerá, y se engrandecerá
sobre todo dios; y contra el Dios de los dioses hablará maravi-
llas, y prosperará, hasta que sea consumada la ira; porque lo
determinado se cumplirá. Del Dios de sus padres no hará caso,
ni del amor de las mujeres; ni respetará a dios alguno, porque

sobre todo se engrandecerá. Mas honrará en su lugar al dios de las fortalezas, dios que sus padres no conocieron; lo honrará con oro y plata, con piedras preciosas y con cosas de gran precio. Con un dios ajeno se hará de las fortalezas más inexpugnables, y colmará de honores a los que le reconozcan, y por precio repartirá la tierra.

(vv. 36–39)

Daniel había visto antes a este *príncipe malintencionado* en su visión de las cuatro bestias (Daniel 7). Oyó al hombre pronunciar palabras arrogantes, y observó que «su cuerpo [de la bestia] fue destrozado y entregado para ser quemado en el fuego» (v. 11).

El profeta también se había enterado del anticristo en su visión del carnero y el macho cabrío. Aquí el ángel le dijo a Daniel:

Al fin del reinado de éstos, cuando los transgresores lleguen al colmo, se levantará un rey altivo de rostro y entendido en enigmas. Y su poder se fortalecerá, mas no con fuerza propia; y causará grandes ruinas, y prosperará, y hará arbitrariamente, y destruirá a los fuertes y al pueblo de los santos. Con su sagacidad hará prosperar el engaño en su mano; y en su corazón se engrandecerá, y sin aviso destruirá a muchos; y se levantará contra el Príncipe de los príncipes, pero será quebrantado, aunque no por mano humana. La visión de las tardes y mañanas que se ha referido es verdadera; y tú guarda la visión, porque es para muchos días.

(Daniel 8:23–26)

El anticristo hará su debut en el escenario de la historia mundial con encanto y carisma hipnóticos. Juan lo describe en Apocalipsis 13:1: «Me paré sobre la arena del mar, y vi subir del mar una bestia que tenía siete cabezas y diez cuernos; y en sus cuernos diez diademas; y sobre sus cabezas, un nombre blasfemo».

Observe que la bestia salió del mar; el mar, un simbolismo profético, representa a las naciones gentiles del mundo. La bestia vendrá de una confederación que una vez formó parte del Imperio romano. En un momento de la historia el Imperio romano se extendía desde Irlanda hasta Alemania y Suiza, llegó hasta Egipto e incluyó Turquía, Irán e Irak. En la visión que Daniel tuvo de las cuatro bestias, la cuarta tenía diez cuernos que representaban diez reinos (Daniel 7:19–25). El cuerno pequeño (el anticristo) surgió de entre los otros diez, que se cree que son las diez divisiones del antiguo Imperio romano.

En su ascenso al poder, el anticristo tejerá primero su hechizo sobre una nación en la federación de los diez reinos, y luego sobre todos ellos. Conquistará tres de las diez naciones (las siete cabezas y diez diademas de Apocalipsis 13:1), para entonces dominará sobre ellas. La Biblia declara que después que la posición del anticristo esté segura en la federación de diez naciones enfocará su destrucción depredadora en la niña de los ojos de Dios: Israel.

El anticristo entrará a la palestra mundial con la reputación de ser un negociador poderoso, un experto militar y un hombre de paz. Sin embargo, Daniel 8:25 dice que escudándose en la paz «destruirá a muchos». Al igual que Hitler, el anticristo hará tratados de paz que no tiene intención de cumplir, aunque garantizará la paz para Israel y Oriente Medio.

Este príncipe malintencionado ya habrá conseguido su control en Europa. Gobernará sobre su federación con autoridad absoluta (Daniel 11:36). Y al proteger a Israel, el anticristo asegurará su oportunidad para convertirse en una fuerza militar dominante en Oriente Medio. Será un individuo que ha pagado sus obligaciones en el sentido militar y político, y muchos lo seguirán de buena gana. El tratado de paz del anticristo en Oriente Medio lo catapultará al escenario mundial, y todo el mundo se asombrará de él.

Es una triste realidad que los que niegan la existencia de Dios creen de buena gana cualquier otra cosa. Por ejemplo, ninguna filosofía es más falsamente elaborada, sumamente improbable, claramente ridícula o anticientífica que la teoría de la evolución. No obstante, la evolución se ha convertido en la explicación secular ampliamente aceptada para el origen de la humanidad. La hipótesis del fin del mundo mediante el calentamiento global provocado por el scr humano fue aceptada por gran parte de la población estadounidense casi en el momento que fue anunciada. Muchos que rechazan el cristianismo se dan la vuelta y aceptan de buena gana la filosofía de la Nueva Era, la astrología, la cienciología o cualquier otra forma de espiritualidad oculta.

Así expresa un conocido dicho: «Aquellos que no defienden nada, se enamoran de cualquier cosa». El fracaso de las naciones occidentales en mantenerse firmes en nuestras creencias judeo-cristianas explica por qué el mundo se encantará tan rápidamente con las mentiras del anticristo.

Primera de Juan 2:18 declara: «Hijitos, ya es el último tiempo; y según vosotros oísteis que el anticristo viene, así ahora han surgido muchos anticristos; por esto conocemos que es el último tiempo». Se acerca «el» anticristo, con artículo determinado. Aunque muchas personas a lo largo de los años han estado *contra* Cristo, vendrá un individuo que es el diablo encarnado, el hijo de Satanás, el mal personificado, y el mundo lo aceptará ansiosamente como su salvador.

El plan de tres puntos del anticristo para dominar el planeta consta de un sistema económico mundial único, un gobierno mundial único y una religión mundial única que en última instancia se enfocará en adorar al mismo anticristo.

LA ECONOMÍA MUNDIAL ÚNICA

La idea de un sistema monetario único global con una moneda universal única se ha considerado seriamente desde el final de la

Segunda Guerra Mundial. Fue propuesto en la conferencia Bretton Woods poco después de la guerra, cuando los expertos financieros mundiales se reunieron para analizar la reconstrucción de Europa devastada por el conflicto.

En 2009, la Organización de las Naciones Unidas propuso un sistema único mundial con una sola moneda. Según un informe de la conferencia de las Naciones Unidas sobre comercio y desarrollo, «el sistema de divisas y reglas de capital que vincula a la economía mundial no funciona en forma apropiada y es en gran medida responsable de las crisis financieras y económicas». Además, «el sistema actual, bajo el cual el dólar actúa como moneda de reserva mundial, debería someterse a una reconsideración total».[18] Esta fue la primera vez que una institución multinacional importante hacía una propuesta tan colosal.

La economía del anticristo está haciendo realidad esta propuesta. Su economía será una sociedad totalmente desprovista de dinero efectivo, en que cada transacción financiera será monitoreada de manera electrónica. Juan, inspirado por el Espíritu Santo para escribir el libro de Apocalipsis, describió así la situación:

> *Hacía que a todos, pequeños y grandes, ricos y pobres, libres y esclavos, se les pusiese una marca en la mano derecha, o en la frente; y que ninguno pudiese comprar ni vender, sino el que tuviese la marca o el nombre de la bestia, o el número de su nombre.*
>
> (Apocalipsis 13:16–17)

Cuando el euro se introdujo por primera vez, solo existía electrónicamente, no en efectivo. Si se viajaba en Europa en esa época, todas las transacciones se hacían mediante tarjeta de crédito y no en moneda real porque el euro físico aún no existía.[19] Hoy día hay un interés aún mayor en revertir el euro hacia un medio sin dinero efectivo, debido al temor creado por la propagación del coronavirus.

A principios de la primavera de 2020, cuando la Organización Mundial de la Salud emitió un comunicado en que recomendaba que la gente hiciera sus transacciones sin dinero efectivo para combatir la propagación del covid-19, varios gobiernos y minoristas de todo el mundo actuaron en respuesta a la advertencia. Al primer indicio de que el papel moneda fuera un portador potencial de coronavirus, un creciente número de empresas e individuos dejaron de usar moneda física por temor a que pudiera ser un medio de extender el virus mortal.

¿Por qué se aceptó tan fácilmente esta prohibición del papel moneda? ¿Podría ser que el público en todo el mundo haya sido adoctrinado para realizar transacciones sin dinero efectivo por medio del uso exclusivo de tarjetas de crédito y débito, y de aplicaciones para teléfonos inteligentes como Zelle, Venmo, Apple Pay y Google Pay como medios de transferir información digital financiera a través de un teléfono inteligente?

¿Hará la pandemia global que el efectivo sea obsoleto? Cada vez se oyen con mayor frecuencia los términos dólar digital, billetera digital, moneda digital o dinero digital, todos ellos para describir transacciones sin efectivo. Estados Unidos estuvo a punto de emitir un dólar digital como parte de un primer proyecto para la distribución del paquete de estímulo por el covid-19. En la Cámara de Representantes y el Senado se propusieron proyectos separados de ley que creaban dólares digitales como un esfuerzo para reducir el impacto del bloqueo económico debido a la propagación del nuevo coronavirus. ¿Por qué es importante esto? Porque una «transacción sin dinero efectivo» es la precursora de una divisa mundial.

Es importante señalar que China ya ha realizado la transición casi completa a una sociedad sin dinero en efectivo, donde sus ciudadanos generan en forma digital 80% de todos los gastos. Casi todos en China utilizan códigos QR de lectura rápida para intercambiar moneda virtual en persona o a través de pagos digitales en línea.

El Banco Popular de China emitirá pronto un sistema de pago electrónico con moneda digital (DCEP, por sus siglas en inglés) usando tecnología de cadena de bloqueo, la cual es un libro de contabilidad descentralizado y distribuido que registra el origen de todos los activos digitales. China planea implementar DCEP a nivel mundial, especialmente a través de Asia y África. A medida que esta moneda digital se utilice, el estado comunista rojo tendrá información directa de las finanzas de todos en el país y más allá.[20]

Se avecina el día en que los que no se vayan en el arrebatamiento ni siquiera podrán pagar un paquete de chicles sin tener un chip en la mano o una marca en la frente, así como la debida autorización del anticristo y su gobierno único mundial. Si usted cree que esta predicción parece extrema o descabellada, permítame señalar que estamos viendo exactamente esto en una escala limitada como resultado de la crisis de covid-19.

Los gobiernos locales cierran negocios, cierran servicios de adoración en iglesias y cierran escuelas por temor a que si permanecieran abiertos podrían propagar el coronavirus. Se han despedido profesores por respaldar el argumento pseudocientífico llamado diseño inteligente. Se han cerrado agencias de adopción por negarse a colocar niños en hogares LGBTQ. Ciertos legisladores proponen negar privilegios hospitalarios a médicos que se nieguen a realizar abortos. Al mismo tiempo, las gigantescas empresas tecnológicas que controlan la mayor parte de la información y el acceso electrónico en todo el mundo han comenzado recientemente a «bloquear» a cualquier persona u organización que no les agrade o con los que no estén de acuerdo.

El mensaje aquí es: usted obedece la agenda oficial «políticamente correcta» o se le negará el derecho a trabajar en su profesión elegida. Dada la dirección de nuestra nación y del mundo moderno en contra de Dios, no se necesita mucha imaginación para prever un futuro cercano en que todos deberán someterse a los decretos del gobierno o de lo contrario se les negará el derecho a trabajar, comprar o vender. Y para imponer su dominio tiránico, el gobierno bien podría dar el paso adicional de marcar a cada ciudadano con una identificación indeleble para asegurar sumisión.

EL GOBIERNO MUNDIAL ÚNICO

Nunca en la historia un gobierno ha regido por completo al mundo, pero el falso hombre de paz «a toda la tierra devorará» (Daniel 7:23). Gobernará sobre todos los habitantes con su consentimiento pleno y con autoridad absoluta y total (Daniel 11:36). Su personalidad se caracterizará por una gran inteligencia, capacidad persuasiva, sutileza y destreza económica. Su boca «hablaba con mucha arrogancia» (Daniel 7:8, NBLA), y será «hábil en intrigas» (Daniel 8:23, NBLA). El anticristo será la personalidad más prominente, popular y poderosa del planeta.

El mundo, que ya no tendrá la sal y la luz de la verdadera Iglesia esparcida por todas las naciones, no dudará en prestarle toda la atención a este hombre. El anticristo tendrá libertad para establecer su gobierno único mundial, ¡pero no hay nada novedoso en cuanto al nuevo orden mundial de este personaje!

Satanás ha estado maquinando instituir un nuevo orden mundial desde que Nimrod propuso construir una torre poderosa en la llanura de Sinar. El propósito de la ciudad de Babel era desafiar la autoridad de Dios al establecer el gobierno del hombre e instituir una nueva religión con la torre de Babel en su centro. Aunque Dios le ordenó a la humanidad: «Fructificad y multiplicaos, y llenad la tierra» (Génesis 9:1), las personas de esa época tuvieron una idea distinta:

Tenía entonces toda la tierra una sola lengua y unas mismas palabras. Y aconteció que cuando salieron de oriente, hallaron una

llanura en la tierra de Sinar, y se establecieron allí ... Y dijeron:
Vamos, edifiquémonos una ciudad y una torre, cuya cúspide lle-
gue al cielo; y hagámonos un nombre, por si fuéremos esparcidos
sobre la faz de toda la tierra.

(Génesis 11:1–2, 4)

Pero Dios, en su amplio conocimiento y poder, esparció a los habitantes de Babel.

Después de la Primera Guerra Mundial, «la guerra para acabar con todas las guerras», el presidente Woodrow Wilson creó la Liga de las Naciones a fin de defender la paz a través de un gobierno mundial único. Adolfo Hitler le dijo al pueblo alemán que traería a Europa un «nuevo orden». Hizo exactamente eso al arrastrar a Europa hacia las entrañas de un infierno viviente y teñir sus calles con ríos de sangre.

Los comunistas de la antigua Unión Soviética prometieron instituir un nuevo orden mundial y erigieron un imperio ateo que se derrumbó como un castillo de naipes. Y ahora la Organización de Naciones Unidas clama por un nuevo mundo en el nombre de la unidad y la hermandad.

¿Qué significa esto? Significa el final de nuestra libertad de expresión (el final de nuestra libertad de pensamiento) y el final de nuestra libertad de culto. Brock Chisholm, director de la Organización Mundial de la Salud de las Naciones Unidas a mediados del siglo xx, declaró: «A fin de lograr un gobierno mundial único es necesario eliminar de las mentes de los hombres su individualismo, la lealtad a las tradiciones familiares, y la identificación nacional».[21]

Es asombroso lo que puede suceder en el nombre de la unidad a través del pensamiento único mundial. La nueva tendencia es la cultura de la cancelación o cultura del llamado de atención, la cual boicotea a un individuo o una empresa que se considera que ha actuado o hablado en una manera que contradiga la filosofía «aceptable» de la época. Las consecuencias de la cultura de la cancelación no solo conducen a la muerte del pensamiento y las libertades individuales, sino que pueden llevar a una pérdida irreparable de reputación y de ingresos.

Creo que una combinación mortal de desesperación, desaliento e indiferencia será la fuerza principal que atraiga a las masas hacia el anticristo. A medida que las naciones se cansen de luchar por sobreponerse a los destrozos después del arrebatamiento, mirarán hacia aquel que les promete paz, prosperidad económica y orden. ¿Por qué no entregar las riendas del control al hombre que tiene las respuestas a todos los problemas del mundo?

LA RELIGIÓN ÚNICA DEL ANTICRISTO

¿Cuál es el deseo principal del anticristo? Sobre todo, él es un falso Cristo, ya que se opondrá a todo lo que Jesús encarna. Satanás sabe que un día toda rodilla se doblará delante de Jesucristo, pero es tan grande su odio hacia Dios el Padre que está decidido a oponerse al plan divino impidiendo la salvación a la mayor cantidad posible de personas. El anticristo procederá deliberadamente, solidificando sus posiciones en la política al mantener su fachada como un pacificador global. Sin embargo, durante el limitado tiempo del anticristo en la tierra querrá ser adorado como un dios.

Y para lograr este fin, en ninguna parte este individuo será más precavido y diplomático que en Jerusalén. El templo judío se reconstruirá en la Ciudad Santa poco después del ascenso del anticristo al poder. Este hombre permitirá que los judíos realicen los sacrificios diarios a su Dios. Estos se regocijarán, y algunos en el pueblo creerán que este individuo es su mesías. Moses Maimónides, un rabino judío del siglo XIII que escribió parte del Talmud, profetizó acerca del templo del *Fin de los tiempos*: «En el futuro, el rey mesiánico surgirá y renovará la dinastía davídica, restaurándole su soberanía inicial. Reconstruirá el Beis Ha Mikdash [el templo] y reunirá al remanente disperso de Israel».[22] ¿Por qué no podría serlo este hombre de paz?

Es posible que Maimónides estuviera profetizando acerca de Jesús y el templo milenial, pero miles de judíos también podrían vincularlo con el gran engañador, el anticristo, quien ha traído paz y les ha permitido reanudar sus sacrificios diarios en el templo.

No me sorprendería que, en nuestra falsa humildad, el anticristo visite en persona el templo, acompañado de los líderes judíos de Israel de esa época.

LOS SIETE SELLOS DE LA TRIBULACIÓN

La apertura de los seis primeros sellos de la tribulación empieza en Apocalipsis 6. Los sellos marcan un sendero progresivo hacia *El fin de los tiempos* a los que se hace referencia en la semana setenta de Daniel (9:20–27), así como en el seminario que dictó el Señor sobre *El fin de los tiempos* en Mateo 24. Los siete sellos representan los terribles juicios que vendrán a la tierra después del arrebatamiento de la Iglesia.

El primer sello: El jinete del caballo blanco

Juan el revelador vio acercarse nubes oscuras de trueno que señalan el comienzo de tiempos turbulentos. Sobre un caballo blanco se ve a un jinete blandiendo un arco y conquistando a los que encuentra a su paso. Juan supo que este jinete era «la bestia que subía del mar» de Apocalipsis 13, el «príncipe que ha de venir» de Daniel 9:26, el líder del imperio romano revivido y el gobernante mundial profetizado de la tribulación. John Walvoord lo llama «la obra maestra de Satanás y la falsificación de todo lo que Cristo afirma ser».[23] Se trata del anticristo:

> *Vi cuando el Cordero abrió uno de los sellos, y oí a uno de los cuatro seres vivientes decir como con voz de trueno: Ven y mira. Y miré, y he aquí un caballo blanco; y el que lo montaba tenía un arco; y le fue dada una corona, y salió venciendo, y para vencer.*
>
> (Apocalipsis 6:1–2)

El segundo sello: El jinete del caballo bermejo

Poco después que fue abierto el primer sello de Apocalipsis 6:2, que presentó al anticristo en el escenario mundial, Juan el revelador vio a Jesús rompiendo el segundo sello:

> *Cuando abrió el segundo sello, oí al segundo ser viviente, que decía: Ven y mira. Y salió otro caballo, bermejo; y al que lo montaba le fue dado poder de quitar de la tierra la paz, y que se matasen unos a otros; y se le dio una gran espada.*
>
> (vv. 3–4)

El ensayista estadounidense Robert Kaplan afirmó que el mundo se ha vuelto un lugar infinitamente más peligroso a medida que se debilitan las diferencias «entre los estados y los ejércitos, los ejércitos y los civiles, y los ejércitos y las bandas criminales».[24] Actualmente experimentamos esta clase de conmoción social en Estados Unidos.

Debido en parte a la disolución de la familia tradicional, a la epidemia de drogas y a la apertura de fronteras, hay más de veinte mil pandillas en Estados Unidos que se extienden por los cincuenta estados y constan de más de un millón de miembros. La anarquía impera en nuestras calles, pero en lugar de mejorar, empeorará. Bajo el caballo bermejo reinará la anarquía a medida que las sociedades se descomponen por completo.

La «paz» del anticristo será falsa y de corta duración, ya que el segundo sello impulsará al mundo hacia la violencia creciente. Creo que el jinete del caballo bermejo instigará una guerra real entre países, así como violencia entre el hombre y sus vecinos. A medida que este jinete quite la paz de la tierra, las personas se matarán entre sí en los campos de batalla, los subterráneos, las carreteras, las ciudades y el campo.

Conceptos tales como decencia común y bondad humana se desvanecerán en vagos recuerdos de otra época. Nación se levantará contra nación, el hombre se levantará contra su amigo, los hijos se levantarán contra sus padres. A medida que las ciudades se conviertan en campamentos armados, los anarquistas quemarán las principales ciudades, las naciones se arrojarán armas entre sí, y el mundo caerá bajo una nube de desesperanza y desesperación.

¿Recuerda usted las visiones postapocalípticas de un mundo futuro en películas como *Mad Max, Soy leyenda* y *El libro de Eli*? Bienvenido al mundo bajo el caballo bermejo.

El tercer sello: El jinete del caballo negro

Juan volvió a mirar y vio un caballo negro:

Cuando abrió el tercer sello, oí al tercer ser viviente, que decía: Ven y mira. Y miré, y he aquí un caballo negro; y el que lo montaba tenía una balanza en la mano. Y oí una voz de en medio de los cuatro seres vivientes, que decía: Dos libras de trigo por un denario, y seis libras de cebada por un denario; pero no dañes el aceite ni el vino.

(Apocalipsis 6:5–6)

Según un informe de 2018 de la Organización de las Naciones Unidas en ese tiempo, el hambre mundial había aumentado por tercer año consecutivo. Las causas variaban, pero la mayor parte del problema se debía a los desastres climáticos extremos como calor, sequías, inundaciones y tormentas, que se habían duplicado entre 1990 y 2016. Otro impulsor del hambre eran conflictos civiles, los cuales ocurrían desproporcionadamente en las naciones más pobres. La acción militar destruía tierras de cultivo y expulsaba a campesinos de la tierra.[25]

En 2013, un alarmante artículo del *Washington Post* afirmó que «no estamos cultivando suficiente comida para alimentar al mundo». Según el artículo, se preveía que la población mundial iba a aumentar de 7.000 millones a 9.600 millones para 2050. Prácticamente toda la tierra cultivable se está utilizando, y la tala de más bosques con el fin de incrementar las tierras agrícolas no es algo sostenible porque podría crear sequías, deslaves y erosión.[26]

Los agricultores están buscando maneras de exprimir más la producción de las tierras existentes, pero la solución tiende a deteriorar el suelo. Los fertilizantes sintéticos y las técnicas agrícolas modernas ayudan, pero el rendimiento de las cosechas no aumenta lo suficientemente rápido para seguir el ritmo de la creciente demanda. Y no hay un límite natural posible para el aumento de la producción de alimentos.[27]

En algún momento los agricultores se toparán con un muro biológico que el suelo simplemente no podrá superar. Para agravar el problema, algunos científicos climáticos predicen olas extremas de calor y sequías más frecuentes en un futuro próximo, lo que agravaría aún más la previsible escasez de alimentos.[28] Será interesante ver cómo la pandemia de 2020 también afectará el futuro suministro mundial de alimentos, ya que no se plantaron ni se labraron cultivos, y mucho de lo almacenado se echó a perder o se desechó.

No nos equivoquemos, la hambruna mundial viene en camino. La tribulación marcará una escasez «cual no la ha habido desde el principio del mundo hasta ahora, ni la habrá» (Mateo 24:21). El jinete del caballo negro representa la profunda aflicción que caerá sobre toda criatura viva. Escuche cómo el profeta Jeremías describió la muerte por hambre:

> *Oscuro más que la negrura es su aspecto; no los conocen por las calles; su piel está pegada a sus huesos, seca como un palo. Más dichosos fueron los muertos a espada que los muertos por el hambre; porque éstos murieron poco a poco por falta de los frutos de la tierra.*
>
> (Lamentaciones 4:8–9)

Mientras el anticristo se mantiene al margen de los problemas, la violencia y el caos envolverán a todas las naciones después de la guerra y la anarquía. Hombres, mujeres y niños morirán de hambre porque habrá pocos suministros de alimentos, pero tampoco habrá dinero para comprar ni siquiera un pedazo de pan, mucho menos lujos tales como aceite y vino. Lamentaciones 5:9–10 presenta una descripción de este tiempo de sufrimiento:

> *Con peligro de nuestras vidas traíamos nuestro pan ante la espada del desierto. Nuestra piel se ennegreció como un horno a causa del ardor del hambre.*

El cuarto sello: El jinete del caballo amarillo

Mientras Juan el revelador observaba, Jesús rompió el cuarto sello, y una criatura viviente le hizo señas a Juan para que se acercara y viera:

> *Cuando el Cordero abrió el cuarto sello, oí la voz del cuarto ser viviente que decía: «Ven». Y miré, y había un caballo amarillento. El que estaba montado en él se llamaba Muerte, y el Hades lo seguía. Y se les dio autoridad sobre la cuarta parte de la tierra,*

para matar con espada, con hambre, con pestilencia y con las fieras de la tierra.

(Apocalipsis 6:7–8, NBLA)

J. Vernon McGee explicó el apareamiento de la Muerte y el Hades: «Mientras que la Muerte se lleva el cuerpo, el Hades es el lugar al que va el espíritu del ser humano perdido».[29]

Reflexionemos en que la cuarta parte de la población del planeta morirá cuando aparezca el jinete sobre el caballo amarillo. Mientras que la anarquía, la guerra y el hambre siguen tomando vidas, dos nuevos factores se agregarán a la escena: pestilencia y ataques de fieras salvajes. Los agentes de la guerra biológica sin duda explicarán ambos males. Por la misma razón que un mapache rabioso y enloquecido atacará casi todo lo que tenga por delante, un ataque biológico o químico podría afectar de tal manera a los animales que estos perderán su temor natural al ser humano y lo atacarán sin ser provocados.

El doctor Frank Holtman, director del departamento de bacteriología de la Universidad de Tennessee, declaró: «Mientras la mayor parte de la población de una ciudad podría ser destruida por una bomba atómica, la actuación de las bacterias podría acabar fácilmente con toda la población en una semana».[30]

El profeta Ezequiel predijo la venida del jinete sobre el caballo amarillo: «Así ha dicho Jehová el Señor: ¿Cuánto más cuando yo enviare contra Jerusalén mis cuatro juicios terribles, espada, hambre, fieras y pestilencia, para cortar de ella hombres y bestias?» (Ezequiel 14:21).

Tenga en cuenta que el orden de los primeros cuatro sellos sigue exactamente la predicción de Jesús acerca del inicio de la tribulación: «Se levantará nación contra nación, y reino contra reino [el caballo bermejo]; y habrá hambres [el caballo negro], epidemias [el caballo amarillo] y terremotos en diferentes lugares. Mas todo esto será el principio de dolores» (Mateo 24:7–8, RVR1977).

El quinto sello: los mártires

Cuando Jesús abrió el quinto sello, Juan vio algo extraordinario debajo del altar celestial en la sala del trono de Dios:

> *Las almas de los que habían sido muertos por causa de la palabra de Dios y por el testimonio que tenían. Y clamaban a gran voz, diciendo: ¿Hasta cuándo, Señor, santo y verdadero, no juzgas y vengas nuestra sangre en los que moran en la tierra? Y se les dieron vestiduras blancas, y se les dijo que descansasen todavía un poco de tiempo, hasta que se completara el número de sus consiervos y sus hermanos, que también habían de ser muertos como ellos.*
>
> (Apocalipsis 6:9–11)

La escena se traslada ahora de la tierra al cielo mientras Juan presencia una visión de aquellas almas preciosas que recibirán vestiduras blancas de justicia después de ser asesinadas por declarar su fe en Cristo y por negarse a adorar al anticristo. El martirio durante este tiempo de angustia será algo común, ya que miles serán asesinados, sellando su testimonio con su propia sangre.

El sexto sello: revueltas en la naturaleza

Jesús abrió el sexto sello, y Juan relató:

> *Hubo un gran terremoto; y el sol se puso negro como tela de cilicio, y la luna se volvió toda como sangre; y las estrellas del cielo cayeron sobre la tierra, como la higuera deja caer sus higos cuando es sacudida por un fuerte viento. Y el cielo se desvaneció como un pergamino que se enrolla; y todo monte y toda isla se removió de su lugar. Y los reyes de la tierra, y los grandes, los ricos, los capitanes, los poderosos, y todo siervo y todo libre, se escondieron en las cuevas y entre las peñas de los montes; y decían a los montes y a las peñas: Caed sobre nosotros, y escondednos*

del rostro de aquel que está sentado sobre el trono, y de la ira del Cordero; porque el gran día de su ira ha llegado; ¿y quién podrá sostenerse en pie?

(Apocalipsis 6:12–17)

En su mayor parte, los juicios de guerra, hambre y muerte serán autoimpuestos por las decisiones moralmente corruptas de hombres y mujeres de corazón malvado. Sin embargo, el juicio entregado por el sexto sello será una represión divina sobre un mundo impío.

Juan describió lo que parece ser una lluvia de meteoritos que golpea la tierra. Los científicos nos informan que una colisión con un enorme meteoro daría como resultado una explosión que contendría «más de diez mil veces la energía encerrada en los arsenales nucleares del mundo en su punto máximo», acompañada de enormes marejadas, huracanes moviéndose a poco menos de mil kilómetros por hora (casi la velocidad del sonido), y meses de oscuridad causados por espesas nubes de polvo.[31]

Tanto nuestro planeta como varios tipos de desechos espaciales (cometas, asteroides, polvo y hielo) se cruzan en el espacio todo el tiempo. Muchos objetos pequeños entran continuamente a la atmósfera terrestre y se queman por fricción antes de tocar la tierra misma. Muchos otros, algunos bastante grandes, de vez en cuando pasan cerca de la tierra, a veces dentro de la órbita de la luna. Por ejemplo, en julio de 2019 un asteroide del tamaño de un campo de fútbol se acercó a sesenta y cinco mil kilómetros de nuestro planeta, lo cual es una quinta parte de la distancia a la luna.[32]

Dios Todopoderoso ya ha demostrado su asombroso poder para controlar las estrellas de los cielos. Un meteoro cayó en Rusia el 15 de febrero de 2013 a una velocidad de por lo menos sesenta y cuatro mil kilómetros por hora. Tres mil edificios resultaron dañados y más de mil cien personas gravemente heridas.[33] Imaginemos el brutal impacto de miles de meteoros golpeando la tierra al mismo tiempo. Podría hacer palidecer, en comparación, los efectos de una guerra nuclear.

Después de la exhaustiva descripción que Juan hace de la furia de Dios, Apocalipsis 6 termina con una pregunta importante: «¿Quién podrá sostenerse en pie?» (v. 17). Puedo asegurar que los incrédulos no soportarán la ira de Dios, y que los que profesan el señorío de Cristo serán protegidos por la gracia de Dios aunque los martiricen. No hay duda de que es más sabio participar ahora en la gracia de Dios con la seguridad de que el Señor vendrá por los suyos, que esperar hasta *El fin de los tiempos* y sufrir una muerte de mártir en este futuro y trágico período llamado la tribulación.

El séptimo sello: Silencio en el cielo

El séptimo sello y sus juicios, que incluyen las siete trompetas y las siete copas de la ira de Dios, allanan el camino para la gloriosa segunda venida de Jesucristo. Con antelación a la ruptura del séptimo sello, Juan vio los ciento cuarenta y cuatro mil siervos del Señor. Antes que los juicios se desaten, Dios «sella» a cada uno de ellos en la frente. En tiempos bíblicos, un sello representaba propiedad, protección y autoridad, y protección es exactamente lo que este sello proporciona a cada uno de los ciento cuarenta y cuatro mil.

Estos siervos representan a los hijos de Israel, doce mil de cada tribu que propagarán el evangelio por todo el mundo durante la tribulación. Jesús describió en Mateo 24 esta época de sufrimiento incomparable. Habló de los mártires (v. 9), de los falsos profetas (v. 11) y de una gran obra evangelística: «Y será predicado este evangelio del reino en todo el mundo, para testimonio a todas las naciones; y entonces vendrá el fin» (v. 14).

La mención de las doce tribus de Israel se opone a la idea de que las tribus de Israel están perdidas, o que han sido reemplazadas por la Iglesia. Ninguna de las tribus de Israel se ha perdido para el Dios de Abraham, Isaac y Jacob. La visión de Juan demuestra que Dios tiene un propósito futuro para Israel y que a pesar de la persecución de Satanás, un remanente piadoso será protegido en la tribulación para estar presente en la tierra cuando Cristo regrese (Apocalipsis 14.1–50).

Pero antes del sonido de la primera trompeta, Juan describió un tiempo de silencio: «Cuando [Jesús] abrió el séptimo sello, se hizo silencio en el cielo como por media hora» (Apocalipsis 8:1).

John Walvoord describió este preludio extraordinario:

> Aunque por lo general treinta minutos no se considera un tiempo largo, cuando se trata de un momento de silencio absoluto que presagia tan funestos acontecimientos por delante, es un indicio de que algo tremendo está a punto de ocurrir. Podría compararse con el silencio antes que el presidente de un jurado dé a conocer su veredicto; por un momento hay perfecto silencio y todos esperan lo que vendrá a continuación.[34]

Este silencio global es similar al que habrá antes de la tempestad del juicio venidero.

Entonces Juan vio «a los siete ángeles que estaban en pie ante Dios; y se les dieron siete trompetas» y «otro ángel vino entonces y se paró ante el altar, con un incensario de oro». Este ángel ofreció incienso con «las oraciones de todos los santos, sobre el altar de oro que estaba delante del trono» (Apocalipsis 8:2–3). Las oraciones ofrecidas por los santos martirizados es lo que rompe el período de silencio fantasmal.

Después Juan vio una gran multitud de aquellos que han «salido de la gran tribulación, y han lavado sus ropas, y las han emblanquecido en la sangre del Cordero» (Apocalipsis 7:14). Recordemos que la gran tribulación es «la prueba que ha de venir sobre el mundo entero» (3:10).

Esta escena describe a los mártires ejecutados por el anticristo debido a «la palabra del testimonio de ellos» (12:11). Esta también es la gran tribulación descrita por Daniel justo antes de la venida de Cristo: «Será tiempo de angustia, cual nunca fue desde que hubo gente» (Daniel 12:1). Y Jesús se refirió a este período como de «gran tribulación, cual no la ha habido desde el principio del mundo hasta ahora, ni la habrá» (Mateo 24:21).

En la tribulación llegarán a Cristo personas que no escucharon el evangelio durante la dispensación de la gracia. Oirán el evangelio predicado por ángeles que vuelan sobre los cielos exclamando: «Temed a Dios, y dadle gloria, porque la hora de su juicio ha llegado; y adorad a aquel que hizo el cielo y la tierra» (Apocalipsis 14:7). Estas personas se negarán a recibir la marca del anticristo, y serán asesinadas.

Es posible que el anticristo acuse de traición a estos creyentes. Quizás los condene por seguir lo que podría llamar «una religión muerta para gente muerta». De todos modos, estos mártires morirán por su fe, y sus almas esperarán en el cielo hasta que el propósito de Dios se complete.

Esta media hora de silencio no es un retraso imprevisto ni un momento de vacilación, es la pausa deliberada antes de la tormenta. Las huestes celestiales vieron lo que Dios está a punto de hacer en la tierra, y permanecieron en reverencia absoluta, en total silencio, del inminente juicio divino a la humanidad.

Y el reloj sigue avanzando.

CAPÍTULO SIETE

11:56 P.M.

Entonces vendrá la gran tribulación

He leído el libro del Apocalipsis y, sí, creo que el mundo se va a acabar... por un acto de Dios, espero; sin embargo, cada día pienso que el tiempo se está terminando.

Caspar Weinberger, *New York Times*, 23 de agosto de 1982

El propósito primordial de Dios desde el principio del tiempo es el establecimiento de su reino eterno en la tierra (Apocalipsis 21). Asociada con este objetivo divino se encuentra la redención del ser humano (Juan 17:1–5). Nuestro nuevo nacimiento en Jesucristo es producido por la Palabra de Vida (1 Juan1:1–2) y el Espíritu Santo (Juan 3:5–6); y en calidad de creyentes nacidos de nuevo, nuestro destino es reinar con el Hijo de Dios como coherederos en su reino. Y debido a estas verdades, no es de extrañar que el Señor escogiera a Juan para que escribiera el libro del Apocalipsis.

Juan, el que dejó sus redes de pesca en las costas de Galilea para seguir a un rabino radical llamado Jesús de Nazaret. Juan, el que formó parte del círculo íntimo junto con Pedro y Jacobo. Juan, el que fue comisionado por el Señor para que cuidara a su madre mientras Él colgaba en la cruz. Juan, el que desempeñó un papel fundamental en la iglesia primitiva en Jerusalén después de la muerte y resurrección de Cristo. Juan, el que animó a las iglesias de Asia con el mensaje triunfal del Redentor. Juan, escritor en el Nuevo Testamento del cuarto evangelio y las tres cartas. Juan, aquel que fue exiliado a una pequeña colonia penal de la isla de Patmos por su testimonio de Jesucristo. Juan, discípulo amado y amigo que conocía la voz del Señor. Fue este Juan el que correría el velo para revelar *El fin de los tiempos*.

El título del libro «la revelación de Jesucristo» revela en sí su propósito, el cual es hablar de la gloria, la sabiduría, el poder y el gobierno definitivo del Hijo de Dios. Sepa que «el testimonio de Jesús es el espíritu de la profecía» (Apocalipsis 19:10), ya que toda la profecía bíblica se basa en la obra revelada por el Espíritu Santo.

El Apocalipsis ilustra a la persona de Cristo. Lo muestra como el glorificado Hijo del Hombre (1:13); el León de la tribu de Judá y la raíz de David (5:5); el Cordero digno (5:12); el Gobernante con la vara de hierro (12:5); el Novio (19:7–9); el conquistador Rey de reyes y Señor de señores (19:16); y el Gobernante legítimo tanto del reino terrenal (20:4–6) como del celestial (22:1,3).

Ya que Juan fue testigo de la vida, muerte y resurrección de Cristo, era natural que entendiera las extraordinarias visiones que nos ha mostrado. Juan recordó lo que el Señor le había dicho durante su ministerio terrenal y pudo comprender las directrices de Cristo a los creyentes, sus advertencias a los incrédulos, su juicio sobre el mundo pecador, su reinado de mil años y su gobierno eterno.

El libro de Apocalipsis es un ejemplo de la «literatura apocalíptica» que es un descubrimiento o una revelación por parte de un ser sobrenatural. Juan dejó en claro que él fue el escritor (escriba) y que el autor fue el ángel del Dios vivo. El escrito habla de los acontecimientos que estaban ocurriendo en ese momento, pero también mira hacia el futuro, dando al lector la oportunidad de decidir vivir de acuerdo con los dictados de la Palabra de Dios. La revelación es un estudio de *El fin de los tiempos* en referencia a «las cosas que has visto, y las que son [2–3], y las que han de ser después de estas [1:7; 4–22]» (1:19).

El libro de Juan no se escribió en estricto orden cronológico. Los capítulos 6 al 18 tratan con el período de tribulación, pero los capítulos 12 y 13 se desvían para ofrecer «bosquejos biográficos» de varios personajes clave que también tienen papeles destacados en el relato de la semana setenta de Daniel. Y recordemos que mientras el juicio de Dios se derrama a través de las siete trompetas y siete copas, el anticristo seguirá implementando su proyecto de dominio mundial. A fin de comprender mejor esta época debemos ver estos sucesos desde el punto de vista tanto terrenal como celestial.

PERFIL DE LOS PERSONAJES DE LA TRIBULACIÓN: LA MUJER, EL NIÑO Y EL DRAGÓN

Juan escribió en Apocalipsis 12:1: «Apareció en el cielo una gran señal». Esta no es una descripción literal, pues al usar la palabra *señal* Juan nos hace saber que las imágenes son realmente símbolos. Por ejemplo, la mujer descrita en Apocalipsis 12:1–17 es Israel, de donde vino el Niño, Cristo el Mesías, y el dragón es Satanás, que perseguirá a Israel durante la gran tribulación.

La cola del dragón arrastró un tercio de las estrellas del cielo y las arrojó a la tierra, simbolizando a los ángeles que se rebelaron con Lucifer y fueron expulsados del cielo antes de la creación del mundo.

Tenga en cuenta por favor que aunque el anticristo parece estar trazando personalmente el sendero que el mundo está tomando durante la tribulación, en realidad es el espíritu de Satanás el que lo inspira y domina.

EL ANTICRISTO: SU CARÁCTER REVELADO

Volvamos a Daniel y veamos lo que tiene que decir sobre *El fin de los tiempos* y el individuo malvado que influirá en él.

El rey hará su voluntad, y se ensoberbecerá, y se engrandecerá sobre todo dios; y contra el Dios de los dioses hablará maravillas, y prosperará, hasta que sea consumada la ira; porque lo determinado se cumplirá. Del Dios de sus padres no hará caso, ni del amor de las mujeres; ni respetará a dios alguno, porque sobre todo se engrandecerá.

(Daniel 11:36-37)

El anticristo es un futuro gobernante mundial que regirá diez naciones, hará y romperá un tratado de paz con Israel y más tarde se convertirá en dictador sobre toda la tierra. A pesar de que el anticristo saldrá al frente bajo un estandarte de paz y tolerancia, pronto revelará sus verdaderas intenciones. Este príncipe de las tinieblas comenzará a perseguir a los que no acepten su marca, creada de manera astuta para supuestamente resolver los problemas económicos mundiales.

Este personaje calificará de subversivos peligrosos a los que se nieguen a aceptar su marca y jurarle lealtad. Su campaña de terror contra judíos y cristianos (aquellos que acepten a Cristo como Señor después del arrebatamiento) se intensificará a medida que condena la adoración basada en el judeocristianismo en todas sus formas. Detendrá los sacrificios diarios en el recién construido templo santo en Jerusalén y exigirá que lo adoren como Dios a medida que establece su concepto de la Nueva Era de una única religión mundial.

El anticristo hará lo que se le antoje. Sus asesores serán simples adornos, porque al final él solo hará su voluntad, dirigido por Satanás. Compare el espíritu del maligno con el de Jesús, Aquel al que el anticristo intentará imitar. Cristo manifestó: «No puedo yo hacer nada por mí mismo; según oigo, así juzgo; y mi juicio es justo, porque no busco mi voluntad, sino la voluntad del que me envió, la del Padre» (Juan 5:30). En el huerto de Getsemaní, el Señor oró: «Padre mío, si es posible, pase de mí esta copa; pero no sea como yo quiero, sino como tú» (Mateo 26:39). Jesús se sometió a la bondad total de su Padre, y el hijo de perdición se someterá a la maldad total de su padre.

Tanto el Antiguo como el Nuevo Testamentos relatan la existencia, la naturaleza y el propósito de este protagonista diabólico de *El fin de los tiempos*.[1] Él es la «serpiente veloz» (Job 26:13; Isaías 27:1). Los salmos se refieren a menudo a él: es el «hombre sanguinario y engañador» (5:6); uno de «los malos» (9:17); «el hombre de la tierra» (10:18); el hombre «poderoso» (52:1); y «el enemigo» (74:10), por nombrar solo unas pocas referencias.

Isaías lo describió como el rey de Babilonia, el «vástago abominable» (14:19); el «atormentador» (16:4) y el señor de «Asiria» (30:31–33). Jeremías lo llamó «el destruidor de naciones» (4:7) y el «enemigo» y «adversario cruel» (30:14). Ezequiel se refirió a él como el «profano e impío príncipe de Israel» y el «príncipe de Tiro» (28:2). Daniel proporcionó por medio de visiones y sueños una descripción completa de la carrera del anticristo. Oseas habló de él como «rey de los príncipes» (8:10), el «mercader que tiene en su mano peso falso», y que es «amador de opresión» (12:7). Joel lo describió como el comandante del «ejército del norte» que «ha hecho cosas terribles» (2:20, NBLA). Amós lo describió como el «enemigo» que derribará la fortaleza de Israel y saqueará sus palacios (3:11). La profecía de Miqueas se refirió al anticristo como el «asirio» (5:6). Nahum nos habló de la destrucción del anticristo y se refirió a él como el «malvado» que «pereció del todo» (1:15). Habacuc habló de él como un «hombre soberbio» que «es como la muerte, que no se saciará» (2:5), y Zacarías lo describió como «el pastor inútil» (11:17).

En el Nuevo Testamento, Jesús afirmó que el anticristo vendría «en su propio nombre» y que Israel lo recibiría (Juan 5:43). El Señor también se refirió al anticristo como «el príncipe de este mundo» (Juan 14:30). El apóstol Pablo ofreció una representación completa de este individuo en 2 Tesalonicenses 2, donde lo llama «el hombre de pecado, el hijo de perdición» (v. 3). El apóstol Juan lo mencionó por nombre, y declaró que es un «mentiroso» que «niega al Padre y al Hijo» (1 Juan 2:22). Más adelante en Apocalipsis lo llama la «bestia» y lo mencionó por «el número de su nombre ... El que tiene entendimiento, cuente el número de la bestia, pues es número de hombre. Y su número es seiscientos sesenta y seis» (13:17–18).

Todos estos versículos proféticos convergen en el anticristo que finalmente será lanzado junto con el falso profeta al lago de fuego, donde se les unirá Satanás mil años después, a fin de sufrir para siempre en ese fuego especialmente preparado por Dios.

EL ANTICRISTO CENTRARÁ
SU CULTO EN JERUSALÉN

¡Jerusalén! No existe ciudad sobre la faz de la tierra como la Ciudad Santa de Dios.

Hay ciudades famosas por su enorme tamaño, su clima y belleza, su destreza militar o competencia industrial, pero ninguna puede compararse con la majestuosa ciudad de Jerusalén. ¿Por qué? Porque Jerusalén es la ciudad de Dios, la capital de la nación que Dios creó por medio de su Palabra hablada (Génesis 12:1–3; 13:15). Todas las demás naciones fueron creadas por acciones humanas, pero Israel fue creada por Dios mismo. Una nación cuyas escrituras públicas Él transfirió más tarde a Abraham y su descendencia por medio de un pacto de sangre incondicional y eternamente vinculante (Génesis 15:8–18). Y Jerusalén es el corazón de Israel, su capital eterna e íntegra.

Esta es la ciudad que Dios ha escogido como su habitación: «A Jerusalén he elegido para que en ella esté mi nombre ... ahora he elegido y santificado esta casa, para que esté en ella mi nombre para siempre; y mis ojos y mi corazón estarán ahí para siempre ... En esta casa y en Jerusalén, la cual yo elegí ... pondré mi nombre para siempre» (2 Crónicas 6:6; 7:16; 33:7). El rey David, el hombre conforme al corazón de Dios, escribió de la ciudad de Dios:

Grande es Jehová, y digno de ser en gran manera alabado en la ciudad de nuestro Dios ... Hermosa provincia, el gozo de toda la tierra, es el monte de Sion ... La ciudad del gran Rey ... La afirmará Dios para siempre.

(Salmos 48:1–2, 8)

El pasaje más apasionado con relación a Jerusalén también fue escrito por al salmista David, el conquistador de la antigua fortaleza jebusea en lo alto de la colina:

Si me olvidare de ti, oh Jerusalén, pierda mi diestra su destreza. Mi lengua se pegue a mi paladar, si de ti no me acordare; si no enalteciere a Jerusalén como preferente asunto de mi alegría.

(Salmos 137:5–6)

David era músico y cantante, por lo que estaba afirmando que por mucho que amara la música, si olvidaba a Jerusalén y el propósito eterno de Dios para esa ciudad, que su mano derecha ya no tuviera la habilidad de tocar el arpa, y que ya no pudiera cantar. Un músico que no puede tocar y un cantante que no puede cantar no tienen propósito en la vida. De igual manera, el hombre que se olvida de Jerusalén, el corazón y el alma de Israel, no tiene razón de existir.

Jerusalén es un monumento a la fidelidad de Dios. David escribió:

Los que confían en Jehová son como el monte de Sion, que no se mueve, sino que permanece para siempre. Como Jerusalén tiene montes alrededor de ella, así Jehová está alrededor de su pueblo desde ahora y para siempre.

(Salmos 125:1–2)

Jerusalén es un testimonio vivo tanto para judíos como para cristianos. Estamos cobijados en los brazos de Dios tal como Israel es acunado por las montañas que la rodean y defendida por Dios mismo.

Al saber todo esto, el anticristo decidirá centrar su culto religioso en Jerusalén, hasta incluir el corazón del templo mismo. Sabrá muy bien que sus acciones son una afrenta al Dios todopoderoso y su pueblo elegido, los judíos.

Jesús confirmó que el mesías de Satanás exigiría adoración mundial en Jerusalén al declarar:

> Cuando veáis en el lugar santo la abominación desoladora de que habló el profeta Daniel (el que lee, entienda), entonces los que estén en Judea, huyan a los montes.
>
> (Mateo 24:15–16)

EL SECUAZ DEL ANTICRISTO:
EL FALSO PROFETA

El anticristo no estará solo en sus actos diabólicos. Tendrá un ayudante totalmente comprometido con el mal como él mismo. Recordemos este principio: a Satanás le encanta imitar la verdad de Dios, y seguirá haciéndolo hasta *El fin de los tiempos* y después de eso. Por tanto, el anticristo será parte de una trinidad satánica pervertida que se esforzará en actuar del mismo modo que el Padre, el Hijo y el Espíritu Santo. Satanás, «la primera persona» de este trino malvado, suplirá de poder al anticristo, que recibirá la ayuda del engañoso «falso profeta».

> [El falso profeta] *engaña a los moradores de la tierra con las señales que se le ha permitido hacer en presencia de la bestia, mandando a los moradores de la tierra que le hagan imagen a la bestia que tiene la herida de espada, y vivió. Y se le permitió infundir aliento a la imagen de la bestia, para que la imagen hablase e hiciese matar a todo el que no la adorase.*
>
> (Apocalipsis 13:14–15)

La imagen del anticristo hablará, y cuando lo haga, la mayoría de las personas se inclinará y lo adorará de inmediato. La robótica ha avanzado mucho desde que Disney World presentó por primera vez su «Salón de los Presidentes» en animatrónica en la década de los sesenta. Hoy día la robótica japonesa ha creado robots androides que pueden caminar, usar las manos, hablar en respuesta a preguntas, seguir movimientos con los ojos e incluso aspirar el piso. La evolución de la animatrónica ha sido asombrosa por decir lo menos.

Con la tecnología moderna no es muy difícil la creación de una estatua parlante realista, y es probable que la gente no se impresione a menos que la imagen posea poderes más allá de lo que estamos acostumbrados a ver. Aún otros adorarán también a la estatua por temor a las consecuencias de *no* hacerlo.

El libro de Daniel relata cómo Nabucodonosor comisionó a sus artesanos que crearan una imagen de oro de él mismo, de veintisiete metros de alto y tres metros de ancho. Luego el rey ordenó que todo el mundo se postrara y adorara a la estatua siempre que se escuchara la señal musical (Daniel 3). Tres jóvenes hebreos, Sadrac, Mesac y Abed-Nego se negaron a inclinarse y fueron a parar al horno de fuego. Pero Dios los liberó de las rugientes llamas, enviando a su propio Hijo a liberar a los amigos justos de Daniel.

Nabucodonosor se asombró con toda razón y alabó a los hebreos, exclamando: «Bendito sea el Dios de ellos, de Sadrac, Mesac y Abed-nego, que envió su ángel y libró a sus siervos que confiaron en él, ... y entregaron sus cuerpos antes que servir y adorar a otro dios que su Dios» (Daniel 3:28).

De igual manera, el falso profeta erigirá una imagen o estatua del anticristo, y a todo el mundo se le ordenará que la adore. Para comprender por completo los planes del anticristo es importante entender la estrategia general de Satanás. Su objetivo es ser «semejante al Altísimo» (Isaías 14:14), y su pasión ardiente es ser adorado. En realidad, él anhela destronar al gran YO SOY, el Dios de Abraham, Isaac y Jacob.

Desde el principio de los tiempos, Lucifer (llamado Satanás después de la caída) convenció a la tercera parte de los ángeles para que se le unieran en su temerario intento de derrocar a Dios como el regente de todo. A pesar de que fue derrotado enérgicamente en una guerra sobrenatural, Satanás ha seguido en oposición abierta a Dios, buscando toda oportunidad posible de atacar e intentar destruir, engañar o desacreditar lo que es importante para el único Dios verdadero del universo.

El mismo nombre «anticristo» insinúa los planes de Satanás. El prefijo griego *anti* tiene dos significados: el primero y más evidente es «contra». El segundo es mucho más interesante, pues *anti* también significa «en lugar de». Ambas definiciones se aplican aquí. Satanás y sus conspiradores impíos están contra Dios e intentan ocupar su lugar.

Puesto que Satanás y sus demonios saben lo que la Palabra de Dios dice acerca de su condenación final, ¿por qué persistir en este esfuerzo inútil? Parte de la respuesta radica sin duda en el carácter maligno e infame que tienen esos perversos. Quizás crean de veras que pueden alterar su destino y de algún modo destronar al Dios todopoderoso; al fin y al cabo, el pecado que define a Satanás es el orgullo destructivo.

Para delinear aún más la naturaleza malévola de Satanás, contrastemos a Jesús en el milenio con Satanás en la tribulación:

- Jesús gobernará un mundo de paz y prosperidad, pero el anticristo reinará a través de siete años de guerra, violencia y caos.
- Jesús ofrece salvación eterna para los que creen en Él; en cambio, el anticristo ofrece muerte a los que lo denuncian y condenación eterna a los que son suficientemente necios como para seguirlo.
- El Espíritu Santo testifica de Jesús y proporciona consuelo, gozo y fortaleza a los que confían en el Salvador; sin embargo,

el falso profeta testifica del anticristo y por medio de amenazas, engaño y violencia despiadada obliga a que se le rinda lealtad.

PERFIL DE LOS PERSONAJES DE LA TRIBULACIÓN: LAS BESTIAS DEL MAR Y LA TIERRA

Las dos bestias, una del mar (Apocalipsis 13:1–10) y otra de la tierra (vv. 11–18) son personalidades que ya hemos analizado antes. La bestia del mar es el anticristo, y la de la tierra es el falso profeta, el cual instituye la adoración religiosa a la bestia del mar.

Según parece, en algún momento de la gran tribulación el anticristo será fatalmente herido, quizás por un intento de asesinato, pero no morirá. Juan declaró: «Vi una de sus cabezas como herida de muerte, pero su herida mortal fue sanada; y se maravilló toda la tierra en pos de la bestia» (v. 3).

El anticristo es un falsificador que intentará emular la muerte y resurrección de Jesucristo. Así como entró en el escenario de la profecía mundial montando un caballo blanco para replicar a Cristo, también parecerá morir y milagrosamente levantarse otra vez.

EL NÚMERO DE HOMBRE

Como usted recordará, el anticristo era el «cuerno pequeño» de Daniel 7, el «rey altivo de rostro y entendido en enigmas» del capítulo 8, el «príncipe que ha de venir» del capítulo 9, y el «hombre despreciable» del capítulo 11. Juan el revelador nos da otra manera de identificar al anticristo: «Aquí hay sabiduría. El que tiene entendimiento, cuente el número de la bestia, pues es número de hombre. Y su número es seiscientos sesenta y seis» (Apocalipsis 13:18).

John Walvoord ofreció la siguiente explicación del número de hombre:

> El triple seis es el número de un hombre, cada dígito está por debajo del número perfecto siete. El seis en las Escrituras es número de hombre, el que debe trabajar seis días y descansar el séptimo. La imagen de Nabucodonosor era de sesenta codos de alto y seis de ancho. Cualquiera que sea el significado más profundo del número, implica que este título que se refiere a la primera bestia, la obra maestra de Satanás, lo limita al nivel humano que está muy por debajo de la deidad de Jesucristo.[2]

Otra explicación para el número del anticristo reside en la antigua costumbre judía de la *gematría*. Cuando el apóstol Juan escribió el Apocalipsis, sin duda alguna sabía que sus lectores estaban familiarizados con esta práctica, que involucra sustituir letras por números. Tanto en el hebreo como en el griego, a cada letra del alfabeto se le asignaba valor numérico, similar a la forma en que algunas letras romanas también representan números. Conocedores de esta costumbre, los miembros de la iglesia primitiva simplemente debían convertir un número en un nombre o un nombre en un número.

En Apocalipsis 13:18, Juan hizo posible que el mundo identificara al anticristo mediante el número 666. Este enigma críptico no pretende señalar a una persona siniestra, sino más bien confirmar a alguien sospechoso de ser el anticristo.

La identidad del anticristo no tiene ningún valor práctico para la Iglesia, porque estaremos mirando desde los balcones del cielo cuando este gobernante autoritario sea revelado. Pero cualquiera que lea este libro después que la Iglesia haya sido arrebatada, debería poder confirmar qué personalidad que surja de una federación europea es el diablo encarnado, el hijo de Satanás: el anticristo.

Durante los últimos años de la década de los treinta y los primeros de la década de los cuarenta una serie de panfletos identificaba a Adolfo Hitler como el anticristo. Otros declararon que Mussolini era el anticristo debido a su estrecha relación con Roma, y conspiracionistas modernos han hecho lo mismo con varias personalidades mundiales. No obstante, nadie que haya vivido desde el tiempo de Pentecostés hasta el arrebatamiento de la Iglesia puede saber quién es el anticristo porque este no hará su aparición en el escenario mundial hasta que la Iglesia haya sido removida de la tierra en el arrebatamiento.

Es muy probable que este supuesto hombre de paz, este falso mesías, esté vivo ahora y que incluso conozca su misión demoníaca predeterminada. Aunque no sabemos de quién se trata, sí sabemos con certeza lo que hará.

LOS PLANES DEL ANTICRISTO

Al igual que Lucifer, el anticristo desea exaltarse a sí mismo. Instalará su imagen en la ciudad de Jerusalén y exigirá que las naciones del mundo lo adoren, o de lo contrario enfrentarán la muerte por decapitación (Apocalipsis 20:4). Daniel dejó en claro que las ofrendas del templo se detendrán durante tres años y medio (1.290 días) antes del final de la tribulación. ¿Por qué? Así como su precursor Antíoco Epífanes, el anticristo presentará el culto idolátrico dentro del templo santo y se erigirá como el dios de Israel y del mundo:

El gobernante firmará un tratado con el pueblo por un período de un conjunto de siete [siete años]*, pero al cumplirse la mitad de ese tiempo, pondrá fin a los sacrificios y a las ofrendas. Como* *punto culminante de todos sus terribles actos, colocará un objeto sacrílego que causa profanación hasta que el destino decretado para este profanador finalmente caiga sobre él.*

(Daniel 9:27, NTV)

Pablo también comprendió lo que sucedería durante el tiempo de gran tribulación:

[El anticristo] *se opone y se levanta contra todo lo que se llama Dios o es objeto de culto; tanto que se sienta en el templo de Dios como Dios, haciéndose pasar por Dios ... Y ahora vosotros sabéis lo que lo detiene, a fin de que a su debido tiempo se manifieste.*

(2 Tesalonicenses 2:4, 6)

El anticristo hablará con tanta astucia, con tal engaño, que aquellos que oigan el evangelio y lo rechacen antes del arrebatamiento quedarán atrapados en las mentiras de este hombre. Pablo nos comunicó:

Inicuo cuyo advenimiento es por obra de Satanás, con gran poder y señales y prodigios mentirosos, y con todo engaño de iniquidad para los que se pierden, por cuanto no recibieron el amor de la verdad para ser salvos. Por esto Dios les envía un poder engañoso, para que crean la mentira, a fin de que sean condenados todos los que no creyeron a la verdad, sino que se complacieron en la injusticia.

(vv. 9–12)

Amigo lector, escuche atentamente: el arrebatamiento no ha venido todavía, y la salvación por medio de Jesucristo aún está disponible para usted. Si la rechaza ahora, no podrá aceptarla después del arrebatamiento sin ser martirizado.

Ya hemos establecido que el hijo de Satanás es un engañador e intentará falsificar al Hijo de Dios y sus proezas. Pero aprendemos más sobre la personalidad y el plan del anticristo al comprender cuán completamente opuesto es él a Jesús:

- Cristo vino del cielo (Juan 6:38); el anticristo vendrá del infierno (Apocalipsis 11:7; 17:8).
- Cristo vino en el nombre de su Padre (Juan 5:43); el anticristo vendrá en su propio nombre (Juan 5:43).
- Cristo se humilló a sí mismo (Filipenses 2:8); el anticristo «en su corazón se engrandecerá» (Daniel 8:25).
- Cristo fue despreciado y rechazado (Isaías 53:3); el anticristo será admirado, alabado y adorado (Apocalipsis 13:3–4; 8).
- Cristo vino a hacer la voluntad de su Padre (Juan 6:38); el anticristo hará su voluntad (Daniel 11:36).
- Cristo vino a salvar (Lucas 19:10); el anticristo trae muerte y destrucción (Daniel 8:24; Apocalipsis 19:21; 20:15).
- Cristo es el Buen Pastor (Juan 10); el anticristo es «el pastor inútil» (Zacarías 11:16–17).
- Cristo es la verdad (Juan 14:6); el anticristo es un mentiroso (2 Tesalonicenses 2:11; 1 Juan 2:22).
- Cristo es «el misterio de la piedad» (1 Timoteo 3:16); el anticristo es el misterio de la anarquía (2 Tesalonicenses 2:7).

PERFIL DE LOS PERSONAJES DE LA TRIBULACIÓN: LOS DOS TESTIGOS

Por poderoso que sea el anticristo, tendrá oposición. Junto con aquellos que se nieguen a someterse a su agenda diabólica, Dios enviará dos testigos que serán una espina en el costado del inicuo. Muchos eruditos bíblicos creen que los dos testigos que aparecerán en la tierra durante la gran tribulación son Elías y Enoc (Apocalipsis 11:1–15).

Al escribir sobre *El fin de los tiempos*, el profeta Malaquías apuntó: «He aquí, yo os envío el profeta Elías, antes que venga el día de Jehová, grande y terrible» (Malaquías 4:5). En la observancia de la fiesta judía de la Pascua se coloca una copa especial para Elías, porque el profeta regresará como el precursor del Mesías. Una copa de vino tradicionalmente se derramaba con la esperanza de que Elías aparecerá, anunciando por tanto la venida del Mesías. Jesús mismo se refirió a esta profecía cuando expresó: «A la verdad, Elías viene primero, y restaurará todas las cosas» (Mateo 17:11).

Hebreos 9:27 declara: «Está establecido para los hombres que mueran una sola vez, y después de esto el juicio». Ni Enoc ni Elías experimentaron la muerte, sino que fueron transportados al cielo. La Biblia relata que «Caminó, pues, Enoc con Dios, y desapareció, porque le llevó Dios» (Génesis 5:24) y, mientras el profeta Elías caminaba con Eliseo, «he aquí un carro de fuego con caballos de fuego apartó a los dos; y Elías subió al cielo en un torbellino» (2 Reyes 2:11).

Los emisarios de Dios profetizarán durante 1.260 días en la gran tribulación. Testificarán la verdad relacionada con el Mesías venidero: «No con ejército, ni con fuerza, sino con mi Espíritu, ha dicho Jehová de los ejércitos» (Zacarías 4:6). Estos hombres tendrán poderes milagrosos; destruirán con fuego de sus bocas a aquellos que los persigan, tendrán el poder de detener las lluvias como hizo Elías en su ministerio terrenal, convertirán agua en sangre y traerán plagas como Moisés en Egipto. Serán protegidos de manera sobrenatural hasta que su misión haya terminado, entonces Dios permitirá que Satanás los asesine (Apocalipsis 11:7).

Juan describe los cadáveres de estos dos testigos mientras yacen en las calles de Jerusalén durante tres días y medio, y todo el mundo los verá debido a la tecnología actual.

Los testigos permanecerán tirados en las calles de la Ciudad Santa como animales muertos, mientras «los moradores de la tierra se regocijarán sobre ellos y se alegrarán, y se enviarán regalos unos a otros; porque estos dos profetas habían atormentado a los moradores de la tierra» (v. 10). Nadie recomendará que se les dé una sepultura adecuada. La decencia y la bondad humanas no se encontrarán en el reino de Satanás ni prevalecerán en la Jerusalén del anticristo.

Pero tres días y medio más tarde Dios levantará de los muertos a sus profetas y los llevará al cielo exactamente delante de sus enemigos. Se pondrán de pie, se sacudirán el polvo, se limpiarán la saliva seca de sus vestiduras de cilicio y levantarán los rostros al cielo. El cielo retumbará con una voz que exclamará: «Subid acá», y subirán por cortesía de una nube celestial, «y cayó gran temor sobre los que los vieron» (v. 11).

¿Por qué la gente se asustará al ver la resurrección de Elías y Enoc en las calles de Jerusalén? Porque su milagrosa resurrección de entre los muertos será prueba positiva de que el Dios del cielo tiene el control absoluto de toda situación. Él enviará nuevamente a su Hijo, esta vez a gobernar el mundo; el anticristo y el falso profeta serán «lanzados vivos dentro de un lago de fuego» y los impíos que aceptaron la marca de la bestia serán «muertos con la espada que salía de la boca del que montaba el caballo, y todas las aves se saciaron de las carnes de ellos» (19:20–21). Exactamente como Él prometió.

LA ESCENA DESDE EL CIELO: EL SÉPTIMO SELLO LLEVA A LAS SIETE TROMPETAS

Los primeros cuatro sellos liberan a los cuatro jinetes y la misión que poseen. El quinto sello anuncia los gritos de los mártires, mientras que el sexto sello inicia terremotos masivos y otros acontecimientos catastróficos.

El séptimo sello inaugurará los juicios de las siete trompetas de Apocalipsis (8:7–9:16; 11:15–19), que son un recordatorio de las diez plagas que Dios derramó sobre Egipto (Éxodo 7–11):

> *Cuando abrió el séptimo sello, se hizo silencio en el cielo como por media hora. Y vi a los siete ángeles que estaban en pie ante Dios; y se les dieron siete trompetas ... Y los siete ángeles que tenían las siete trompetas se dispusieron a tocarlas.*
>
> (Apocalipsis 8:1–2, 6)

Los cuatro primeros juicios afectarán al mundo natural; los tres últimos afectarán a las personas no redimidas de la tierra. Todos, a excepción de los ciento cuarenta y cuatro mil evangelistas judíos, estarán sujetos a las plagas de los juicios de las trompetas. El horror anunciado por las seis primeras trompetas será incomprensible, pero la séptima trompeta anunciará la gloria del reino de Cristo que está por venir.

El Antiguo Testamento nos informa que Dios ordenó que se utilizaran trompetas para convocar a la congregación, ya sea con fines de guerra o para hacer sonar la alarma de peligro inminente. En Números 10:9 leemos: «Cuando saliereis a la guerra en vuestra tierra contra el enemigo que os molestare, tocaréis alarma con las trompetas; y seréis recordados por Jehová vuestro Dios, y seréis salvos de vuestros enemigos».

J. Vernon McGee afirmó: «Tal como las trompetas de Israel se usaron en la batalla de Jericó, así los muros de la oposición que el mundo hace a Dios se desmoronarán y caerán durante la gran tribulación».[3] A eso digo: «¡Amén!».

LOS JUICIOS DE LAS TROMPETAS

Al inicio de la gran tribulación los ángeles del cielo tocarán las trompetas, dando la alarma, porque Dios estará a punto de derramar la furia total de su ira:

> *El primer ángel tocó la trompeta, y hubo granizo y fuego mezclados con sangre, que fueron lanzados sobre la tierra; y la tercera parte de los árboles se quemó, y se quemó toda la hierba verde.*
>
> (Apocalipsis 8:7)

Este primer juicio será contra el planeta mismo. Granizo ardiendo golpeará la tierra y destruirá un tercio de toda la vida vegetal: árboles, arbustos, yerba, bosques, jardines, parques. Dios usó un diluvio en su primer juicio contra la tierra; ahora usará fuego. Las plantas fueron las primeras formas de vida en ser creadas; ahora serán las primeras en ser destruidas:[4]

> *El segundo ángel tocó la trompeta, y como una gran montaña ardiendo en fuego fue precipitada en el mar; y la tercera parte del mar se convirtió en sangre. Y murió la tercera parte de los seres vivientes que estaban en el mar, y la tercera parte de las naves fue destruida.*
>
> (vv. 8–9)

Cuando Dios mueva su mano poderosa, un enorme meteoro caerá en el planeta y causará maremotos y una gran contaminación ambiental que intoxicará nuestros océanos.

No sé si usted ha visto antes una marea roja, pero cuando esta arrasa, a la playa llegan cientos de miles de peces muertos, contaminando el aire por kilómetros. Este juicio será mucho peor que una marea roja; será un acto sobrenatural de un Dios iracundo. Perecerá un tercio de todas las criaturas vivas en el mar: delfines y tiburones, medusas y calamares, plancton microscópico y grandes ballenas.

Si la segunda trompeta afectará los mares de agua salada, la tercera afectará el agua dulce, sin la cual no puede haber vida humana:

> *El tercer ángel tocó la trompeta, y cayó del cielo una gran estrella, ardiendo como una antorcha, y cayó sobre la tercera parte de los ríos, y sobre las fuentes de las aguas. Y el nombre de la estrella es Ajenjo. Y la tercera parte de las aguas se convirtió en ajenjo; y muchos hombres murieron a causa de esas aguas, porque se hicieron amargas. (vv. 10–11)*

Según *The New York Times*, dos terceras partes de los habitantes del mundo enfrentan con regularidad escasez de agua. Aproximadamente cuatro mil millones de personas deben tratar con severas escaseces de agua por lo menos durante un mes cada año. Estas escaseces afectan no solo a China, India, Bangladesh, Pakistán, Nigeria y México, sino también al sur de Estados Unidos, en particular California, Texas y Florida. En países ricos como Estados Unidos, la escasez significa a menudo racionamientos de agua para duchas, gramas o jardines. Pero en naciones pobres, incluso encontrar agua potable adecuada puede convertirse en un problema crítico.[5]

Cuando el ángel envenene las aguas, la situación se convertirá en una amenaza para la vida. Estallarán «guerras por agua» entre países en relación con lagos y ríos compartidos con la Tierra Santa. De acuerdo con el World-Watch Institute de Washington, muchas de las escaramuzas entre colonos israelíes y árabes las ha exacerbado el conflicto por los derechos al agua.[6]

Si el agua es una preocupación tan urgente ahora, ¿puede usted imaginar qué horrible será la situación cuando Ajenjo contamine una tercera parte del agua dulce en el mundo?

Al igual que la densa oscuridad que cayó sobre Egipto cuando la vida de los israelitas se volvió miserable debido a los estragos de la amarga servidumbre impuesta por Faraón, las tinieblas cubrirán la tierra cuando el cuarto ángel haga sonar la trompeta:

> *El cuarto ángel tocó la trompeta, y fue herida la tercera parte del sol, y la tercera parte de la luna, y la tercera parte de las estrellas, para que se oscureciese la tercera parte de ellos, y no hubiese luz en la tercera parte del día, y asimismo de la noche.*
>
> (v. 12)

En Mateo 24:29, Jesús predijo que los cielos anunciarían la angustia venidera: «Inmediatamente después de la tribulación de aquellos días, el sol se oscurecerá, y la luna no dará su resplandor, y las estrellas caerán del cielo, y las potencias de los cielos serán conmovidas».

Ya sea por liberación sobrenatural o como resultado del fuego, el granizo o los meteoros, Dios permitirá que un velo de espesa niebla oscurezca la luz del sol, la luna y las estrellas. No ocultará por completo el sol ni la luz de las estrellas, puesto que prometió específicamente:

> *Mientras la tierra permanezca, no cesarán la sementera y la siega, el frío y el calor, el verano y el invierno, y el día y la noche.*
>
> (Génesis 8:22).

Dios mantendrá su pacto con el ser humano. La tierra seguirá conociendo el día y la noche, pero se oscurecerá bajo una densa nube que producirá profunda depresión y un escalofriante tormento emocional a la humanidad.

Luego habrá un anuncio siniestro:

Y miré, y oí a un ángel volar por en medio del cielo, diciendo a gran voz: ¡Ay, ay, ay, de los que moran en la tierra, a causa de los otros toques de trompeta que están para sonar los tres ángeles!

(Apocalipsis 8:13)

El ángel estaba advirtiendo que los juicios que traerán las siguientes tres trompetas serían mucho más terribles que los anteriores. Los primeros cuatro fueron juicios sobre la creación; los próximos tres terrores serán juicios sobre la humanidad.

TRES TROMPETAS DE TERROR

El quinto ángel revela que viene un terror indescriptible e implacable:

El quinto ángel tocó la trompeta, y vi una estrella que cayó del cielo a la tierra; y se le dio la llave del pozo del abismo. Y abrió el pozo del abismo, y subió humo del pozo como humo de un gran horno; y se oscureció el sol y el aire por el humo del pozo. Y del humo salieron langostas sobre la tierra; y se les dio poder, como tienen poder los escorpiones de la tierra.

(Apocalipsis 9:1–3)

Estas destructivas criaturas antinaturales serán liberadas en la tierra desde el mismo pozo del infierno para atormentar a los seres humanos. La «estrella que cayó del cielo» será el mismísimo Satanás, y se le dará autoridad para liberar estas langostas. Los saltamontes normales comen plantas, pero este enjambre infernal picará a los que no tengan el sello de Dios. Su agonizante picadura hará que los hombres anhelen la muerte, pero no la tendrán. Durante cinco meses estos insectos, guiados por el rey Abadón, atormentarán a los seres humanos (vv. 4–11).

Juan describió estas langostas como «caballos preparados para la guerra ... sus caras eran como caras humanas ... sus dientes eran como de leones ... el ruido de sus alas era como el estruendo de muchos carros de caballos corriendo a la batalla» (vv. 7–10). Se trata de seres inteligentes y espirituales, capaces de dar órdenes y de seguir el liderazgo demoníaco de Abadón.

El sexto ángel dará la alarma respecto a cuatro de sus equivalentes malvados:

El sexto ángel tocó la trompeta, y oí una voz de entre los cuatro cuernos del altar de oro que estaba delante de Dios, diciendo al sexto ángel que tenía la trompeta: Desata a los cuatro ángeles que están atados junto al gran río Éufrates. Y fueron desatados los cuatro ángeles que estaban preparados para la hora, día, mes y año, a fin de matar a la tercera parte de los hombres.

(vv. 13–15)

Si la quinta trompeta produjo tortura, la sexta traerá muerte. En el momento exacto de Dios serán desatados «los cuatro ángeles que estaban preparados para la hora, día, mes y año» (v. 15), y que están atados en el gran río Éufrates, cerca de la frontera oriental original de la tierra prometida (Génesis 15:18).

Poco más allá del límite oriental del Éufrates, un enorme ejército de doscientos millones de hombres, enemigos de Dios, invadirá Israel. Muchos eruditos en profecía creen que este será el ejército chino por las siguientes razones: vendrán del oriente; China es la única nación que podría acumular una fuerza militar tan enorme, y los colores de la bandera civil de la República son rojo [fuego], azul cielo [zafiro] y amarillo [azufre] (Apocalipsis 9:17).

Es interesante observar que este gran ejército demoníaco surgirá de la vecindad del río Éufrates. J. Vernon McGee señaló que esta región tiene gran significado espiritual:

El huerto del Edén estaba en alguna parte de esta sección. El pecado del hombre comenzó aquí. El primer asesinato se cometió aquí. La primera guerra se libró aquí. Aquí es donde comenzó el diluvio y se extendió por toda la tierra. Aquí es donde se erigió la torre de Babel. A esta región fueron traídos los israelitas del cautiverio babilónico. Babilonia fue el origen de la idolatría. Y aquí es la oleada final del pecado en la tierra durante la gran tribulación.[7]

A pesar de que más de la mitad de la población mundial morirá en la tribulación, los que aún estén vivos persistirán en la idolatría, inmoralidad y rebelión contra Dios (vv. 20–21). Harold Willmington dijo que no deberíamos maravillarnos por la insensibilidad de los que siguen rebelándose contra Dios. La Biblia proporciona varios ejemplos de incredulidad obstinada:

- Todas menos ocho de las personas antes del diluvio fueron destruidas porque se negaron a escuchar al Señor (1 Pedro 3:20).[8]
- Sodoma no tenía ni siquiera diez habitantes justos dentro de su ciudad (Génesis 18:32).[9]
- Todos los israelitas del éxodo, a excepción de dos, murieron por su incredulidad (Números 14:29–30).[10]

EL ÁNGEL Y EL LIBRITO

Un interludio se hace entre los juicios de las trompetas sexta y séptima. Juan profetizó en Apocalipsis 10:1–11 la culminación del misterio de Dios relacionado con la nación de Israel. Se establecería el reino de Dios sobre la tierra, pero a un alto costo para aquellos que rechacen al Señor.

En este punto de la visión de Juan, el ángel le entregó un «librito» y clamó a gran voz. Le respondieron siete truenos, pero a Juan no se le permitió escribir las palabras que escuchó. Esta parte de su revelación es la única que permanece sellada.

El ángel plantó un pie en la tierra y el otro en el mar, reclamando el dominio de Dios sobre ambos elementos, y juró por Dios el Creador que la séptima trompeta estaba a punto de sonar, y «el misterio de Dios» (v. 7) se consumaría. Luego se le ordenó a Juan que tomara el libro de la mano del ángel y lo comiera. Se le advirtió: «Te amargará el vientre, pero en tu boca será dulce como la miel» (v. 9).

Así que Juan se lo comió. Hasta ese momento había visto la destrucción de gentiles, pero de ahí en adelante vería juicio sobre su propio pueblo. Al principio de Apocalipsis 11, un ángel le dijo a Juan que midiera el templo de Dios, el altar y los adoradores. Agregó que el atrio exterior había sido entregado a los gentiles, quienes «hollarán la ciudad santa [durante] cuarenta y dos meses» (v. 2).

Estos cuarenta y dos meses corresponden a los tres años y medio que el anticristo controlará el templo (Daniel 12:11).

LA SÉPTIMA TROMPETA

Al sonar la séptima trompeta clamarán en el cielo fuertes voces: «Los reinos del mundo han venido a ser de nuestro Señor y de su Cristo; y él reinará por los siglos de los siglos» (Apocalipsis 11:15). El final de la gran tribulación se acerca. El sufrimiento del mundo casi habrá terminado, y Jesucristo estará listo para reclamar su reino. Los veinticuatro ancianos sentados en sus tronos se postrarán sobre sus rostros y adorarán a Dios, diciendo:

Te damos gracias, Señor Dios Todopoderoso, el que eres y que eras y que has de venir, porque has tomado tu gran poder, y has reinado. Y se airaron las naciones, y tu ira ha venido, y el tiempo de juzgar a los muertos, y de dar el galardón a tus siervos los profetas, a los santos, y a los que temen tu nombre, a los pequeños y a los grandes, y de destruir a los que destruyen la tierra.

(vv. 17–18)

PERFIL DE LOS PERSONAJES DE LA TRIBULACIÓN: LOS TRES EVANGELISTAS ANGELICALES

Los tres evangelistas angelicales (Apocalipsis 14:5–13) son seres celestiales enviados a predicar el mensaje del juicio justo de Dios sobre todas las naciones del planeta. Ellos invitarán a las personas a temer y glorificar a Dios antes del juicio final: anunciarán la caída final de la malvada Babilonia y advertirán contra la adoración al anticristo.

Harold Willmington escribió: «Qué trágico que Cristo [en el Calvario] bebiera una vez esta misma copa por los mismos pecadores que no se arrepintieron y que ahora se ven obligados a beberla de nuevo».[11]

PERFIL DE LOS PERSONAJES DE LA TRIBULACIÓN: LA GRAN RAMERA

Hay una enorme diferencia entre no hacer caso a las Escrituras e interpretar las Escrituras. Hacer caso omiso a la enseñanza profética de Apocalipsis 17 sería irresponsable. Sin embargo, cualquiera que interprete exactamente Apocalipsis 17 corre el riesgo de ser

etiquetado como intolerante, extremista y, por supuesto, políticamente incorrecto.

En el Nuevo Testamento encontramos una presentación clara
de una iglesia apóstata que profesa a Cristo sin poseerlo. Pablo
informó en 1 Timoteo 4:1: «El Espíritu dice claramente que en los
postreros tiempos algunos apostatarán de la fe, escuchando a espíritus engañadores y a doctrinas de demonios». Y en 2 Pedro 2:1–2
el apóstol nos advirtió:

*Hubo también falsos profetas entre el pueblo, como habrá en-
tre vosotros falsos maestros, que introducirán encubiertamente.
herejías destructoras, y aun negarán al Señor que los rescató,
atrayendo sobre sí mismos destrucción repentina. Y muchos seguirán sus disoluciones, por causa de los cuales el camino de la
verdad será blasfemado.*

Después que la Iglesia sea arrebatada al cielo, lo cual sacará a
todos los creyentes en Cristo, la iglesia apóstata permanecerá en la
tierra. Este falso sistema religioso mundial engendra mucho poder
e influencia. Apocalipsis 17:1 etiqueta a esta iglesia hereje de los últimos tiempos como «la gran ramera, la que está sentada sobre muchas aguas». Y más adelante Juan describe que ella influye en gran
cantidad de «pueblos, muchedumbres, naciones y lenguas» (v. 15).

Una ramera es aquella que ha sido infiel en sus votos matrimoniales. Aquí Juan describió una iglesia apóstata que profesaba ser
leal a Cristo, pero que en realidad se apegaba a los ídolos y a un
sistema religioso falso que la hacía culpable de adulterio espiritual.
En el versículo 2 descubrimos que esta gran ramera había seducido,
no solamente a la población en general, sino también a «los reyes
de la tierra». Estos reyes «se han embriagado con el vino de su
fornicación». Estaban estupefactos e hipnotizados por este sistema
religioso mundial.

Juan añade además: «[El ángel] me llevó en el Espíritu al desierto; y vi a una mujer [la iglesia apóstata] sentada sobre una bestia escarlata llena de nombres de blasfemia, que tenía siete cabezas y diez cuernos [el sistema del anticristo]» (v. 3).

Unos versículos más adelante Juan nos ofrece una descripción completa del fin de los tiempos, del carácter del anticristo y del gobierno mundial único que liderará:

La bestia que has visto, era, y no es; y está para subir del abismo e ir a perdición; y los moradores de la tierra, aquellos cuyos nombres no están escritos desde la fundación del mundo en el libro de la vida, se asombrarán viendo la bestia que era y no es, y será.

(v. 8)

John F. Walvoord analiza perfectamente el significado de este pasaje:

El ángel da primero una descripción detallada de la bestia en su carácter general. La bestia se explica cronológicamente como la que era, y no es, y que está a punto de subir del abismo c ir a perdición. «El abismo»... es el hogar de Satanás y sus demonios, e indica que el poder del imperio político es satánico en su origen, según se revela claramente en Apocalipsis 13:4. La palabra *perdición*... significa «destrucción» o «devastación total», y se refiere a la condenación eterna. El poder del imperio político en los últimos días va a ocasionar asombro, como se muestra en las preguntas: «¿Quién como la bestia, y quién podrá luchar contra ella?» (13:4). El abrumador poder satánico del último imperio político del mundo será muy convincente para las grandes masas de seres humanos.

Existe una confusa similitud entre las descripciones dadas a Satanás, a quien según parece se le describió como el rey sobre los demonios en el abismo (9:11), «la bestia que sube del abismo»

(11:7), la bestia cuya «herida mortal fue sanada» (13:3), y la bestia de 17:8. La solución a este intrincado problema es que hasta cierto punto hay una identificación de Satanás con el futuro gobernante mundial [el anticristo] y una identificación del gobernante mundial con su gobierno global [el revivido Imperio romano]. Cada una de estas tres entidades está descrita como una bestia. Solo Satanás mismo viene realmente del abismo. El gobierno mundial que él promueve es totalmente satánico en su poder, y en esta medida se identifica con Satanás. Es la bestia como el gobierno mundial [la confederación europea] la que resucita. Sin embargo, el hombre que es el gobernante del mundo [el anticristo] tiene poder y gran autoridad por parte de Satanás. El hecho de que se haga referencia a Satanás y al gobernante del mundo en términos tan similares indica la relación íntima del uno con el otro.[12]

HERMOSA PERO MORTÍFERA

En Apocalipsis 17:4 Juan describió la vestimenta de la gran ramera: «La mujer estaba vestida de púrpura y escarlata, y adornada de oro, de piedras preciosas y de perlas». Presentaba la apariencia exterior de la realeza; vestía oro y un conjunto de joyas, lo que significa que poseía riqueza ilimitada. «Y tenía en la mano un cáliz de oro lleno de abominaciones y de la inmundicia de su fornicación». Por fuera, la gran ramera era hermosa, pero el contenido de su copa era veneno para las naciones del mundo.

Juan identificó a la gran ramera diciendo que ella tenía «en su frente un nombre escrito, un misterio: BABILONIA LA GRANDE, LA MADRE DE LAS RAMERAS Y DE LAS ABOMINACIONES DE LA TIERRA» (v. 5).

La palabra *misterio* en el Nuevo Testamento no se refiere a algo secreto, sino a una verdad no dada a conocer previamente por Dios.

El misterio que Dios estaba revelando era que en los últimos días habrá una iglesia apóstata mundial que rechazará a Cristo, deshonrará a Dios y unirá fuerzas con el anticristo.

A fin de identificar a Babilonia debemos ir a Génesis 10 y leer acerca de Nimrod, el archiapóstata del mundo postdiluviano. Nimrod vivió cuatro generaciones después del diluvio y fue llamado «vigoroso cazador delante de Jehová ... Y fue el comienzo de su reino Babel [que significa la «puerta de Dios»]» (vv. 9–10).

La generación de Nimrod fue la que edificó la torre de Babel con el propósito de expulsar de la tierra a Dios y su influencia. Se propusieron construir una gran torre que llegaría al cielo para poder tener los beneficios de Dios sin someterse a Él. En respuesta a su atrevida acción, Dios les confundió el lenguaje y los dispersó por toda la tierra.

Este es el punto crítico: el primer sistema religioso organizado e idólatra en la historia del mundo fue introducido en Babel. Por eso Juan llamó a Babilonia la madre de las rameras. Babilonia fue el lugar de nacimiento del adulterio espiritual. Por tanto, al adulterio espiritual del fin del mundo como lo conocemos se le llama Babilonia, la madre de las rameras.

¿Cuál será el final de la gran ramera? Miremos atentamente lo que dice Apocalipsis 17:16–17:

> *Los diez cuernos que viste en la bestia* [la confederación europea que producirá al anticristo], *éstos aborrecerán a la ramera, y la dejarán desolada y desnuda; y devorarán sus carnes, y la quemarán con fuego; porque Dios ha puesto en sus corazones el ejecutar lo que él quiso: ponerse de acuerdo, y dar su reino a la bestia, hasta que se cumplan las palabras de Dios.*

Juan estaba diciendo que, en medio de la tribulación, los miembros de la confederación europea que surgirá del Imperio romano revivido no quieren compartir el poder mundial con la gran ramera. El anticristo, que gobernará sobre la confederación, compartirá por un tiempo su poder con la gran ramera, pero después la destruirá con venganza. Al eliminar a la iglesia apóstata, el anticristo estará allanando el camino para su propia religión apóstata y su propia adoración.

EL MAR DE VIDRIO Y LAS SIETE COPAS

El conjunto final de juicios descritos en Apocalipsis llega con las siete copas de juicio (16:1–21). Una copa es un cáliz, y estas siete copas de juicio feroz serán derramadas en rápida sucesión al final de la gran tribulación. Así como el séptimo sello introdujo los juicios de las siete trompetas, el juicio de la séptima trompeta introducirá los juicios de las siete copas. Los juicios de las siete copas son similares a los juicios de las trompetas; no obstante, mientras estos últimos son parciales en sus efectos, los juicios de las copas serán completos y finales. El juicio de la séptima y última copa indica la gran batalla de Armagedón y predice la ruina final del anticristo.

En Apocalipsis 15:1–8, Juan el revelador vio otros siete ángeles preparándose para derramar las últimas siete plagas. Él describió algo «como un mar de vidrio mezclado con fuego», y nos dijo que los que habían salido victoriosos sobre la bestia estaban de pie sobre el mar de vidrio y entonaban el cántico de Moisés y el cántico del Cordero. Mientras Juan escuchaba las canciones de alabanza que ellos hacían, «fue abierto en el cielo el templo del tabernáculo del testimonio» (v. 5) y salieron los siete ángeles vestidos de lino blanco puro y el pecho ceñido con bandas doradas.

Sin demora alguna, los ángeles recibieron la orden de derramar las copas de la ira de Dios sobre la tierra. Estas terribles plagas se sucedieron rápidamente:

- El primer ángel derramó «una úlcera maligna y pestilente sobre los hombres que tenían la marca de la bestia» (Apocalipsis 16:1–2).

- El segundo ángel derramó su copa sobre el mar, y este se convirtió en algo como la sangre espesa y coagulada de un hombre muerto. Todas las criaturas vivas del mar murieron (v. 3).

- El tercer ángel derramó su copa sobre los ríos y las fuentes de agua fresca, y estas también se volvieron como sangre. El ángel de las aguas hizo un comentario revelador: «Justo eres tú, oh Señor ... Por cuanto derramaron la sangre de los santos y de los profetas, también tú les has dado a beber sangre; pues lo merecen» (vv. 5–6).

- El cuarto ángel derramó su copa sobre el sol, el cual comenzó a arder lo suficiente como para «quemar a los hombres con fuego». Estos maldijeron a Dios, pero no se arrepintieron ni le dieron gloria (vv. 8–9).

- El quinto ángel derramó su copa sobre el trono de la bestia, y su reino se llenó de tinieblas. Sus seguidores se mordían la lengua del dolor por las llagas, el calor y la sed, pero no se arrepintieron (vv. 10–11).

- El sexto ángel derramó su copa sobre el gran río Éufrates, y sus aguas se secaron para que «los reyes del oriente» pudieran marchar a través del lecho seco y unirse a los demás enemigos de Dios para la batalla. En este momento tres demonios salieron para atraer a los reyes del mundo con el fin de reunirse en Armagedón. Satanás le está diciendo a Dios: «¿Quieres una pelea? Vamos a darte una» (vv. 12–16).

- El séptimo ángel derramó su copa en el aire, y una voz del cielo proclamó: «Hecho está» (v. 17). Un poderoso terremoto diferente a cualquier otro sacudió la tierra: «Las ciudades de las naciones cayeron ... toda isla huyó, y los montes no fueron hallados. Y cayó del cielo sobre los hombres un enorme granizo como del peso de un talento» (vv. 17–21).

A pesar de todo, los hombres siguieron maldiciendo a Dios y blasfemándolo.

PERFIL DE LOS PERSONAJES DE LA TRIBULACIÓN: LOS ÁNGELES SEGADORES

Los ángeles segadores (Apocalipsis 14:14–20) son seres angelicales que saldrán bajo las órdenes de Dios para traer la ira del Todopoderoso sobre el mundo incrédulo. En este «adelanto» del Armagedón, Juan vio cómo Cristo regresaba a la tierra y, junto con estos dos ángeles segadores, comenzó a segar la tierra con hoces afiladas, dando como resultado un río de sangre humana de trescientos veinte kilómetros de largo y ciento sesenta de ancho que llegaba «hasta los frenos de los caballos». Cuando un caballo bebe agua, sus frenos se humedecen en quince centímetros de agua. Cuando decimos «hasta los frenos de los caballos», eso equivaldría a sangre con una profundidad de quince centímetros por trescientos veinte kilómetros de largo y más o menos ciento sesenta kilómetros de ancho.

Los profetas del Antiguo Testamento hablaban a menudo de los últimos días en términos de siega y cosecha. Joel escribió:

Echad la hoz, porque la mies está ya madura. Venid, descended, porque el lagar está lleno, rebosan las cubas; porque mucha es la maldad de ellos.

(Joel 3:13)

Isaías 63, el pasaje que inspiró «El himno de batalla de la República», el glorioso himno antiguo cantado durante la Guerra Civil, comparte la visión de Joel de una cuba de uvas maduras listas para ser pisoteadas:

¿Quién es éste que viene de Edom, de Bosra, con vestidos rojos? ¿éste hermoso en su vestido, que marcha en la grandeza de su poder? Yo, el que hablo en justicia, grande para salvar. ¿Por qué es rojo tu vestido, y tus ropas como del que ha pisado en lagar? He pisado yo solo el lagar, y de los pueblos nadie había conmigo; los pisé con mi ira, y los hollé con mi furor; y su sangre salpicó mis vestidos, y manché todas mis ropas. Porque el día de la venganza está en mi corazón, y el año de mis redimidos ha llegado.

(vv. 1–4)

Aquí no se describe a un Jesús pasivo, afable y políticamente correcto que viene a dar el pésame a la tierra. Se trata de un Cristo furioso, que acaba de destruir a los ejércitos del mundo sobre una llanura llamada Armagedón.

La primera vez que Jesús vino a la tierra lo hizo como el Cordero de Dios, llevado en silencio al matadero, una muerte que de buena gana soportó por nuestra redención. La próxima vez que venga, será el León de la tribu de Judá que pisoteará a sus enemigos hasta que la sangre de estos le manche las vestiduras, y gobernará con vara de hierro.

Aun así, ¡ven Señor Jesús!

CAPÍTULO OCHO

11:57 P.M.

Lento avance hacia el Armagedón

A veces creo que en este momento nos dirigimos muy rápidamente hacia el Armagedón.

Ronald Reagan, Jerry Falwell, 2 de mayo de 1982

La batalla de Armagedón, el mayor baño de sangre en la historia de la civilización, se librará en Israel en las llanuras de Meguido. Aunque la mayoría de los estadounidenses no saben a qué batalla se refiere la palabra *Armagedón*, sin embargo el nombre tiene unas connotaciones de catástrofe que nos dejan perplejos.

Si usted desea, puede imaginarse que es uno de los ciento cuarenta y cuatro mil hijos de Abraham que viven en la ciudad de Jerusalén durante el tiempo de la tribulación. Usted está entre los siervos seleccionados del Dios vivo vistos por primera vez al inicio de la gran tribulación (Apocalipsis 7:3–8) y luego otra vez al final (14:1–5). Usted fue fiel y piadoso, y se negó a inclinarse delante del anticristo y su religión falsa, manteniéndose apasionado ante Dios. Y debido a esta lealtad, fue protegido por el sello del Todopoderoso durante los terribles días de persecución.

Usted no recibió la marca de la bestia por dos razones: en primer lugar, jurar lealtad a cualquiera que no fuera el Dios de Abraham, Isaac y Jacob era algo impensable. En segundo lugar, recordó el tiempo en que otro individuo malvado marcó al pueblo judío y lo persiguió, llevando al matadero a casi seis millones de personas, y ante eso usted asumió una posición: ¡nunca más!

Los últimos tres años y medio han sido implacables; es como si el enemigo supiera que le queda poco tiempo. Ha habido en las calles rumores de una gran batalla, mayor que la anterior de Gog y Magog. Parece como si los ejércitos del mundo estuvieran reuniéndose en toda la tierra del pacto con muchos de los enemigos de Israel llegando al valle de Meguido.

Como ha sido su costumbre desde que tiene uso de razón, usted lee la Palabra de Dios. Sin embargo, en los últimos años usted y los demás que han vivido realmente sus profecías tienen una apreciación más profunda de su mensaje. Usted abre su Torá de cuero andrajoso y lee las palabras del profeta Zacarías como si fueran titulares de hoy:

He aquí yo pongo a Jerusalén por copa que hará temblar a todos los pueblos de alrededor contra Judá, en el sitio contra Jerusalén. Y en aquel día yo pondré a Jerusalén por piedra pesada a todos los pueblos; todos los que se la cargaren serán despedazados, bien que todas las naciones de la tierra se juntarán contra ella. En aquel día, dice Jehová, heriré con pánico a todo caballo, y con locura al jinete; mas sobre la casa de Judá abriré mis ojos, y a todo caballo de los pueblos heriré con ceguera. Y los capitanes de Judá dirán en su corazón: Tienen fuerza los habitantes de Jerusalén en Jehová de los ejércitos, su Dios. En aquel día pondré a los capitanes de Judá como brasero de fuego entre leña, y como antorcha ardiendo entre gavillas; y consumirán a diestra y a siniestra a todos los pueblos alrededor; y Jerusalén será otra vez habitada en su lugar, en Jerusalén. Y librará Jehová las tiendas de Judá primero, para que la gloria de la casa de David y del habitante de Jerusalén no se engrandezca sobre Judá. En aquel día Jehová defenderá al morador de Jerusalén; el que entre ellos fuere débil, en aquel tiempo será como David; y la casa de David como Dios, como el ángel de Jehová delante de ellos. Y en aquel día yo procuraré destruir a todas las naciones que vinieren contra Jerusalén. Y derramaré sobre la casa de David, y sobre los moradores de Jerusalén, espíritu de gracia y de oración; y mirarán a mí, a quien traspasaron, y llorarán como se llora por hijo unigénito, afligiéndose por él como quien se aflige por el primogénito. En aquel día habrá gran llanto en Jerusalén, como el llanto de Hadadrimón en el valle de Meguido.

(Zacarías 12:2-11)

Usted sabe en su espíritu que el Día del Señor vendrá pronto, como lo mencionan Isaías, Ezequiel, Joel, Amós, Abdías, Sofonías y Malaquías. Y también confía en que el Señor saldrá victorioso de una vez y por todas contra los enemigos de Israel, según lo relataron los profetas. Aunque el cielo está sombrío y agobiante en lo alto, su corazón late con ansiedad porque el Señor es fiel y verdadero. Ha visto la mano protectora de Dios obrando a su favor mientras usted y los demás han permanecido dedicados a la misión del Santo. Por eso usted y los demás siervos de Dios han recibido protección de la plaga de forúnculos que azota la ciudad, de las picaduras de langostas y milagrosamente el sol no les ha quemado la piel. Y al igual que antes, cuando lleguen estos horrores futuros, el Mesías de Israel defenderá a su pueblo y a su ciudad santa.

Y sí, se librará «la batalla de aquel gran día del Dios Todopoderoso» (Apocalipsis 16:14), y allí las naciones de la tierra serán juzgadas por Él debido a la persecución contra el pueblo judío. Pronto, los ciento cuarenta y cuatro mil entrarán victoriosamente en Jerusalén con el Cordero en su reinado milenial.

He estado muchas veces en el muro de oración en Jerusalén y he presenciado cómo cientos de estudiantes rabínicos danzan en adoración al Señor ante el remanente del muro de Salomón. Desearía que usted mirara dentro del teatro de su mente e imaginara los ciento cuarenta y cuatro mil danzando en eufórica alabanza mientras el Mesías se une a sus siervos en el monte Sion al principio de su reinado. Qué glorioso espectáculo será ese.

PASO UNO: LAS NACIONES SE LEVANTARÁN CONTRA EL ANTICRISTO

A diferencia de Jesucristo, cuyo trono no tendrá fin, los días del anticristo están contados. Mientras Dios prepara los ejércitos del cielo, las naciones de la tierra se levantarán contra el anticristo. Daniel nos informó que el anticristo estará constantemente en guerra contra las naciones que se le enfrentarán:

> *Pero al cabo del tiempo* [El fin de los tiempos] *el rey del sur contenderá con él* [el anticristo]; *el rey del norte se levantará contra él como una tempestad, con carros y gente de a caballo, y muchas naves; y entrará por las tierras, e inundará, y pasará. Entrará a la tierra gloriosa* [Israel], *y muchas provincias caerán; mas éstas escaparán de su mano: Edom y Moab, y la mayoría de los hijos de Amón. Extenderá su mano contra las tierras, y no escapará el país de Egipto. Y se apoderará de los tesoros de oro y plata, y de todas las cosas preciosas de Egipto; y los de Libia y de Etiopía le seguirán.*
>
> (Daniel 11:40–43)

El anticristo peleará contra Egipto, tal como hizo su precursor Antíoco Epífanes. Derrotará a los egipcios y tomará sus tesoros para su propio uso. También enviará sus ejércitos a la Tierra Santa, donde tendrá problemas para conquistar a los árabes. Pero Libia y Etiopía se rendirán ante él, garantizando prácticamente su control sobre África. El Apocalipsis afirma que el imperio del anticristo gobernará el mundo, y «se le dio autoridad sobre toda tribu, pueblo, lengua y nación» (Apocalipsis 13:7).

PASO DOS: EL ANTICRISTO BLASFEMARÁ CONTRA DIOS

Las Escrituras nos advierten que «noticias del oriente y del norte ... atemorizarán» al anticristo (Daniel 11:44). China siempre ha buscado el dominio mundial y la inteligencia militar del anticristo informará que un ejército de doscientos millones de asiáticos está marchando por el lecho seco del río Éufrates para enfrentársele en una lucha titánica por la supremacía mundial. El culto religioso mundial del anticristo, con sede en Jerusalén, será el objetivo de los ejércitos invasores.

Apocalipsis 13:6 dice que el anticristo abrirá «su boca en blasfemias contra Dios, para blasfemar de su nombre, de su tabernáculo, y de los que moran en el cielo». Mientras el anticristo, en el que habita Satanás, reúne a su enorme ejército para la batalla de Armagedón, mirará a los ángeles que no lo siguieron en su primera rebelión contra Dios. Mirará a Cristo, al que una vez Satanás ofreciera los reinos del mundo. Mirará hacia lo alto, a los creyentes que estarán con su Señor, y exclamará: «¡Miren, todos ustedes! ¡Observen dónde estarían si me hubieran seguido todos ustedes! ¡Serían los gobernantes de la tierra! ¡Yo soy el supremo aquí! ¡Gobierno y reino sobre esta ciudad! Jerusalén me pertenece».

¿Por qué el anticristo codicia a Jerusalén? Uno de los propósitos de Satanás en esta batalla es exterminar a todos los judíos del mundo. ¿Qué inspira su odio hacia los judíos? La respuesta es sencilla: el odio de Satanás hacia Israel y el pueblo judío proviene del amor eterno que Dios les tiene. El anticristo también quiere a Jerusalén porque el Dios todopoderoso ha colocado allí su nombre con el fin de que sea recordado para siempre (Salmos 45:17).

Dios escogió a la nación de Israel a fin de tener un depositario de la verdad divina para las generaciones venideras. Dios ha dado su Palabra al mundo por medio de Israel: los patriarcas, los profetas, Jesucristo y los apóstoles. ¿Dónde estaría el cristianismo sin la contribución judía? Fíjese en la palabra *judeocristianismo*. El judaísmo no necesita al cristianismo para explicar su existencia; sin embargo, el cristianismo no puede explicar su existencia sin el judaísmo.

El Señor Jesucristo regresará a la tierra para gobernar sobre la simiente de Abraham, Isaac y Jacob. Si Satanás lograra destruir a los judíos por medio del anticristo, no hay razón para el regreso de

Jesús, y Satanás continuaría como gobernador del mundo. Pero el anticristo no puede impedir lo que Dios ya ha decretado.

PASO TRES: DIOS ATRAERÁ A LAS NACIONES HACIA MEGUIDO

El Señor advirtió en Joel 3:2: «Reuniré a todas las naciones, y las haré descender al valle de Josafat». Dios señaló por medio de Zacarías: «He aquí yo pongo a Jerusalén por copa que hará temblar a todos los pueblos de alrededor contra Judá, en el sitio contra Jerusalén ... yo reuniré a todas las naciones para combatir» *(Zacarías 12:2; 14:2).*

La batalla de Armagedón comenzará en las llanuras de Meguido al norte, continuará por el valle de Josafat al oriente, cubrirá la tierra de Edom al suroriente y girará alrededor de Jerusalén. Las escaramuzas comenzarán casi de inmediato. Los enemigos del anticristo pondrán sitio a Jerusalén, luego rebasarán las defensas de la ciudad y causarán estragos de la manera en que Zacarías describió tan vívidamente. Tomarán cautivos, asesinarán, violarán y saquearán hasta que las calles se llenen de sangre.

El anticristo no perseguirá a los miles de judíos que estén huyendo de Jerusalén hacia Petra, ya que «noticias del oriente y del norte lo atemorizarán». El anticristo debe dirigir su enorme fuerza militar hacia Armagedón para enfrentar al ejército de doscientos millones de soldados que avanza desde China para capturar el golfo Pérsico rico en petróleo:

> *Pero noticias del oriente y del norte lo atemorizarán, y saldrá con gran ira para destruir y matar a muchos. Y plantará las tiendas de su palacio entre los mares y el monte glorioso y santo* [Jerusalén].
>
> (Daniel 11:44–45)

Después de escuchar acerca del avance del ejército oriental y del ataque sobre Jerusalén, el anticristo avanzará desde el territorio del derrotado rey del sur hacia Armagedón, un campo natural de batalla, para enfrentar a los ejércitos del norte y el oriente.

PASO CUATRO: DIOS ENVIARÁ
LA CABALLERÍA

Entonces Dios, que ha soportado en silencio las blasfemias del anticristo, decretará en realidad: «Hijo mío, toma los ejércitos celestiales, los ángeles y la Iglesia, y regresa a la tierra como el Rey de reyes y Señor de señores. Ve, y pon a tus enemigos como estrado de tus pies. Ve y gobierna con vara de hierro. Ve y siéntate en el trono de tu antepasado, el rey David».

Luego vendrá la invasión final, no del norte, sur, oriente y occidente, sino del cielo. Es la invasión descrita en Apocalipsis 19, ¡el ataque liderado por Jesucristo, el Cordero de Dios, el León de Judá y Señor de Gloria!

El León de Judá montará su semental blanco como la leche, seguido por su ejército que llevará coronas y deslumbrantes vestiduras blancas. Cada hijo justo de Dios se encontrará en ese ejército, ¡que estará conformado por ángeles leales y por la Iglesia arrebatada! Enoc, el primer profeta, vaticinó lo siguiente sobre este día: «He aquí, vino el Señor con sus santas decenas de millares» (Judas 1:14).

Cabalgando sobre un caballo blanco, el Rey de reyes descenderá en el campo de batalla de Armagedón. Cuando venga, sus ojos serán como fuego ardiente, y los ejércitos celestiales le seguirán. De la boca del Mesías saldrá una espada aguda de doble filo, la Palabra de Dios con la que creó el mundo, resucitó a Lázaro de los muertos y reprendió al viento y las olas rebeldes en el mar de Galilea, ¡esta misma Palabra aplastará a los enemigos de Israel porque Él es el Conquistador poderoso y su reino no tendrá fin!

EL UNIFORME DE COMBATE DE CRISTO

Juan escribió en Apocalipsis 19:12 que Jesús «tenía un nombre escrito que ninguno conocía sino él mismo». Como judío, Juan sabía que el Señor se apareció a Abraham, Isaac y Jacob en el nombre del Dios todopoderoso, El Shaddai. Pero Dios no se les reveló mediante el nombre de Jehová (Yahvé). Los patriarcas conocían a Dios como el Todopoderoso, pero no tenían un concepto de Él como un amigo y maestro íntimo, Aquel que se deleita en caminar con sus hijos «al aire del día», como Dios caminaba con Adán en el huerto del Edén (Génesis 3:8).

Cristo, vestido con su túnica empapada en la sangre de los enemigos de Israel y con su manto de oración cuyos flecos (borlas) deletrean en hebreo «Jehová Dios es uno», cumple la profecía de que Él es Rey de reyes y Señor de señores (Apocalipsis 19:13, 16).

Cuando Jesús empiece su descenso al monte de los Olivos en su segunda venida, se desplegarán dos fuerzas opuestas en formación de batalla sobre las montañas de Israel: los ejércitos del anticristo y el ejército de los reyes de oriente. Sin embargo, Jesús nos informó que antes que comience esta batalla habrá una señal en los cielos: «Entonces aparecerá la señal del Hijo del Hombre en el cielo; y entonces lamentarán todas las tribus de la tierra, y verán al Hijo del Hombre viniendo sobre las nubes del cielo, con poder y gran gloria» (Mateo 24:30).

No sabemos de qué se trata esta señal, pero será algo tan claro y evidente que no deja espacio para la duda: Jesucristo, el Mesías y Señor, está regresando a la tierra con el fin de reinar como Rey de reyes y Señor de señores.

En ese momento los dos ejércitos dejarán de pelear entre sí y dirigirán sus armas hacia Cristo mismo. Juan el revelador relató: «Vi a la bestia, a los reyes de la tierra y a sus ejércitos, reunidos para guerrear contra el que montaba el caballo, y contra su ejército» (Apocalipsis 19:19).

Al mando de los ejércitos celestiales, Jesucristo desmontará de su caballo blanco y saldrá al monte de los Olivos, partiendo el cerro en dos. Los aterrorizados habitantes de Jerusalén, que han sido maltratados por los ejércitos invasores, huirán de la ciudad a través de la brecha en la antigua montaña.

Juan el revelador escribió que la mezcla de sangre y lodo llegará hasta los frenos de un caballo, «y fue pisado el lagar fuera de la ciudad, y del lagar salió sangre hasta los frenos de los caballos, por mil seiscientos estadios [trescientos veinte kilómetros]» (Apocalipsis 14:20). Esta sangre fluirá de las venas de los hombres que vinieron a acabar con Israel, pero que fueron destruidos por el Dios todopoderoso. La promesa de Dios a Abraham sigue en pie: «A los que te maldijeren maldeciré» (Génesis 12:3).

Daniel predijo el resultado del encuentro del anticristo con Jesús: «[El anticristo] se levantará contra el Príncipe de los príncipes, pero será quebrantado, aunque no por mano humana» (Daniel 8:25).

Pablo también nos dio un mensaje profético: «Entonces se manifestará aquel inicuo, a quien el Señor matará con el espíritu de su boca, y destruirá con el resplandor de su venida» (2 Tesalonicenses 2:8).

¡El anticristo está condenado!

Y la bestia [el anticristo] *fue apresada, y con ella el falso profeta que había hecho delante de ella las señales ... Y los demás fueron muertos con la espada que salía de la boca del que montaba el caballo, y todas las aves se saciaron de las carnes de ellos.*

(Apocalipsis 19:20–21)

El que invadió a Jerusalén, el que asesinó a los judíos justos que no lo adoraron, el que conquistó el mundo, ¡será lanzado vivo y por la eternidad al lago de fuego junto con el falso profeta! Y a «la serpiente antigua, que es el diablo y Satanás» se le ató y «arrojó al abismo, y [se le] encerró, y puso su sello sobre él, para que no engañase más a las naciones, hasta que fuesen cumplidos mil años» (Apocalipsis 20:2–3).

Al regresar a la tierra con su esposa, la Iglesia, Jesús limpiará la casa. No solo el anticristo y el falso profeta serán arrojados al infierno, sino que Satanás mismo será encerrado por mil años. Toda fuerza hostil que desafíe el derecho de Cristo de gobernar la tierra se habrá erradicado.

SECUELAS DEL ARMAGEDÓN

En su libro *Things to Come (Eventos del porvenir)*, J. Dwight Pentecost analizó los resultados de la campaña de Armagedón:

1. Los ejércitos del sur son destruidos en la campaña.
2. Los ejércitos de la confederación del norte son heridos por el Señor.
3. Los ejércitos de la bestia y los del este son exterminados por el Señor en su segunda venida.
4. La bestia y el falso profeta son lanzados al lago de fuego (Apocalipsis 19:20).
5. Los incrédulos serán echados fuera de Israel (Zacarías 13:8).
6. Los creyentes habrán sido purificados como resultado de estas invasiones (Zacarías 13:9).
7. Satanás será atado (Apocalipsis 20:2).[1]

Jesucristo ganará la batalla de Armagedón para Israel y su amada ciudad Jerusalén, y destruirá a todos los adversarios que desafiarán el derecho de Jesús de gobernar como el Mesías del mundo. Después de esta batalla, su pueblo lo reconocerá por lo que es Él:

Derramaré sobre la casa de David, y sobre los moradores de Jerusalén, espíritu de gracia y de oración; y mirarán a mí, a quien traspasaron, y llorarán como se llora por hijo unigénito, afligiéndose por él como quien se aflige por el primogénito. En aquel día habrá gran llanto en Jerusalén ... Y le preguntarán: ¿Qué heridas son estas en tus manos? Y él responderá: Con ellas fui herido en casa de mis amigos.

(Zacarías 12:10–11, 13:6)

Tal como Pablo predijo, ha «entrado la plenitud de los gentiles» y «todo Israel será salvo» (Romanos 11:25–26).

Jesucristo, el Mesías verdadero, Siloh, el Príncipe de paz, el Bendito de Abraham, el Hijo de David, gobernará y reinará por siempre desde la ciudad de Jerusalén, la ciudad de Dios. ¡Aleluya al Santo de Israel! ¡Su reino no tendrá fin!

CAPÍTULO NUEVE

11:58 P.M.

Los albores del milenio

Esta guerra ya no tiene las características de los antiguos conflictos intereuropeos. Es uno de esos conflictos elementales que marcan el inicio de un nuevo milenio y que sacuden al mundo una vez en mil años.

Adolfo Hitler, discurso ante el Reichstag, 26 de abril de 1942

Es evidente que Hitler tenía un sentido exagerado de la importancia personal. La Segunda Guerra Mundial, por horrible que haya sido, resultará una simple escaramuza comparada con el Armagedón, la guerra que marcará el comienzo del milenio. Jesucristo vendrá otra vez y derrotará al anticristo y los ejércitos del mundo en el valle de Meguido (Isaías 34:16; 63:1–5; Apocalipsis 19:11–16). Después de esa magnífica victoria, y antes que el Señor de gloria empiece su reinado milenial, hay una pausa.

EL INTERVALO DE SETENTA Y CINCO DÍAS

Daniel 12:11–12 calcula un período de setenta y cinco días entre la segunda venida de Cristo y la institución del reinado milenial. El doctor S. Franklin Logsdon lo explicó de esta manera:

> En Estados Unidos tenemos una analogía nacional. El presidente es elegido a principios de noviembre, pero no toma posesión hasta el 20 de enero. Hay un intermedio de más de setenta días. Durante este tiempo, el nuevo presidente se preocupa por nombrar a los miembros del gabinete, los representantes en el extranjero y otros que formarán parte de su gobierno. En el período de setenta y cinco días entre el término de la gran tribulación y la coronación, el Rey de gloria también se encargará de ciertos asuntos.[1]

Estamos a dos minutos de *El fin de los tiempos*, época que traerá gran regocijo al pueblo de Dios. Pero antes que Cristo establezca su reino milenial ocurrirán varios acontecimientos.

Jesús, el León de la tribu de Judá, lanzará al anticristo y su falso profeta dentro del lago de fuego (Apocalipsis 19:20–21). Jesús, el gran Sumo Sacerdote de Israel, eliminará la abominación desoladora que contaminó el templo (Daniel 12:11). Jesús, el gran Pastor, reunificará, regenerará y restaurará al Israel fiel porque la Palabra de Dios declara que Él «enviará sus ángeles con gran voz de trompeta, y juntarán a sus escogidos, de los cuatro vientos, desde un extremo del cielo hasta el otro» (Mateo 24:31).

Jesús es recibido por los ciento cuarenta y cuatro mil que permanecieron en tierra, protegidos por el sello del Señor. Usted recordará este remanente judío comisionado para dar testimonio durante la gran tribulación. Jesús declaró en Mateo 24:14 que su grupo selecto predicaría «este evangelio del reino en todo el mundo, para testimonio a todas las naciones; y entonces vendrá el fin». Estos judíos escogidos tendrán éxito en su misión, porque en Apocalipsis 7:9–17 vemos que la gran multitud ha recibido protección y redención durante el siniestro período de tribulación.

A los judíos que Jehová Jireh protegió y les proveyó en Petra durante cuarenta y dos meses, llamará de vuelta a la Ciudad Santa. Los judíos justos, resucitados de entre los muertos según Daniel 12:2, seguirán de cerca este gran desfile, regocijándose en la llegada de su tan esperado Mesías. ¡Qué desfile tan victorioso será este!

Jesús, el Juez justo, juzgará a los judíos y gentiles que sobrevivan a la tribulación. También asignará su ángel para atar y lanzar a Satanás al abismo, tal como Juan describió en Apocalipsis 20:1–3:

Vi a un ángel que descendía del cielo, con la llave del abismo, y una gran cadena en la mano. Y prendió al dragón, la serpiente antigua, que es el diablo y Satanás, y lo ató por mil años; y lo arrojó al abismo, y lo encerró, y puso su sello sobre él, para que no engañase más a las naciones, hasta que fuesen cumplidos mil años.

Los santos del Antiguo Testamento y de la tribulación serán resucitados y recompensados por su fidelidad (Isaías 26:19; Daniel 12:1–3; Apocalipsis 20:4). Y ahora el Arquitecto de los tiempos comenzará la reconstrucción del templo sagrado en Jerusalén (Ezequiel 40—48).[2]

Nosotros, que seremos llevados en el arrebatamiento, seguiremos al Rey Jesús cuando regrese a su tierra prometida. En las tierras estériles y devastadas alrededor de Jerusalén brotará nueva vida cuando pase el Mesías, y los que estemos con Él disfrutaremos los aromas del dulce jazmín, la rosa de Sarón y el lirio de los valles. Isaías profetizó este glorioso acontecimiento:

> *Ciertamente consolará Jehová a Sion; consolará todas sus sole-*
> *dades, y cambiará su desierto en paraíso, y su soledad en huerto*
> *de Jehová; se hallará en ella alegría y gozo, alabanza y voces de*
> *canto ... Porque con alegría saldréis, y con paz seréis vueltos; los*
> *montes y los collados levantarán canción delante de vosotros, y*
> *todos los árboles del campo darán palmadas de aplauso.*

> (Isaías 51:3, 55:12)

EL JUICIO DE LAS NACIONES

Allí se llevará a cabo el tribunal de Cristo, el cual ocurrirá en el cielo después del arrebatamiento, donde cada creyente será recompensado por sus acciones. Luego estarán los veintiún juicios que se derramarán sobre la tierra durante la gran tribulación, seguido por el juicio de las naciones después de la segunda venida de Cristo y antes del inicio del reino milenial. Y, por último, estará el juicio final del gran trono blanco que ocurrirá al final del milenio.

Poco después de la derrota del anticristo y dentro de la pausa de setenta y cinco días, Jesús ejecutará el juicio de las naciones en que los reinos gentiles terrenales serán sentenciados por la manera en que trataron al pueblo judío e Israel (Génesis 12:1–3). Jesús describió claramente este suceso a sus seguidores:

Cuando el Hijo del Hombre venga en su gloria, y todos los santos ángeles con él, entonces se sentará en su trono de gloria, y serán reunidas delante de él todas las naciones; y apartará los unos de los otros, como aparta el pastor las ovejas de los cabritos. Y pondrá las ovejas a su derecha, y los cabritos a su izquierda. Entonces el Rey dirá a los de su derecha: Venid, benditos de mi Padre, heredad el reino preparado para vosotros desde la fundación del mundo. Porque tuve hambre, y me disteis de comer; tuve sed, y me disteis de beber; fui forastero, y me recogisteis; estuve desnudo, y me cubristeis; enfermo, y me visitasteis; en la cárcel, y vinisteis a mí. Entonces los justos le responderán diciendo: Señor, ¿cuándo te vimos hambriento, y te sustentamos, o sediento, y te dimos de beber? ... Entonces dirá también a los de la izquierda: Apartaos de mí, malditos, al fuego eterno preparado para el diablo y sus ángeles. Porque tuve hambre, y no me disteis de comer; tuve sed, y no me disteis de beber; fui forastero, y no me recogisteis; estuve desnudo, y no me cubristeis; enfermo, y en la cárcel, y no me visitasteis. Entonces también ellos le responderán diciendo: Señor, ¿cuándo te vimos hambriento, sediento, forastero, desnudo, enfermo, o en la cárcel, y no te servimos? Entonces les responderá diciendo: De cierto os digo que en cuanto no lo hicisteis a uno de estos más pequeños, tampoco a mí lo hicisteis. E irán éstos al castigo eterno, y los justos a la vida eterna.

(Mateo 25:31–46)

Podemos confiar en el hecho de que todo gentil y toda nación responderán por el modo en que trataron a los judíos, los hermanos de Jesús desde Génesis 12 hasta *El fin de los tiempos*. Dios juzgará a Egipto y a Faraón que no conoció a José, por perseguir al pueblo judío con esclavitud cruel e implacable. Dios juzgará a los asirios, babilonios y persas por su conquista, deportación y esclavitud de los judíos. Juzgará a Antíoco Epífanes y a los seléucidas que profanaron el templo del Señor y masacraron y deportaron a decenas de miles de judíos.

El Gobernador de los reyes de la tierra juzgará a Roma por el sitio a Jerusalén en el 70 D.C., que destruyó la ciudad y su templo, y mató a más de un millón de judíos. Fue el gobierno romano el que más tarde decretó que los judíos eran «hijos del diablo», y les impidió poseer tierra, votar o asumir cargos públicos, les negó el derecho a ejercer abogacía o medicina y les hizo usar ropa distintiva que los convertía en judíos «despreciables». Su odio hacia los judíos era tan intensamente maligno que se consideraba como algo bueno matar a los «asesinos de Cristo» durante la celebración de la Semana Santa de la resurrección del Señor.

El León de Judá juzgará a España por la inquisición, las cruzadas y la expulsión de todos los judíos de su territorio. El Hijo del hombre juzgará a Rusia, Italia, Polonia y a todas las demás naciones que, por medio de masacres despiadadas, confinaron a los judíos en comunidades de guetos indigentes y provocaron que miles y miles murieran de hambre y pestilencia en las calles. Jesús, la raíz de David, juzgará definitivamente a Hitler, a sus nazis y a todos sus colaboradores que participaron en la aniquilación sistemática de seis millones de preciosas almas judías.

Y sí, Dios juzgará a *todos* los antisemitas del mundo, tanto pasados como presentes.

Hace más de ocho décadas, el 13 de mayo de 1939, el trasatlántico *St. Louis* con más de novecientos refugiados judíos a bordo huyó de la Alemania nazi con dirección a Cuba. Los pasajeros, que habían obtenido a gran costo personal todos los documentos legales necesarios para viajar, esperaron ansiosamente dentro de la embarcación durante seis días en el puerto de La Habana que les permitieran desembarcar. Sin embargo, propagandistas nazis convencieron al presidente cubano de que les negara la entrada. A continuación, el *St. Louis* llevó su cargamento indeseado a las costas de Florida.

Mientras el barco flotaba desventuradamente en aguas estadounidenses por más de setenta y dos horas, los líderes judíos de Estados Unidos fueron a Washington D.C. y suplicaron frenéticamente al presidente Franklin Delano Roosevelt que permitiera a los exiliados judíos desembarcar en la nación. Él también les negó la entrada.

El 6 de junio, los pasajeros del desafortunado viaje navegaron de vuelta al Atlántico con la esperanza de que pudieran encontrar asilo en algún puerto del mundo, pero en ninguno los querían. Trágicamente, el *St. Louis* fue obligado a regresar a Europa, y atracó en Amberes el 17 de junio de 1939. Tras mucha persuasión e incentivos económicos por parte de la comunidad judía estadounidense, los desafortunados pasajeros fueron dispersados a ciudades de Bélgica, Francia y Holanda, treinta y seis días después de salir de Hamburgo. Lo más trágico es que la mayoría de los refugiados cayeron víctimas de los horrores del Holocausto y de la solución final de Hitler. Cada nación y cada líder involucrados en esta tragedia serán juzgados.

El imperio británico, que controlaba lo que se conoció como Palestina durante la Segunda Guerra Mundial, será llamado a juicio por sus políticas del Libro Blanco. Mientras Hitler mataba veinticinco mil judíos por día, multitudes de los escogidos de Dios intentaban escapar. No obstante, la política británica del Libro Blanco solo permitía que cinco mil judíos al año emigraran a Israel. Los británicos capturaban a los judíos que trataban clandestinamente de entrar a la Tierra Santa, y aquellos que agarraban eran detenidos por algún tiempo y luego los regresaban para que enfrentaran la muerte a manos de los nazis diabólicos. Los británicos cerraron las puertas de la compasión al pueblo judío, pero el Dios todopoderoso les recordará sus acciones en este día de juicio. Todos los gentiles que vivieron antes y durante la tribulación responderán por el trato que dieron al pueblo judío y a la nación de Israel. «Bendeciré a los que te bendijeren, y a los que te maldijeren maldeciré»; *fue, es y siempre será* la ley de Dios para el pueblo judío (Génesis 12:3).

Hoy en día, los colegios y universidades de Estados Unidos están inundados de profesores ferozmente antisemitas que están enseñando a la próxima generación a odiar a Israel culpando al pueblo judío de todas las cosas malas. Este destructivo espíritu antisemita está ganando terreno. Entre 2018 y 2019 aumentaron 100% los incidentes que involucraron esfuerzos de profesores y alumnos para boicotear o impedir la participación de estudiantes en experiencias educacionales en Israel. Las acciones que conllevan vergüenza pública, vilipendio o difamación a alumnos o al personal educativo, debido a la asociación que han profesado con Israel, se incrementaron en 67%. Las acciones que involucran el cierre o la obstaculización de discursos relacionados con Israel y el trato injusto o la exclusión de estudiantes a causa de su apoyo a Israel aumentaron en 51%.[3]

El hecho de no educar a las personas acerca de los males del antisemitismo permite su crecimiento ferviente. Estudios recientes muestran una impresionante ignorancia entre los estadounidenses en cuanto al Holocausto. Un estudio de 2020 reveló que 31% de los estadounidenses y 41% de jóvenes de la generación de milenials cree que en el Holocausto fueron asesinados menos de dos millones de judíos. Cuando se les preguntó sobre el campo de concentración y exterminio en Auschwitz, 41% de estadounidenses y dos tercios de milenials no sabían qué era Auschwitz. Otra encuesta mostró que casi dos tercios de los adultos jóvenes estadounidenses (entre 18 y 39 años de edad) ignoran que en el Holocausto murieron seis millones de judíos, y aún más trágico es el hecho de que uno de cada diez cree que fueron los judíos los que ocasionaron el Holocausto.[4]

Después de la guerra entre Hamas e Israel en mayo de 2021, ¡la Liga Antidifamación (ADL, por sus siglas en inglés) rastreó en solo ocho días más de 17.000 tweets que usaban la frase «Hitler tenía razón»![5] Así declaró el director ejecutivo de la ADL, Jason Greenblatt:

> A medida que la violencia entre Israel y Hamas sigue en aumento, estamos siendo testigos de un peligroso y drástico incremento en el odio antijudío aquí mismo. Estamos rastreando actos de acoso, vandalismo y violencia, así como un torrente de maltrato en línea. Esto está sucediendo en todo el mundo, desde Londres hasta los Ángeles, desde Francia hasta Florida, en ciudades grandes como Nueva York y en pueblos pequeños, y en todas las plataformas de las redes sociales.[6]

Apreciado lector, sepa que la mano del Dios todopoderoso que decidió bendecir a la humanidad por medio de los patriarcas, de los profetas, de Jesucristo, de los doce apóstoles, de san Pablo y a través de la eterna Palabra de Dios, juzgará a toda nación y a todo individuo que ha expresado odio hacia el pueblo judío.

Después del juicio de las ovejas y las cabras (Mateo 25:33), las «cabras» seguirán al anticristo y al falso profeta dentro del «lago de fuego» que está preparado para el diablo y sus ángeles (v. 41). Tal como lo siguieron en vida, lo seguirán en la eternidad. Las «ovejas» que conocen al Buen Pastor, Jesús, lo seguirán dentro del glorioso reino milenial, donde el león y el lobo se acostarán juntos (Isaías 11:6) y el imperio definitivo de la tierra será establecido.

LAS TRES FASES DE LA RESURRECCIÓN

La cosecha de la resurrección tiene tres olas. La primera fue de los que salieron de sus tumbas en la crucifixión de Cristo (Isaías 26:19;

Daniel 12:1–3; Apocalipsis 20:4). Jesús mismo nos explicó este hermoso transporte:

> *Jesús, habiendo otra vez clamado a gran voz, entregó el espíritu. Y he aquí, el velo del templo se rasgó en dos, de arriba abajo; y la tierra tembló, y las rocas se partieron; y se abrieron los sepulcros, y muchos cuerpos de santos que habían dormido, se levantaron; y saliendo de los sepulcros, después de la resurrección de él, vinieron a la santa ciudad, y aparecieron a muchos.*
>
> (Mateo 27:50–53)

La segunda ola será el arrebatamiento de la Iglesia:

> *El Señor mismo con voz de mando, con voz de arcángel, y con trompeta de Dios, descenderá del cielo; y los muertos en Cristo resucitarán primero. Luego nosotros los que vivimos, los que hayamos quedado, seremos arrebatados juntamente con ellos en las nubes para recibir al Señor en el aire, y así estaremos siempre con el Señor.*
>
> (1 Tesalonicenses 4:16-17)

La tercera ola constará de los santos del Antiguo Testamento, los creyentes de la tribulación que serán resucitados y recompensados, y también los injustos:

> *Tus muertos vivirán; sus cadáveres resucitarán. ¡Despertad y cantad, moradores del polvo! porque tu rocío es cual rocío de hortalizas, y la tierra dará sus muertos.*
>
> (Isaías 26:19)

En aquel tiempo se levantará Miguel, el gran príncipe que está de parte de los hijos de tu pueblo; y será tiempo de angustia, cual nunca fue desde que hubo gente hasta entonces; pero en aquel tiempo será libertado tu pueblo, todos los que se hallen escritos en el libro. Y muchos de los que duermen en el polvo de la tierra serán despertados, unos para vida eterna, y otros para vergüenza y confusión perpetua. Los entendidos resplandecerán como el resplandor del firmamento; y los que enseñan la justicia a la multitud, como las estrellas a perpetua eternidad.

(Daniel 12:1–3)

Teniendo esperanza en Dios, la cual ellos también abrigan, de que ha de haber resurrección de los muertos, así de justos como de injustos.

(Hechos 24:15)

Vi a los muertos, grandes y pequeños, de pie ante Dios; y los libros fueron abiertos, y otro libro fue abierto, el cual es el libro de la vida; y fueron juzgados los muertos por las cosas que estaban escritas en los libros, según sus obras. Y el mar entregó los muertos que había en él; y la muerte y el Hades entregaron los muertos que había en ellos; y fueron juzgados cada uno según sus obras.

(Apocalipsis 20:12-13)

EL REINO MILENIAL

¿Qué es el reino milenial de Cristo? Es el reinado de Cristo durante mil años en la tierra después de su segunda venida. Aunque no se predica a menudo desde los púlpitos dominicales, el milenio se menciona frecuentemente en la Biblia. Se le conoce en las Escrituras como «el mundo venidero» (Hebreos 2:5), «el reino de los cielos»

(Mateo 5:10), «el reino de Dios» (Marcos 1:14), «el día postrero» (Juan 6:40) y «la regeneración» (Mateo 19:28). Jesús les dijo a sus discípulos: «De cierto os digo que en la regeneración, cuando el Hijo del Hombre se siente en el trono de su gloria, vosotros que me habéis seguido también os sentaréis sobre doce tronos, para juzgar a las doce tribus de Israel» (Mateo 19:28).

El milenio fue anunciado en el Antiguo Testamento por el Sabbath, un tiempo de reposo. Un reposo bíblico se observaba después de seis días de trabajo, seis semanas de trabajo, seis meses de trabajo y seis años de trabajo. En el plan eterno de Dios, la tierra también reposará después de seis mil años, desde el momento de la creación hasta *El fin de los tiempos*, cuando el Señor marque el inicio del reino milenial del Mesías.

El milenio será un tiempo de reposo para el pueblo de Dios. Hebreos 4:8–10 nos informa:

Si Josué les hubiera dado el reposo, no hablaría después de otro día. Por tanto, queda un reposo para el pueblo de Dios. Porque el que ha entrado en su reposo, también ha reposado de sus obras, como Dios de las suyas.

Un reposo de gracia, consuelo y santidad estará disponible a lo largo del Sabbath eterno del cielo, donde los creyentes disfrutaremos el objeto de todos nuestros deseos. Entraremos en este descanso igual que Dios el Padre y Cristo nuestro redentor entraron a su glorioso reposo. Después de crear la tierra en seis días, Dios entró en su reposo; y Cristo entró en su reposo después de completar su obra de redención.[7]

El profeta Isaías repitió este pensamiento:

En aquel día se alzará la raíz de Isaí como estandarte de los pueblos; hacia él correrán las naciones, y glorioso será el lugar donde repose.

(Isaías 11:10, NVI)

La geografía de Israel cambiará dramáticamente durante el milenio, ya que se ampliará de manera considerable. Por primera vez la nación poseerá toda la tierra prometida a Abraham en Génesis 15:18–21. El desierto se convertirá en una llanura fértil y un río milagroso fluirá de oriente a occidente desde el monte de los Olivos hasta el Mediterráneo y el mar Muerto, ¡pero este mar salado ya no estará «muerto»!

Escuche cómo lo describe Ezequiel:

Volviendo yo, vi que en la ribera del río había muchísimos árboles a uno y otro lado. Y me dijo: Estas aguas salen a la región del oriente, y descenderán al Arabá, y entrarán en el mar [Muerto]; y entradas en el mar, recibirán sanidad las aguas. Y toda alma viviente que nadare por dondequiera que entraren estos dos ríos, vivirá; y habrá muchísimos peces por haber entrado allá estas aguas, y recibirán sanidad; y vivirá todo lo que entrare en este río. Y junto a él estarán los pescadores, y desde En-gadi hasta En-eglaim será su tendedero de redes; y por sus especies serán los peces tan numerosos como los peces del Mar Grande.

(Ezequiel 47:7–10)

El profeta Ezequiel describió pescadores capturando en En-gadi (una ciudad del mar Muerto) los mismos peces que se encuentran en el mar Mediterráneo. En realidad, el mar Muerto vivirá durante el reino milenial cuando el Dador de Vida se siente en el trono de su padre, el rey David.

Ezequiel declaró que habrá árboles a lado y lado de este río que fluye desde el monte del templo, y Juan el revelador reveló además que estos árboles darán doce clases de fruto, uno por cada mes del año. Las hojas de estos árboles serán para la sanidad de las naciones (Apocalipsis 22:2). Isaías nos indicó que disfrutaremos salud sin paralelo: «En aquel tiempo los sordos oirán las palabras del libro, y los ojos de los ciegos verán en medio de la oscuridad y de las tinieblas» (Isaías 29:18).

Escuche en qué manera describió Zacarías la tierra en este tiempo:

> *Acontecerá también en aquel día, que saldrán de Jerusalén aguas vivas, la mitad de ellas hacia el mar oriental, y la otra mitad hacia el mar occidental, en verano y en invierno ... Toda la tierra se volverá como llanura desde Geba hasta Rimón al sur de Jerusalén; y ésta será enaltecida, y habitada en su lugar desde la puerta de Benjamín hasta el lugar de la puerta primera, hasta la puerta del Angulo, y desde la torre de Hananeel hasta los lagares del rey. Y morarán en ella, y no habrá nunca más maldición, sino que Jerusalén será habitada confiadamente ... Y todos los que sobrevivieren de las naciones que vinieron contra Jerusalén, subirán de año en año para adorar al Rey, a Jehová de los ejércitos, y a celebrar la fiesta de los tabernáculos.*
>
> (Zacarías 14:8, 10–11, 16)

Jerusalén, la ciudad de Dios, se convertirá en la alegría del mundo, porque Jesús reinará allí. La ciudad será el centro internacional de adoración, y personas de todo el globo harán peregrinajes para adorar en el templo santo. Reyes, reinas, príncipes y presidentes vendrán a la Ciudad Santa «para que en el nombre de Jesús se doble toda rodilla de los que están en los cielos, y en la tierra, y debajo de la tierra; y toda lengua confiese que Jesucristo es el Señor, para gloria de Dios Padre» (Filipenses 2:10–11).

El profeta Miqueas escribió acerca del reino milenial, y la poesía de este versículo ha inspirado varias inscripciones en edificios públicos, que irónicamente incluyen la sede de la Organización de las Naciones Unidas. Pero Miqueas no se refería a las Naciones Unidas, Londres o Nueva York; el profeta estaba escribiendo acerca de la capital del reino milenial de Dios, Jerusalén:

Acontecerá en los postreros tiempos que el monte de la casa de Jehová será establecido por cabecera de montes, y más alto que los collados, y correrán a él los pueblos. Vendrán muchas naciones, y dirán: Venid, y subamos al monte de Jehová, y a la casa del Dios de Jacob; y nos enseñará en sus caminos, y andaremos por sus veredas; porque de Sion saldrá la ley, y de Jerusalén la palabra de Jehová. Y él juzgará entre muchos pueblos, y corregirá a naciones poderosas hasta muy lejos; y martillarán sus espadas para azadones, y sus lanzas para hoces; no alzará espada nación contra nación, ni se ensayarán más para la guerra.

(Miqueas 4:1-3)

La Ciudad Santa, ahora de casi diez kilómetros de circunferencia, se denominará *Jehová-Sama*, que significa «el Señor está aquí» (Ezequiel 48:35) y *Jehová Tsidkenu*, que significa «El Señor es nuestra justicia» (Jeremías 33:16).

Imagínese, si así lo desea, mil años de reposo como el Sabbath, paz verdadera, salud perfecta y adoración absoluta. Un lugar de armonía auténtica donde «morará el lobo con el cordero, y el leopardo con el cabrito se acostará; el becerro y el león y la bestia doméstica andarán juntos, y un niño los pastoreará» (Isaías 11:6). Todos estos elementos definirán el reino milenial.

¿CON QUÉ DERECHO GOBERNARÁ JESUCRISTO LA TIERRA?

Dios le prometió a Abraham: «Te multiplicaré en gran manera, y haré naciones de ti, y reyes saldrán de ti» (Génesis 17:6). El Señor le reveló al patriarca que finalmente gobernaría toda la tierra por medio del rey ungido: Jesucristo.

Génesis 49 relata que el patriarca Jacob convocó a sus doce hijos alrededor de su lecho para darles una bendición final y pronunciar una palabra profética sobre cada uno de ellos. Su mensaje sobre Judá fue especialmente esclarecedor:

> *Judá, te alabarán tus hermanos; tu mano en la cerviz de tus enemigos; los hijos de tu padre se inclinarán a ti ... No será quitado el cetro de Judá, ni el legislador de entre sus pies, hasta que venga Siloh.*
>
> (Génesis 49:8, 10)

La palabra *Siloh* puede traducirse como «aquel que tiene el derecho de gobernar». Por tanto, Jacob profetizó que un hombre que tenía el derecho de ser rey vendría del linaje de Judá.

Dios hace, en 2 Samuel 7:16, esta promesa al rey David: «Será afirmada tu casa y tu reino para siempre delante de tu rostro, y tu trono será estable eternamente». Hay tres palabras importantes en este versículo: *casa, reino* y *trono*. «Tu casa» designa a los descendientes de David que se sentarían en su trono. «Tu reino» representa a los reyes de Israel. «Tu trono» es la autoridad real de David, el derecho a gobernar como representante de Dios. El Señor utilizó en este versículo la frase *para siempre* y su equivalente *eternamente* para asegurarle a David que su dinastía, su reino y su trono permanecerían continuamente.

El Evangelio de Mateo empieza con Dios rompiendo un silencio de más de cuatrocientos años, cuando proclamó el linaje real de

Jesús a Israel, declarando: «Libro de la genealogía de Jesucristo, hijo de David, hijo de Abraham».

Si Jesucristo es el Hijo de Abraham, es el «Bendecidor» prometido a Abraham por medio del cual bendeciría a todas las familias de la tierra (Génesis 12:3). Si Jesucristo es el Hijo de David, es Aquel que tiene el derecho de gobernar. ¡Él es Siloh!

El ángel Gabriel se le apareció a María y le dijo:

María, no temas, porque has hallado gracia delante de Dios. Y ahora, concebirás en tu vientre, y darás a luz un hijo, y llamarás su nombre JESÚS. Este será grande, y será llamado Hijo del Altísimo; y el Señor Dios le dará el trono de David su padre; y reinará sobre la casa de Jacob para siempre, y su reino no tendrá fin.

(Lucas 1:30–33)

Jesucristo nació de una virgen, fue preparado como un rabino reconocido, enseñó en la sinagoga, realizó milagros e hizo la voluntad de su Padre al morir en una cruz romana para la redención de la humanidad. Cuando ascendió al cielo, Dios el Padre le dijo: «Siéntate a mi derecha, hasta que ponga a tus enemigos por estrado de tus pies» (Mateo 22:44).

Jesucristo gobierna en el milenio porque solo Él es digno. Reina por herencia, por decreto santo y por designio divino. ¡Bendición, honra, gloria y poder sean para Aquel que se sentará en el trono de David su padre!

EL REY Y SU VICERREGENTE

El doctor Harold Willmington señaló que, aunque Jesucristo será el gobernante supremo durante el milenio, algunos pasajes proféticos sugieren fuertemente que recibirá la ayuda de un segundo al mando: David, el hombre conforme al corazón de Dios.[8]

La Palabra de Dios declara en Jeremías 30:9: «Servirán a Jehová su Dios y a David su rey, a quien yo les levantaré». Jeremías escribió esto cuatrocientos años después de la muerte de David, por lo que no podía estar refiriéndose al reinado terrenal de David.

Ezequiel y Oseas también se refirieron al liderazgo de David en el milenio:

Levantaré sobre ellas a un pastor, y él las apacentará; a mi siervo David, él las apacentará, y él les será por pastor. Yo Jehová les seré por Dios, y mi siervo David príncipe en medio de ellos.

(Ezequiel 34:23–24)

Mi siervo David será rey sobre ellos, y todos ellos tendrán un solo pastor; y andarán en mis preceptos, y mis estatutos guardarán, y los pondrán por obra. Habitarán en la tierra que di a mi siervo Jacob, en la cual habitaron vuestros padres; en ella habitarán ellos, sus hijos y los hijos de sus hijos para siempre; y mi siervo David será príncipe de ellos para siempre.

(Ezequiel 37:24–25)

Después volverán los hijos de Israel, y buscarán a Jehová su Dios, y a David su rey; y temerán a Jehová y a su bondad en el fin de los días.

(Oseas 3:5)

Pero el rey David no será el único gobernante. Le ayudarán muchos otros:

- La Iglesia (1 Corintios 6:3)
- Los apóstoles (Mateo 19:28)

- Nobles (Jeremías 30:21)
- Príncipes (Isaías 32:1; Ezequiel 45:8–9)
- Jueces (Isaías 1:26; Zacarías 3:7; Isaías 1:26)
- Autoridades menores (Zacarías 3:7)[9]

Si la Iglesia en espera tiene una lección para aprender es que a quienes son fieles ahora se les dará mayor responsabilidad en el último imperio de la tierra. Cristo le dijo al hombre que multiplicó los talentos que se le habían entregado: «Bien, buen siervo y fiel; sobre poco has sido fiel, sobre mucho te pondré; entra en el gozo de tu señor» (Mateo 25:23).

PROPÓSITO DEL MILENIO

¿Por qué Dios planificó un milenio? Él tiene varias razones para instituir un reino terrenal sobre el cual reinará su Hijo. En primer lugar, prometió recompensar a sus hijos. Jesús declaró: «Entonces el Rey dirá a los de su derecha: Venid, benditos de mi Padre, heredad el reino preparado para vosotros desde la fundación del mundo» (Mateo 25:34).

En segundo lugar, Dios le prometió a Abraham que Israel se convertiría en una nación poderosa, lo que ya se cumplió, y que algún día su descendencia poseería la tierra para siempre (Génesis 12:7; 13:14–17). Israel es el dueño legítimo de toda la tierra que Dios le entregó a Abraham por pacto de sangre: «A tu descendencia daré esta tierra, desde el río de Egipto hasta el río grande, el río Éufrates» (Génesis 15:18; Deuteronomio 11:24). Génesis 15:18–21 nos ofrece más detalles sobre la extensión de la tierra que Dios le prometió a Abraham:

A tu descendencia daré esta tierra, desde el río de Egipto hasta el río grande, el río Éufrates; la tierra de los ceneos, los cenezeos, los cadmoneos, los heteos, los ferezeos, los refaítas, los amorreos, los cananeos, los gergeseos y los jebuseos.

Aunque las identidades y ubicaciones de algunas de las tribus enumeradas en este pasaje se encuentran perdidas en la historia, está claro que Israel ocupará en el milenio una superficie que se extiende hacia el norte desde el río Nilo en Egipto hasta el río Éufrates en Siria. Ezequiel 48:1 estableció la frontera norte de Israel como la ciudad de Hamat; la frontera sur es la ciudad de Cades, tal como lo establece el versículo 28.

En términos modernos, Israel es dueño legítimo de todo su territorio actual, de todo el Líbano, de la mitad de Siria, de dos terceras partes de Jordania, de todo Irak y de la parte norte de Arabia Saudí. Cuando el Mesías venga se le dará a la descendencia de Abraham toda esa tierra, hasta el último centímetro cuadrado.

Algunos eruditos calculan que esto significa que Israel se expandirá desde sus actuales 20.770 kilómetros cuadrados a 770.000 kilómetros cuadrados o más. Nunca en la historia Israel ha poseído tanta tierra. El erudito Harold Stigers escribió que esta expansión «coloca al futuro Israel como la región más preciada e inmensamente importante para el comercio, justo en el centro de las relaciones internacionales donde el mensaje que Dios le dio a este pueblo sin duda será conocido por las naciones tanto del pasado como del futuro».[10]

En tercer lugar, Dios establecerá el reino milenial para responder las oraciones de sus hijos. Cuando Jesús enseñó a sus discípulos la oración modelo, o «el Padrenuestro», les enseñó a orar: «Venga tu reino» (Lucas 11:1–4). La frase «venga tu reino» no solo es una cancioncilla que rima con «hágase tu voluntad»; ¡es una súplica para que Dios establezca pronto su reino terrenal y eterno!

Por último, Dios establecerá su reino milenial para demostrar un punto importante. En el milenio, Él redimirá la creación, lo que resultará en la existencia de animales salvajes dóciles, abundantes cosechas y el agua más pura que habrá existido. El mundo conocerá mil años de paz, gozo, santidad, gloria, consuelo, justicia, salud, protección, libertad y prosperidad. Satanás estará atado y no podrá crear caos en la tierra. El mismo Rey Jesús gobernará desde Jerusalén, y los creyentes inmortales con sabiduría piadosa gobernarán otras ciudades.

Pero a pesar de toda esta utopía, la naturaleza caída del hombre lo arrastrará al pecado y la desobediencia. El milenio será una lección de mil años de la máxima depravación del ser humano. Se demostrará de una vez por todas que es falsa la idea secular humanista de que el hombre puede mejorarse hasta el punto de la perfección; el concepto del pseudoparaíso desaparecerá como la niebla matutina. Porque, aunque los cristianos viviremos en nuestros cuerpos resucitados, los creyentes de la tribulación que entran al milenio en sus cuerpos mortales tendrán hijos a lo largo de los mil años. Los hijos, nietos y bisnietos del milenio *aún* poseerán una naturaleza pecadora, y *aún* necesitarán un Redentor, por lo que *aún* tendrán que decidir si aceptan o no a Cristo como Salvador y Señor.

Las épocas serán testigos de una realidad indiscutible: sin Dios, el ser humano no tiene esperanza. Harold Willmington ilustra el final de las siete dispensaciones con lo siguiente:

- La época de la inocencia terminó con la desobediencia voluntaria (Génesis 3).
- La época de la conciencia terminó con la corrupción universal (Génesis 6).
- La época de gobierno humano terminó con la adoración al diablo en la torre de Babel (Génesis 11).

- La época de la promesa terminó con el pueblo de Dios esclavizado en Egipto (Éxodo 1).
- La época de la ley terminó con las criaturas matando a su Creador (Mateo 27).
- La época de la Iglesia terminará con la apostasía mundial (1 Timoteo 4).
- La época del milenio terminará con un intento de destruir al mismo Dios (Apocalipsis 20).[11]

EL CONFLICTO FINAL

Si usted cree que nuestras preocupaciones por *El fin del mundo* terminarán con la tribulación, piénselo de nuevo. Millones de bebés nacerán durante este período de mil años y serán bebés como usted y yo fuimos una vez, propensos a pecar e inclinados hacia los conflictos. Aunque los padres cristianos que entren al milenio enseñarán a sus hijos a distinguir el bien del mal, algunos de estos hijos ejercerán su libre albedrío y decidirán hacer lo malo.

Zacarías nos dijo que algunos no subirán «a Jerusalén para adorar al Rey, Jehová de los ejércitos» (Zacarías 14:17).

El doctor Rene Pache explica la situación:

> Por hermoso que sea el milenio, no será el cielo ... El pecado seguirá siendo posible durante los mil años. Ciertas familias y naciones se negarán a subir a Jerusalén para adorar al Señor. Tales hechos serán aún más inexcusables debido a que el tentador estará ausente y a que las revelaciones del Señor serán mayores.[12]

El pecado seguirá teniendo un asidero en la creación, lo que hará que Cristo gobierne con «vara de hierro» (Apocalipsis 19:15).

El pecado deberá ser erradicado y por esa razón, al final del reinado de mil años de Cristo, se llevará a cabo el último conflicto entre Dios y Satanás.

CAPÍTULO DIEZ

11:59 P.M.

El conflicto final de la tierra

Ahora bien, este no es el final. Ni siquiera es el principio del fin. Pero tal vez sea el final del principio.
Winston Churchill, 10 de noviembre de 1942

Cuando los mil años se cumplan, Satanás será suelto de su prisión, y saldrá a engañar a las naciones que están en los cuatro ángulos de la tierra, a Gog y a Magog, a fin de reunirlos para la batalla; el número de los cuales es como la arena del mar. Y subieron sobre la anchura de la tierra, y rodearon el campamento de los santos y la ciudad amada; y de Dios descendió fuego del cielo, y los consumió.
Apocalipsis 20:7–9

Al final del milenio Satanás será liberado de su prisión, y miles de personas de todas las naciones de la tierra le creerán sus mentiras y lo seguirán una vez más. Se reunirán alrededor de Jerusalén, la ciudad capital de Cristo, y librarán una gran guerra.

¿Qué hará que esta gente siga a Satanás? El profeta Jeremías escribió: «Engañoso es el corazón más que todas las cosas, y perverso; ¿quién lo conocerá?» (Jeremías 17:9).

¿Quién puede entender lo que lleva a los hombres a pecar? Para aquellos que estén viviendo en cuerpos mortales, igual que nosotros hoy día, la ley del pecado será como la ley de la gravedad. No importa cuánto queramos elevarnos por sobre el pecado, este nos derriba. Es solo mediante el poder de Cristo que podemos levantarnos del todo por encima del pecado.

El milenio será un tiempo similar al del huerto del Edén. Adán y Eva decidieron pecar aun estando en tan perfecto ambiente creado por Dios mismo. Bajo circunstancias ideales (una tierra de abundancia, sin enfermedades ni guerras) el corazón humano demostrará que permanece inalterable a menos que sea regenerado por el poder de Cristo. Cuando Satanás sea desatado sobre la tierra, muchos le darán la espalda a Dios que los ha sustentado en un mundo perfecto y seguirán al maligno.

El Apocalipsis menciona a Gog y Magog en este versículo al describir el conflicto final, pero esta no es la misma Guerra de Gog-Magog descrita en Ezequiel 38–39. J. Vernon McGee creía que «la rebelión de las fuerzas impías del norte habrá causado tal impresión en la humanidad, que después de mil años la última rebelión del hombre lleva la misma etiqueta: Gog y Magog».[1] Así como hemos llamado a dos conflictos Primera Guerra Mundial y Segunda Guerra Mundial, la gente podría llamar Segunda Gog-Magog a esta última batalla.

Este ejército avanzará contra Jerusalén, donde Jesús gobierna. Allí se darán cuenta de que la rebelión siempre termina en destrucción. Para parafrasear a Winston Churchill, en realidad, este será «el final del principio». El ser humano se habrá rebelado contra Dios por última vez.

A fin de purgar la creación de los efectos malignos del pecado de manera definitiva y para siempre, Dios destruirá la tierra con gran calor y fuego. Pedro se refirió a este infierno masivo:

> Los cielos pasarán con grande estruendo, y los elementos ardiendo serán deshechos, y la tierra y las obras que en ella hay serán quemadas ... Pero nosotros esperamos, según sus promesas, cielos nuevos y tierra nueva, en los cuales mora la justicia.
>
> (2 Pedro 3:10, 13)

Hoy día Satanás vaga por la tierra, aprovechándose de aquellos a los que puede engañar, tal como hizo con Adán y Eva en el huerto. Durante el milenio estará encadenado en el abismo. Después de mil años será liberado por un tiempo para continuar llevando a las masas al pecado. Sin embargo, nuestro enemigo (quien ha atormentado, tentado y probado a los cristianos desde los orígenes del tiempo) será condenado al infierno donde cumplirá su sentencia eterna. Satanás el destructor recibirá la justicia permanente de Dios.

¡La alabanza y la gloria sean para el Santo de Israel!

CAPÍTULO ONCE

MEDIANOCHE

El gran trono blanco

Tal vez usted pueda manipular las leyes humanas, pero
hay un juicio venidero en el que no hay apelación.
Orin Philip Gifford

El reloj profético ha alcanzado su cúspide. El tiempo se ha agotado. El profeta Daniel miró a través del periscopio de la profecía y vio un terrible y definitivo día del juicio final para los injustos del mundo. A este se le conoce como el juicio del gran trono blanco. Daniel 7:9–10 relata esta majestuosa visión:

Estuve mirando hasta que fueron puestos tronos, y se sentó un Anciano de días, cuyo vestido era blanco como la nieve, y el pelo de su cabeza como lana limpia; su trono llama de fuego, y las ruedas del mismo, fuego ardiente. Un río de fuego procedía y salía de delante de él; millares de millares le servían, y millones de millones asistían delante de él; el Juez se sentó, y los libros fueron abiertos.

El juicio del gran trono blanco al que se refiere Daniel es uno de los siete juicios inminentes que se llevarán a cabo en *El fin de los tiempos*. Los otros seis juicios son los siguientes:

- El tribunal de Cristo, que se realizará después del arrebatamiento. Aquí cada creyente desde el Día de Pentecostés hasta el arrebatamiento estará delante de Cristo y será recompensado en el cielo por sus obras realizadas en la tierra (2 Corintios 5:10).
- El juicio del creyente de la tribulación ocurrirá al final de la tribulación. Aquellos creyentes que fueron martirizados por su fe en Cristo durante la tribulación serán recompensados (Apocalipsis 20:4–6).

- El juicio de los creyentes del Antiguo Testamento se relaciona con aquellos que resucitarán y serán recompensados después de la Segunda Venida (Daniel 12:1–3).

- Otro juicio se relaciona con los judíos que sobrevivieron a la tribulación. Serán juzgados después de la Segunda Venida (Ezequiel 20:34–38).

- El juicio de las naciones gentiles, también conocido como el juicio de «las ovejas y las cabras», se basará en cómo los gentiles trataron a Israel y al pueblo judío a lo largo de los siglos (Mateo 25:31–46).

- El juicio a Satanás y sus ángeles caídos, que se llevará a cabo en «el juicio del gran día», sucederá después del reino milenial (Mateo 25:41; 2 Pedro 2:4; Judas 6).[1]

El último juicio es el del gran trono blanco de Apocalipsis 20:11–15. Este juicio ocurrirá después que Satanás sea lanzado al lago de fuego. Todas las personas injustas de todos los tiempos, a quienes no se han juzgado anteriormente, se presentarán delante del Señor y serán juzgadas según sus malas obras (Hechos 24:15). Al igual que Satanás y sus ángeles, estos individuos serán sentenciados para siempre al lago de fuego.

Este tribunal se reunirá en alguna parte entre el cielo y la tierra, ya que no puede ocurrir en la tierra porque esta será quemada (2 Pedro 3:10–11). No ocurrirá en el cielo, porque a los pecadores nunca se les permitiría estar en la presencia del Único y Santo Dios.

¿Quién será Aquel sentado en el trono? ¡Cristo mismo! En Juan 5:26–29, Jesucristo manifestó:

Porque como el Padre tiene vida en sí mismo, así también ha dado al Hijo el tener vida en sí mismo; y también le dio autoridad de hacer juicio, por cuanto es el Hijo del Hombre. No os maravilléis de esto; porque vendrá hora cuando todos los que están en los sepulcros oirán su voz; y los que hicieron lo bueno, saldrán a resurrección de vida; mas los que hicieron lo malo, a resurrección de condenación.

En Apocalipsis 20:12–13, Juan siguió describiendo el juicio del gran trono blanco, narrando:

Vi a los muertos, grandes y pequeños, de pie ante Dios; y los libros fueron abiertos, y otro libro fue abierto, el cual es el libro de la vida; y fueron juzgados los muertos por las cosas que estaban escritas en los libros, según sus obras. Y el mar entregó los muertos que había en él; y la muerte y el Hades entregaron los muertos que había en ellos; y fueron juzgados cada uno según sus obras.

Observe que Dios tiene dos clases de libros. El libro de la vida contiene el nombre de todas las personas que aceptaron a Cristo mientras estaban en la tierra. Cuando los muertos impíos se acerquen al gran trono blanco, Jesús buscará primero sus nombres en el libro de la vida. Es obvio que no estarán escritos allí. A continuación, Él abrirá los libros que contienen los registros escritos de toda palabra, todo pensamiento y todas las obras de los malvados. ¿El resultado? «El que no se halló inscrito en el libro de la vida fue lanzado al lago de fuego» (Apocalipsis 20:15).

EL INFIERNO NO ES EL LAGO DE FUEGO

El infierno, conocido a veces como el Seol o el Hades, no debe confundirse con el lago de fuego. En esta vida los impíos mueren y van al infierno, donde esperan hasta ser llevados al gran trono blanco para el juicio final delante de Cristo y ser sentenciados al lago de fuego (Apocalipsis 19:20, 20:10, 14–15). Satanás, sus ángeles caídos, los demonios y todos los impíos serán lanzados al lago de fuego por la mano de Dios como juicio por rechazar a Jesucristo como el Hijo de Dios (Judas 1:6–7; Apocalipsis 20:10–15).

Según una encuesta de 2015 del Grupo Barna, solo 35% de estadounidenses cree que existe algo como la verdad.[2] Naturalmente, estas personas también tienden a burlarse de la afirmación bíblica de que un infierno literal espera a los que rechazan la verdad de Dios y violan su ley. Estos individuos ponen en peligro su futuro eterno al vivir bajo sus propias reglas fuera de la Palabra de Dios.

Sin embargo, Jesús y los profetas creían en el infierno. Examinemos las Escrituras acerca del lugar de condenación, que es donde los perdidos esperan hasta que enfrenten su juicio en el gran trono blanco. Al estudiar la parábola que Jesús contó en Lucas 16:19–31 podemos aprender muchas verdades respecto al infierno:

- El infierno es un lugar literal. Observe que Jesús comenzó esta historia diciendo: «Había». La narración es un relato literal de dos mendigos: Lázaro, quien mendigaba en este mundo, y el hombre rico, quien mendigaba por toda la eternidad.
- La parábola de Cristo verifica la extrema diferencia en eternidad para los justos y los impíos que rechazan a Jesucristo.
- Esta parábola confirma que antes del Calvario los salvos fueron llevados por ángeles al paraíso. Después del Calvario, los justos van al cielo (ver también 2 Corintios 5:8; Filipenses 1:21–24; Apocalipsis 6:9–11).
- El infierno es un lugar al que van los no salvos cuando mueren y experimentan un estado consciente de tormento eterno (ver también Deuteronomio 32:22; 2 Samuel 22:6; Isaías 14:9–11).
- El infierno es un lugar sin misericordia. El hombre rico clamaba, diciendo: «Ten misericordia de mí, y envía a Lázaro para que moje la punta de su dedo en agua, y refresque mi lengua; porque estoy atormentado en esta llama» (Lucas 16:24).

- El infierno es un lugar del que no se puede escapar. Jesús afirmó: «Una gran sima está puesta entre nosotros y vosotros, de manera que los que quisieren pasar de aquí a vosotros, no pueden, ni de allá pasar acá» (v. 26). Si usted llega al infierno, las oraciones de diez mil santos no podrán salvarlo.

- Las personas en el infierno están conscientes de los habitantes de la tierra. El hombre rico rogó para que alguien advirtiera a su familia cuando dijo: «Porque tengo cinco hermanos, para que [Lázaro] les testifique, a fin de que no vengan ellos también a este lugar de tormento» (v. 28).

- Las almas son inmortales en el infierno y el cielo (ver también Lucas 20:38; 2 Corintios 5:8; 1 Pedro 3:4).

- El infierno está en «los sitios bajos de la tierra» (ver también Salmos 63:9; Efesios 4:8–10; Mateo 12:40).

NO MÁS JUICIOS FUTUROS

Juan el revelador concluyó su descripción del juicio del gran trono blanco diciendo: «La muerte y el Hades fueron lanzados al lago de fuego ... Y el que no se halló inscrito en el libro de la vida fue lanzado al lago de fuego» (Apocalipsis 20:14–15).

Pablo escribió:

Así como en Adán todos mueren, también en Cristo todos serán vivificados ... Luego el fin, cuando entregue el reino al Dios y Padre, cuando haya suprimido todo dominio, toda autoridad y potencia. Porque preciso es que él reine hasta que haya puesto a todos sus enemigos debajo de sus pies. Y el postrer enemigo que será destruido es la muerte ... ¿Dónde está, oh muerte, tu aguijón? ¿Dónde, oh sepulcro, tu victoria?

(1 Corintios 15:22, 24–26, 55)

No habrá juicios futuros después del juicio del gran trono blanco. La muerte y el infierno habrán terminado, la eternidad comenzará. *Todos* pasaremos la eternidad en alguna parte, ¿dónde estará usted?

CAPÍTULO DOCE

ETERNIDAD

El cielo y la tierra renacen

He aquí que yo crearé nuevos cielos y nueva tierra; y de lo primero no habrá memoria, ni más vendrá al pensamiento. Mas os gozaréis y os alegraréis para siempre en las cosas que yo he creado; porque he aquí que yo traigo a Jerusalén alegría, y a su pueblo gozo. Y me alegraré con Jerusalén, y me gozaré con mi pueblo; y nunca más se oirán en ella voz de lloro, ni voz de clamor.

Isaías 65:17–19

Justo después que el reloj marca la medianoche, ama-
nece un nuevo día. Tras la oscura medianoche del juicio del gran
trono blanco, Dios nos presentará oportunamente un cielo nuevo
y una tierra nueva, a la cual una Nueva Jerusalén descenderá del
cielo. Juan el revelador describió este acontecimiento glorioso:

> *Vi un cielo nuevo y una tierra nueva; porque el primer cielo y la*
> *primera tierra pasaron, y el mar ya no existía más. Y yo Juan vi*
> *la santa ciudad, la nueva Jerusalén, descender del cielo, de Dios,*
> *dispuesta como una esposa ataviada para su marido. Y oí una*
> *gran voz del cielo que decía: He aquí el tabernáculo de Dios con*
> *los hombres, y él morará con ellos; y ellos serán su pueblo, y Dios*
> *mismo estará con ellos como su Dios.*
>
> (Apocalipsis 21:1–3)

Refiriéndose a Jesucristo, el apóstol Juan nos dijo: «Aquel Verbo
fue hecho carne, y habitó [el tabernáculo] entre nosotros (y vimos
su gloria, gloria como del unigénito del Padre), lleno de gracia y de
verdad» (Juan 1:14).

Al escribir a una audiencia principalmente judía, Juan usó la
palabra griega *sk'enos* (que significa «refugio o cobertura») y la
metáfora de un tabernáculo para describir la encarnación de Cristo.
La misma palabra aparece en Apocalipsis 21:3, cuando la Nueva
Jerusalén baje del cielo y Dios exprese: «He aquí, el tabernáculo de
Dios está con los hombres».

Podremos hablar con Dios al aire de la tarde como lo hacía Adán. El Edén sin pecado se volverá a crear en la tierra, y en cuerpos inmortales disfrutaremos para siempre la comunión con Dios.

LA NUEVA JERUSALÉN: CIUDAD DORADA Y GLORIOSA DE DIOS

Juan ofreció una visión panorámica de la Nueva Jerusalén en el libro del Apocalipsis, donde la describió como una ciudad de dos mil doscientos kilómetros de largo, ancho y alto (21:15–18). Para verlo con objetividad, la ciudad será tan grande como Europa Occidental y la mitad de Rusia. Y si colocáramos a la Nueva Jerusalén dentro de los límites de Estados Unidos, se extendería desde el punto más septentrional de Maine hasta el extremo sur de Florida, y desde el Océano Atlántico en el oriente hasta las montañas Rocosas en el occidente.

El número doce está representado por toda la ciudad: hay doce puertas, tres en cada uno de los cuatro costados, con doce ángeles en cada puerta y los nombres de las doce tribus de Israel inscritos en las puertas (21:18–20). La muralla mide doce veces doce codos (144 codos en total), o sesenta y cinco metros (21:17). Cada puerta está hecha de una perla (v. 21), y hay doce cimientos de piedras preciosas, y los nombres de los doce apóstoles de Cristo están escritos en cada uno (v. 14). La antigua ciudad que ha visto tanto sufrimiento, cambiará las calles que antes fluían con sangre por calles de «oro puro, transparente como vidrio» (v. 21).

Las puertas de la Nueva Jerusalén estarán abiertas para todos aquellos cuyos nombres estén escritos en el libro de la vida del Cordero: las calles doradas estarán repletas con creyentes de toda clase, tribu y nación. El sol del desierto cederá ante la luz brillante del Cordero, y el odio de las naciones guerreras ante la incomparable paz de Dios.

Los muros protectores de Jerusalén, que fueron construidos y reconstruidos con mucho esfuerzo y lucha, serán reemplazados por murallas diseñadas exclusivamente para albergar belleza y gloria. El árbol de la vida, que no se veía ni se apreciaba desde el Edén, crecerá en el centro de la ciudad. Las naciones ya no mirarán a Jerusalén con celo o resentimiento, sino que la mirarán por la luz de la gloria de Dios.

Al apóstol Pablo se le permitió ver el cielo, y se quedó sin palabras cuando intentó describir su belleza. La resumió citando al profeta Isaías: «Cosas que ojo no vio, ni oído oyó, ni han subido en corazón de hombre, son las que Dios ha preparado para los que le aman» (1 Corintios 2:9).

UN CENSO SANTO

¿Quiénes vivirán en esta Ciudad Santa? Los ángeles santos, los gentiles que han puesto su fe y confianza en Cristo, y los redimidos de Israel. Aunque la Nueva Jerusalén es un regalo de bodas del Novio para su esposa, Israel será invitado a morar dentro de estos hermosos muros.[1]

En el «salón de la fama de la fe», de Hebreos 11, el autor testifica de los santos judíos que pusieron su confianza en Dios y obedecieron sus mandamientos. Ellos estarán invitados a morar en la ciudad celestial de Dios: «Pero anhelaban una [patria] mejor, esto es, celestial; por lo cual Dios no se avergüenza de llamarse Dios de ellos; porque les ha preparado una ciudad» (v. 16).

¿Cuántas personas habitarán la nueva tierra, en el nuevo cielo y en la ciudad celestial? Hace casi cuarenta años Harold Willmington ideó una fórmula para crear un «censo» informal de los futuros residentes del cielo.[2] Sin embargo, cómo puede el hombre calcular tal cantidad? Juan describió así la incalculable suma:

Y miré, y oí la voz de muchos ángeles alrededor del trono, y de los seres vivientes, y de los ancianos; y su número era millones de millones, que decían a gran voz: El Cordero que fue inmolado es digno de tomar el poder, las riquezas, la sabiduría, la fortaleza, la honra, la gloria y la alabanza. Y a todo lo creado que está en el cielo, y sobre la tierra, y debajo de la tierra, y en el mar, y a todas las cosas que en ellos hay, oí decir: Al que está sentado en el trono, y al Cordero, sea la alabanza, la honra, la gloria y el poder, por los siglos de los siglos.

(Apocalipsis 5:11–13)

EL CIELO ES UN LUGAR REAL

Algunas personas afirman que el cielo es «un estado mental, una fantasía, un sueño o algo abstracto», pero Jesús mismo declaró que el cielo es un lugar real. Él vino del cielo a la tierra y luego regresó al cielo, donde espera el día en que su Iglesia se le una en las mansiones que ha preparado para los suyos. Jesús llamó al cielo «una casa, una morada». El cielo no es una ilusión. Es tan real como la casa en que usted vive ahora mismo.

En Hechos 1:11, el ángel les dijo a los discípulos: «Varones galileos, ¿por qué estáis mirando al cielo? Este mismo Jesús, que ha sido tomado de vosotros al cielo, así vendrá como le habéis visto ir al cielo».

¿Subió Jesús en un estado mental? ¿Entró en algo abstracto? ¡No! Jesús fue a un lugar real, un hogar eterno, un sitio de perfección que Dios ha preparado como un lugar de recompensa para los que lo aman.

Jesús oró: «Padre nuestro que estás en el cielo». No dijo: «Padre nuestro que estás en un estado mental» o «en una ilusión eterna». El Padre del Señor y el nuestro estaba en el cielo, un lugar real.

Somos ciudadanos del cielo. Pablo escribió: «Nuestra ciudadanía está en los cielos, de donde también esperamos al Salvador, al Señor Jesucristo» (Filipenses 3:20).

Nuestros nombres están escritos en el cielo. Lucas declaró: «No os regocijéis de que los espíritus se os sujetan, sino regocijaos de que vuestros nombres están escritos en los cielos» (Lucas 10:20).

Nuestros tesoros están almacenados en el cielo. Mateo expresó: «No os hagáis tesoros en la tierra ... sino haceos tesoros en el cielo, donde ni la polilla ni el orín corrompen, y donde ladrones no minan ni hurtan» (Mateo 6:19–20).

Estas palabras, amigo lector, son fieles y verdaderas. Son la luz que nos guía en los días sombríos y en tiempos de aflicción. Aunque el mundo se estremezca y se sacuda alrededor de nosotros, hemos puesto nuestra confianza en Jesucristo y su revelación. *El fin de los tiempos* se acerca, pero el que ahora crea en Jesús como Salvador será llevado al cielo en el arrebatamiento.

¿QUÉ HAREMOS EN LA ETERNIDAD?

No vamos a sentarnos en el cielo a tocar arpas todo el día. En realidad, no. Las Escrituras nos dicen que el cielo será un lugar muy ajetreado para personas muy activas.

- El cielo será un lugar de alabanza. Cantaremos alabanzas a Dios por todo lo que Él ha hecho (Isaías 44:23; Apocalipsis 14:3; 15:3).
- El cielo será un lugar de comunión. No solo nos conoceremos, sino que podremos hablar con los santos del Antiguo Testamento, los profetas, Adán y Eva, los apóstoles y el mismo Señor Jesús (Hebreos 11).
- El cielo será un lugar de servicio (Apocalipsis 7:15; 22:3).

- El cielo será un lugar de aprendizaje (1 Corintios 13:9–10). Si a usted le gusta aprender cosas nuevas, explorar nuevos mundos, visitar nuevos lugares, entonces el cielo será su lugar perfecto. Imagine poder volar a nuevos planetas donde ningún ser humano ha ido antes o explorar un nuevo continente en la nueva tierra. Lo mejor de todo es que aprenderemos acerca de Dios, nuestro Salvador, y de su plan para nosotros. Las sagradas Escrituras estarán en nuestra mente y todos los misterios serán revelados.

- El cielo será un lugar de gozo y perfección. Pablo escribió: «Cuando venga lo perfecto, entonces lo que es en parte se acabará» (1 Corintios 13:10). Allí no habrá tristeza, dolor ni problemas.

- El cielo es un lugar de propiedades inmobiliarias increíbles: «En la casa de mi Padre muchas moradas hay; si así no fuera, yo os lo hubiera dicho» (Juan 14:2).

ENFRENTEMOS EL FUTURO SIN TEMOR

Hoy día vivimos una época en que el miedo, la aprensión y la incertidumbre parecen estar a la orden del día. Nuestra nación nunca ha estado más dividida. La ira bulle en las plataformas de las redes sociales, en la Internet, las noticias y nuestras calles. La desconfianza en nuestras instituciones principales es mucha y generalizada. Las pandemias (y nuestra respuesta a ellas como sociedad) han cobrado un enorme precio en nuestra salud física, mental y económica.

Estados Unidos enfrenta crecientes amenazas militares de Irán, Rusia y China. La deuda nacional y personal nunca ha sido más elevada, ya que nuestro gobierno ha invertido billones de dólares que no tiene en programas de estímulos y prestaciones. Los expertos financieros advierten que este comportamiento es insostenible y una receta para la catástrofe económica inminente.

Los milagros tecnológicos que tantos esperaban que nos salvaran, parecen ahora a punto de aprisionarnos y esclavizarnos, mientras que la privacidad se convierte en un aspecto pintoresco del pasado. Estamos polarizados racial, generacional, económica y geográficamente. Los centros urbanos son bombas activas de tiempo. Las tasas de asesinatos en las grandes ciudades se disparan a medida que el orden se convierte en caos. La gente no confía ni en su gobierno ni en sus vecinos. El mundo está derrumbándose y al parecer nadie sabe qué hacer al respecto. Por tanto, una ola creciente de temor, ansiedad y frustración amenaza con arrastrarnos a todos.

Sin embargo, los que conocen y siguen a Cristo no tienen que temer por su futuro, por tenebrosa que parezca la situación. Jesús reprendió a sus frenéticos discípulos en medio de una tormenta, diciéndoles: «No teman» (Mateo 14:27; Marcos 6:50; Juan 6:20). Desde Génesis hasta Apocalipsis, desde Abraham hasta Juan el revelador en la isla de Patmos, Dios dice una y otra vez a los creyentes: «¡No teman!».

Esa misma orden les fue dada a Jacob, Moisés, David, Daniel, los discípulos y a María la madre de Jesús. El Señor le dijo esas palabras a Pedro cuando este se hundía en un mar tormentoso. Le susurró tales palabras a Pablo cuando una fuerte ola hacía zozobrar el barco en que navegaba. Aún hoy día Dios nos habla esas palabras.

Usted puede tener miedo a lo desconocido. Puede temer el pasado. Puede temer muchas cosas.

Querido lector, enfrente esta realidad: o conquista el miedo, o el miedo lo conquistará a usted. Dios nos facilitó gran cantidad de profecías en la Biblia para que pudiéramos saber lo que el futuro nos depara y para que no temamos. Él quería que Daniel mirara dentro del futuro y estuviera seguro. Estoy convencido de que cuando le llegó el momento de morir a este poderoso profeta, simplemente se acostó en su lecho babilónico, se acobijó con su manta y cerró los ojos como si se rindiera a sueños placenteros. Daniel sabía que iba a ver cara a cara al Dios de Abraham, Aquel en quien había depositado su confianza.

El miedo es una obra del príncipe de las tinieblas. Si vivimos en constante temor de una implosión tecnológica, de un colapso económico o de una invasión militar, la preocupación y la ansiedad nos destrozarán el espíritu. A pesar de nuestra profesión de fe, si vivimos con espíritu de temor, seremos como los ateos. Pablo escribió: «No nos ha dado Dios espíritu de cobardía, sino de poder, de amor y de dominio propio» (2 Timoteo 1:7).

El miedo entró al mundo con el pecado, cuando Adán y Eva comieron el fruto prohibido. Antes de ese acontecimiento, Dios caminaba y hablaba en el huerto con el ser humano. Pero cuando Adán pecó, oyó la voz de Dios y tuvo miedo. El miedo entró al mundo como consecuencia del pecado, se sustenta por medio del pecado y, al igual que un virus mortal, invade la mente y el alma.

Pero la poderosa arma de fe puede conquistar el miedo. Somos más que vencedores por medio de Cristo, y la profecía demuestra que no tenemos nada que temer. ¡Si usted es un hijo de Dios que vive antes del arrebatamiento, no tiene que temer la tribulación, al anticristo o al juicio en el gran trono blanco!

No obstante, el espíritu de temor haría que nos acobardáramos ante las noticias nocturnas, angustiándonos por el mercado de valores y preocupándonos por nuestros fondos de jubilación, nuestro trabajo, nuestra salud y el futuro de nuestra nación. No seamos insensatos; estemos preparados para el futuro y no tengamos miedo.

El miedo es contagioso. Al igual que una enfermedad mortal, el miedo propaga pánico entre la población; montado en las alas de la duda destruye la paz, como una plaga letal. Pero la fe es la victoria que vence al mundo. La fe cree que Dios cuidará de su pueblo.

La fe impulsó a Abraham a buscar una ciudad cuyo Constructor y Arquitecto era Dios. Y por fe nosotros un día veremos esa ciudad: la Nueva Jerusalén.

La fe llevó a Moisés a la corte de Faraón y le dio el valor para exigir: «Deja ir a mi pueblo» (Éxodo 5:1). La fe dividió las aguas del mar Rojo y derrumbó los muros de Jericó.

La fe impulsó a David a enfrentarse a Goliat mientras cuarenta mil cobardes observaban desde la colina la batalla de los siglos. David gritó, con su fe como una roca de determinación en su interior: «Tú vienes a mí con espada y lanza y jabalina; mas yo vengo a ti en el nombre de Jehová de los ejércitos» (1 Samuel 17:45).

La fe permitió a Pablo y Silas cantar en una prisión oscura a la medianoche (Hechos 16:25). La fe puede convertir el desierto en manantiales de agua viva. La fe puede calmar el mar agitado. La fe es la victoria que vence al mundo.

El miedo puede robarnos nuestra herencia espiritual. Moisés envió doce espías a la tierra prometida, y diez regresaron moviendo la cabeza de lado a lado con miedo catatónico. Solo Josué y Caleb creyeron que los israelitas podían tomar la tierra (Números 13:30), y en consecuencia, solamente ellos dos vivieron para entrar a la tierra abundante en leche y miel. Una generación de escépticos murió en el desierto por negarse a creer que Dios podía entregar en sus manos a los gigantes.

Tal vez usted tenga miedo de lo que la gente piense si le entrega la vida a Cristo. Podría muy bien estar a punto de permitir que el miedo le robe la salvación y la felicidad eternas.

Si usted es creyente, quizás tenga miedo de lo que la gente piense si realmente habla de Cristo en su lugar de trabajo o en reuniones sociales seculares. Si es así, potencialmente está permitiendo que el miedo les robe el cielo a sus amistades y familiares. Si usted renuncia a Cristo, no heredará la vida eterna, porque el Señor declaró: «A cualquiera que me niegue delante de los hombres, yo también le negaré delante de mi Padre que está en los cielos» (Mateo 10:33).

¡No tenga miedo!

No tenga miedo, porque el Espíritu Santo está con usted. ¿Recuerda la oración de Daniel en Babilonia? El ángel Gabriel fue enviado desde el cielo en el momento en que comenzó a orar.

No tenga miedo porque Dios lo preparará y fortalecerá para llevar a cabo la obra que lo ha llamado a hacer. Le dará el conocimiento de la revelación para lograr su misión. Él es como un León poderoso que obliga al miedo a huir.

Dios le proporcionó a Sansón las fuerzas para matar a mil enemigos con la quijada de un asno (Jueces 15:15). Le dio a David fortaleza suficiente para matar un león con sus propias manos (1 Samuel 17:34–37). Le dio a un burro la capacidad de reprender a Balaam (Números 22:28). Si Dios puede usar un burro, sin duda puede usarnos a nosotros.

Dios busca hombres y mujeres que no tengan miedo de cumplir los propósitos divinos en la tierra. Cuando Él formó el mundo, creó a Adán y lo hizo guardián del huerto del Edén. Cuando Dios decidió destruir el mundo por medio del diluvio, encontró a Noé y le dio el encargo de construir un arca para salvar a su familia y a la especie humana. Cuando Dios quiso formar una nueva nación encontró a Abraham y nació Israel. Cuando Faraón ordenó que todos los bebés hebreos fueran asesinados, Dios usó a Jocabed, la madre de Moisés, quien tuvo suficiente fe para poner a su hijo en el río Nilo sobre una canasta de mimbre. Debido a la confianza que ella tuvo en Dios, el destino de Israel y toda la historia flotó en esa pequeña arca de sauce; y en consecuencia, el pueblo de Dios fue liberado.

Cuando los habitantes de Jericó estaban a punto de rodear a los espías hebreos, Dios encontró a Rahab, una mujer con suficiente valor para arriesgar su vida y enviarlos a un lugar seguro al otro lado de la muralla. Cuando se descubrió que la virgen María estaba embarazada, Dios encontró a José, cuya fe fue mayor que el escepticismo de la sociedad, y así el Hijo de Dios, el Redentor, vino a sus vidas. Cuando Jesucristo dejó esta tierra encontró a Saulo de Tarso, quien llegó a conocerse como Pablo, con el fin de iniciar la iglesia neotestamentaria y escribir la mayor parte de los libros del Nuevo Testamento.

Podría seguir enumerando los nombres de personas como Débora, los jueces de Israel, el guerrero tímido, Gedeón, y Ana, la madre que ora, todos vencedores. Mi punto es que Dios todavía busca algunos hombres y mujeres buenos para conseguir lo que se ha propuesto. Él necesita hombres que sean padres amorosos y maridos devotos que pongan fin al caos social de los hogares estadounidenses que se están derrumbando. Necesita mujeres que no tengan miedo de levantarse contra la ola de inmoralidad que ahoga nuestra nación. Necesita personas que no teman dar a conocer el evangelio en un mundo que se encamina hacia una destrucción segura.

Jesús tiene un destino divino para la vida suya, amigo lector, pero usted primero debe ser libre de las cadenas de pecado, del miedo y de la desesperación. Quiere que usted disfrute la vida abundante de los creyentes y que reine con Él en la eternidad. El Señor es lo único que usted necesita en este mundo y en el próximo. Su Palabra declara que Él es «el Alfa y la Omega, el principio y el fin, el primero y el último» (Apocalipsis 22:13).

Jesús es el Dios todopoderoso: el «Rey de las naciones» (Jeremías 10:7).

Él es el Justo: «Jehová es justo, y ama la justicia; el hombre recto mirará su rostro» (Salmos 11:7).

Él es el Gran Pastor de las ovejas; quien supervisa y restaura nuestras almas (Salmos 23:1; Hebreos 13:20; 1 Pedro 2:25).

Él es el Padre suyo, porque usted ha «recibido el espíritu de adopción» (Romanos 8:15).

Él es el Cordero de Dios: la «Luz del mundo» que se lleva nuestros pecados (Juan 1:29; 8:12).

Él es su Redentor: la Gran Noticia de su salvación (Salmos 96:2).

Él es el Pan de Vida y el Agua Viva: porque los que van a Él nunca tendrán hambre, y los que creen en Él nunca tendrán sed (Juan 6:35).

Cuando usted esté batallando, Él es su Escudo: y su «galardón será sobremanera grande» (Génesis 15:1).

Cuando esté desanimado: Él es su esperanza viva y bienaventurada (Tito 2:13; 1 Pedro 1:3).

Cuando esté angustiado: Él es su Príncipe de Paz (Isaías 9:6).

Cuando esté deprimido: Él es su gran Alegría (Judas 24).

Cuando esté cansado: Él es su Descanso (Éxodo 33:14; Mateo 11:28).

Cuando esté afligido: Él es su Consolador (Isaías 61:2; Mateo 5:4).

Cuando se sienta débil: Él es su Fuerza y Vigor (Salmos 68:35).

Cuando esté enfermo: Él es su Sanador (Éxodo 15:26; Isaías 53:5).

Cuando esté confundido: Él es su Guía (Juan 16:13).

Cuando tenga carencias: Él es su Proveedor (Génesis 22:14).

Cuando se sienta rechazado: Él lo acepta para la gloria de Dios (Romanos 15:7).

Cuando esté atado: Él es su Libertador (Salmos 144:2).

Cuando se sienta solo: Él está allí, «porque Jehová tu Dios estará contigo en dondequiera que vayas» (Josué 1:9).

Cuando tenga dudas: «Conoce, pues, que Jehová tu Dios es Dios, Dios fiel, que guarda el pacto y la misericordia a los que le aman y guardan sus mandamientos, hasta mil generaciones» (Deuteronomio 7:9).

Él es su Tabernáculo: porque morará con usted, usted le pertenece y Él es su Dios (Apocalipsis 21:3).

El Señor es el gran Yo SOY «el que era, el que es, y el que ha de venir» (Éxodo 3:13-15; Apocalipsis 4:8).

Jesús es todo lo que necesita... no tenga miedo.

¿EN QUÉ POSICIÓN SE ENCUENTRA USTED?

Todo aquel que lee este libro es salvo o está perdido, es trigo o cizaña, es oveja o cabra, camina por el sendero estrecho que lleva al cielo o por la senda ancha que lleva al infierno. O usted conoce a Jesucristo como Salvador o se topará con el anticristo. Usted es amigo o enemigo de Dios. Santiago escribió: «¿No sabéis que la amistad del mundo es enemistad contra Dios? Cualquiera, pues, que quiera ser amigo del mundo, se constituye enemigo de Dios» (4:4).

Jesús declaró: «El que no es conmigo, contra mí es» (Mateo 12:30). ¿Se ha convertido usted en un cristiano carnal, acomodaticio y tibio al que Apocalipsis describe como alguien que no es ni «frío ni caliente», y al que el Señor le dice: «Te vomitaré de mi boca» (3:16)? ¿Se distingue usted por vivir un cristianismo casual que tiene forma de piedad, pero que le niega el poder que tiene? Usted puede tener ritual sin justicia. ¿Puede profesar a Cristo sin poseerlo?

Una vez más, pregunto: ¿En qué posición se encuentra usted?

Cristo podría venir hoy. *El fin de los tiempos* podría comenzar antes que usted termine de leer este libro. ¿Está preparado para la venida del Señor?

NOTAS

Capítulo uno: 11:50 P.M. El fin de los tiempos

1. John Elflein, «Number of novel coronavirus (COVID-19) Deaths Worldwide by Country», Statista.com, https://www.statista.com/statistics/1093256/novel-coronavirus-2019ncov-deaths-worldwide-by-country/. Estadísticas tomadas de la actualización de 19 agosto 2021. Última página actualizada el 19 agosto 2021.
2. Elizabeth Kolbert, «Hosed: Is There a Quick Fix for the Climate?». *The New Yorker*, 8 noviembre 2009, https://www.newyorker.com/magazine/2009/11/16/hosed.
3. Newsweek staff, «1899: The Names Have Changed, but the Worries Remain», *Newsweek*, 10 enero 1999, https://www.newsweek.com/1899-names-have-changed-worries-rem-165356.
4. David Nicholson-Lord, «What's Going to Get You First?». *Independent*, 23 octubre 2011, https://www.independent.co.uk/arts-entertainment/what-s-going-to-get-you-first-1281705.html.
5. Título de portada en *Bulletin of the Atomic Scientists* 23, N°. 1 (enero 1967): p. 1.
6. «Year 2000 Cultists Arrive Home, Hide», *Tampa Tribune*, 10 enero 1999, p. 2A.
7. Jack Katzenell, «Israeli Police Fear Christian Suicides on Temple Mount», Associated Press, 23 noviembre 1998.
8. Robert D. McFadden, «Harold Camping, Dogged Forecaster of the End of the World, Dies at 92», *New York Times*, 17 diciembre 2013, https://www.nytimes.com/2013/12/18/us/harold-camping-radio-entrepreneur-who-predicted-worlds-end-dies-at-92.html.
9. De Josefo, *Antiquities of the Jews*, citado en J. Vernon McGee, *Daniel*, Thru the Bible Commentary Series (Nashville: Thomas Nelson, 1991), p. ix.
10. Billy Graham, «My Heart Aches for America», Billy Graham Evangelistic Association, 19 julio 2012, https://billygraham.org/story/billy-graham-my-heart-aches-for-america/.
11. Encuesta en Estados Unidos de American Worldview Inventory llevada a cabo en enero de 2020 por el Cultural Research Center en la Universidad Cristiana de Arizona, citada en «New Barna Poll: The Christian Church Is Seriously Messed Up», P&P News, 12 agosto 2020, https://pulpitandpen.org/2020/08/12/new-barna-poll-the-christian-church-is-seriously-messed-up/.

12. Dictionary.com, s.v. «syncretic», consultado el 16 marzo 2020, https://www.dictionary.com/browse/syncretic.
13. George Barna, citado en «New Barna Poll», P&P News.
14. Párrafo adaptado del pastor Joe Wright (sermón en Central Christian Church, Wichita, Kansas, 23 enero 1996).
15. D. L. Moody, citado en Josiah H. Gilbert, ed., *Dictionary of Burning Words of Brillant Writers* (Nueva York: Wilbur B. Ketcham, 1895), p. 622.
16. Henry H. Halley, *Halley's Bible Handbook* (Grand Rapids, MI: Zondervan, 1965), p. 336 [*Compendio manual de la Biblia* (Grand Rapids, MI: Editorial Portavoz, 1996)].
17. William Kelly, *Notes on the Book of Daniel* (Nueva York: Loizeaux Brothers, 1952), p. 50. Para obtener más información sobre estos y otros temas, consulte los libros de John Hagee *Los tres cielos* (Nashville: Worthy Publishing, 2015) y *De Daniel al día del juicio* (Miami: Betania, 2000).

Capítulo dos: 11:51 p.m. El Mesías Príncipe entra en Jerusalén

1. Bible Hub, s.v. «shabua», https://bibleapps.com/hebrew/7620.htm.
2. Robert Anderson, *The Coming Prince: The Last Great Monarch of Christendom* (Londres: Hodder & Stoughton, 1881), pp. 112–113 [*El Príncipe que ha de venir* (Barcelona: Publicaciones Portavoz Evangélico, 1980)].
3. Vendyl M. Jones, *Will the Real Jesus Please Stand? Seven Riddles of Israel and Messiah* (Tyler, TX: Institute of Judaic and Christian Research, 1983), sec. 7–9.
4. Ibíd., sec. 7–22, 7–11.
5. Arthur T. Pierson, «Gems and Curiosities from a Literary Cabinet», en Isaac K. Funk and J. M. Sherwood, eds., *Homiletic Review* 13 (1887), p. 129.
6. Leon Wood, *A Commentary on Daniel* (Grand Rapids: Zondervan, 1973), p. 248.
7. Anderson, *The Coming Prince*, pp. 71 y siguientes.
8. Thomas D. Ice, «The Seventy Weeks of Daniel», Pre-Trib Research Center, 12 julio 2018, consultado 21 mayo 2021, https://www.pre-trib.org/articles/dr-thomas-ice/message/the-seventy-weeks-of-daniel.
9. Louis C. Talbot, cita adaptada de Myer Pearlman, *Daniel Speaks Today* (Springfield, MO: Gospel Publishing House, 1943), p. 81, en John Hagee, *Earth's Last Empire: The Final Game of Thrones* (Franklin, TN: Worthy, 2018), pp. 334–37. Reimpreso con permiso de Worthy Books, una impresión de Hachette Book Group.
10. De Hagee, *Earth's Last Empire*.
11. J. Vernon McGee, *The Epistles: Romans* (capítulos 9–16), Thru the Bible Commentary Series (Nashville: Thomas Nelson, 1991), cap. 9 introd.
12. J. Vernon McGee, «One Hour in Romans: Dispensational, Chapters 9–11», Blue Letter Bible, consultado 17 mayo 2021, https://www.blueletterbible.org/Comm/mcgee_j_vernon/eBooks/one-hour-in-romans/dispensational-chapters-9–11.cfm.
13. Michael J. Vlach, «The Church as a Replacement of Israel: An Analysis of Supersessionism» (Tesis de doctorado en Southeaster Baptist Theological Seminary, Wake Forest, North Carolina, 2004), p. xv, citado en Thomas Ice: «What Is Replacement Theology?», Pre-Trib Research Center, 19 julio 2018, https://www.pre-trib.org/articles/dr-thomas-ice/message/what-is-replacement-theology/read.
14. Ice, «What Is Replacement Theology?».

15. C. E. B. Cranfield, *A Critical and Exegetical Commentary on The Epistle to The Romans*, volumen 2. *Commentary on Romans IXXVI and Essays* (Londres: T & T Clark, 1979), p. 448, 448n2.
16. John F. Walvoord, *Daniel: The Key to Prophetic Revelation* (Chicago: The Moody Bible Institute, 1971), p. 237.

Capítulo tres: 11:52 p.m. La ciencia aumentará

1. Isaac Newton y Voltaire, citado en H. L. Willmington, *Willmington's Guide to the Bible* (Wheaton, IL: Tyndale, 1984), p. 242 [*Auxiliar bíblico Portavoz* (Grand Rapids, MI: Editorial Portavoz, 1996)].
2. Willmington, *Guide to the Bible*.
3. Omar N. Bradley, (discurso del Día del Armisticio, Boston, 10 noviembre 1948), citado en «Armistice Day Address», que con tanto orgullo aclamamos, consultado 17 mayo 2021, https://www.whatsoproudlywehail .org/curriculum/the-merican-calendar/armistice-day-address.
4. William P. Barr (discurso pronunciado en Universidad de Notre Dame, South Bend, Indiana, 11 octubre 2019), citado en US Department of Justice, Office of Public Affairs, «Attorney General William P. Barr Delivers Remarks to the Law School and the de Nicola Center for Ethics and Culture at the University of Notre Dame», Justice.gov, actualizado 21 octubre 2019, https://www.justice.gov/opa/speech/attorney-general-william -p-barr-delivers-remarks-law-school-and-de-nicola-center-ethics.
5. George Orwell, *1984* (Nueva York: Houghton Mifflin Harcourt, 1977), p. 4 [*1984* (Cataluña, España: DeBolsillo, 2021)].
6. Yonah Alexander, citado en Arieh O'Sullivan, «Virtual Terror: Threat of a New World Disorder», *Jerusalem Post*, 27 marzo 1998, p. 15.
7. Cat Cronin, «The Growing Threat of Cyberterrorism Facing the U.S.», americansecurityproject.org, consultado el 2 octubre 2019, https://www .americansecurityproject.org/the-growing-threat-of-cyberterrorism-facing-the-us/.
8. Ibíd.
9. Ibíd.
10. Ibíd.
11. Selena Larson, «The Hacks that Left Us Exposed in 2017», money.cnn. com, consultado el 2 Octubre 2019. https://money.cnn.com/2017/12/18 /technology/biggest-cyberattacks-of-the-year/index.html.
12. Scott Neuman, «Woman Charged as Hacker in Capital One Data Breach Exposing Over 100 Million Customers», NPR, 30 julio 2019. https://www .npr.org/2019/07/30/746475401/woman-charged-as-hacker-of-capital-one -data-that-exposes-over-100-million-custom.
13. Paul Dughi, «Fastest Growing Crime in the U.S.: Identity Theft», Medium. com, https://medium.com/digital-vault/fastest-growing-crime-in-the-united -states-identity-theft-90ef2243e8b9.
14. Kim Zetter, «LifeLock CEO's Identity Stolen 13 Times», *Wired*, 18 mayo 2010, https://www.wired.com/2010/05/lifelock-identity-theft/.
15. Cronin, «The Growing Threat».
16. Mia Jankowica y Charles Davis, «These Big Firms and US Agencies All Use Software from the Company Breached in a Massive Hack Being Blamed on Russia»», Insider.com, 14 diciembre 2020, https://www.businessinsider .com/list-of-companies-agencies-at-risk-after-solarwinds-hack-2020–12.

17. Larry Elliot, «The three bears that ate the Goldilocks economy», *South African Mail & Guardian,* consultado 29 mayo 2021, https://www.pressreader.com/south-africa/mail-guardian/20070928/282419869879672.

18. Terrie Walmsley, Adam Rose y Dan Wei, «The Impacts of Coronavirus on the Economy of the United States», *Economics of Disasters and Climate Change 5* (abril 2021), https://doi.org/10.1007/s41885–020–00080–1, citado en «Impact of Coronavirus on U.S. Economy Could Be $3–$5 Trillion over 2 Years: USC Study», *Insurance Journal,* 14 diciembre 2020, https://www.insurancejournal.com/news/national/2020/12/14/593838.htm.

19. «Impacts of Coronavirus on U.S. Economy», *Insurance Journal.*

20. Ibíd.

21. Ibíd.

22. Ibíd.

23. Sarah Hansen, «Thanks to Stimulus Spending, U.S. Debt Expected to Exceed the Size of the Entire Economy Next Year», *Forbes,* 2 septiembre 2020, https://www.forbes.com/sites/sarahhansen/2020/09/02/thanks-to-stimulus-spending-us-debt-expected-to-exceed-the-size-of-the-entire-economy-next-year/?sh=5b7bd1d32384.

24. Deuda nacional de Estados Unidos al 28 enero 2021, Debt Clock Time Machine, USDebtClock.org, https://usdebtclock.org.

25. Simon Black, «Can the US Govt. Pay Off the National Debt?», en «US National Debt: Shocking Facts & How You Can Protect Yourself», Sovereign Man, 29 junio 2018, https://www.sovereignman.com/trends/at-21-trillion-the-national-debt-is-growing-36-faster-than-the-us-economy-23157/.

26. Robert J. Samuelson, «The Crash of '99?», *Newsweek,* 12 octubre 1998, p. 28.

27. Ibíd.

28. Allan Sloan y Rich Thomas, «Riding for a Fall», *Newsweek,* 5 octubre 1998, p. 56.

29. Black, «US National Debt».

30. Michael Snyder, «America's Financial Suicide: The Budget Deficit Rises 26.1% in One Year as Federal Spending Spirals Wildly out of Control», *Economic Collapse* (blog), 7 octubre 2019, http://theeconomiccollapseblog.com/americas-financial-suicide-the-budget-deficit-rises-26-in-1-year-as-federal-spending-spirals-wildly-out-of-control/.

31. William P. Barr, en «Attorney General William P. Barr Delivers Remarks».

32. Estadísticas de varias fuentes, citado en Franklin White, «Pornography Addiction Statistics», *Keylogger Reviews* (blog), 5 enero 2020, https://keyloggers.mobi/pornography-addiction-statistics/#Pornography-Addiction-Statistics-2019.

33. Encuesta Gallup, «Americans' Views of the Moral Acceptability of 21 Issues», realizada 1–12 mayo 2019, citada en Megan Brenan, «Birth Control Still Tops List of Morally Acceptable Issues», Gallup, 29 mayo 2019, https://news.gallup.com/poll/257858/birth-control-tops-list-morally-acceptable-issues.aspx.

34. Ibíd.

35. Estadísticas citadas en Dennis Prager, «America's Accelerating Decay», *National Review,* 7 abril 2015, https://www.nationalreview.com/2015/04/americas-decay-speeding/.

36. Colleen N. Nugent y Jill Daugherty, «A Demographic, Attitudinal, and Behavioral Profile of Cohabiting Adults in the United States, 2011–2015»,

National Health Statistic Reports 111 (mayo 2018), https://www.cdc.gov
/nchs/data/nhsr/nhsr111.pdf.

37. Estadísticas agregadas, citado en «Number of Abortions—Abortion
Counters», NumberofAbortions.com, consultado 18 mayo 2021, http://
www.numberofabortions.com/.

38. Joe Kovacs, «Virginia Governor Defends Letting Babies Die After Birth»,
WND.com, 30 enero 2019, https://www.wnd.com/2019/01/virginia
-governor-defends-letting-babies-die-after-birth/.

39. «Calif. Governor Signs State College Campus Abortion Pill into Law»,
Catholic World Report, 14 octubre 2019, https://www.catholicworldreport
.com/2019/10/14/calif-governor-signs-state-college-campus-abortion-pill
-mandate-into-law/.

40. Alexandra DeSanctis, «Journalists, Ask Democrats Real Questions about
Abortion», *National Review,* 16 octubre 2019, https://www.nationalreview
.com/2019/10/democrats-abortion-journalists-should-ask-real-questions/.

41. «Blessed Mother Teresa on Abortion», catholicnewsagency.com,
consultado el 20 mayo 2021, https://www.catholicnewsagency.com
/resource/55399/blessed-mother-teresa-on-abortion.

Capítulo cuatro: 11:53 p.m. El gran escape

1. Julia Layton, «Scientists Think Humanity Is 100 Seconds From
Doomsday», How Stuff Works, actualizado 23 enero 2020, https://science
.howstuffworks.com/environmental/earth/geophysics/doomsday-clock.htm.

2. Thomas D. Ice, «The Rapture in History and Prophecy» (2009), Liberty
University, https://digitalcommons.liberty.edu/pretrib_arch/35.

3. Thomas D. Ice, «Why I Believe the Bible Teaches Rapture Before
Tribulation», Scholars Crossing, Liberty University, mayo 2009, https://
digitalcommons.liberty.edu/cgi/viewcontent.cgi?article=1117&context=
pretrib_arch.

4. Arthur W. Pink, *The Redeemer's Return* (Swengel, Pennsylvania: Bible
Truth Depot, 1918), p. 252 [*El regreso del redentor* (Publicado de forma
independiente, 2020)].

5. Efraín el sirio, citado en Grant Jeffrey, *Final Warning* (Toronto, Ontario:
Frontier Research Publications, Inc., 1995), p. 306 [*Aviso final* (Miami, Fl:
Editorial Unilit, 1997)].

6. Jonas Bendiksen, «Meet Five Men Who All Think They're the Messiah»,
National Geographic, agosto 2017, https://www.nationalgeographic.com
/magazine/2017/08/new-messiahs-jesus-christ-second-coming-photos/.

7. Para ejemplos de referencias bíblicas, ver 1 Corintios 8:6, Efesios 4:6, Mateo
28:19, Juan 14:26, Juan 15:26, 2 Corintios 13:14, y 1 Pedro 1:2.

8. J. Vernon McGee, *The Epistles: Second Peter,* Thru the Bible Commentary
Series (Nashville: Thomas Nelson, 1991), p. 746.

9. Vernon McGee, *Revelation* en *The Prophecy* (capítulos 14–22), Thru the Bible
Commentary Series (Nashville: Thomas Nelson, 1991), p. 128.

Capítulo cinco: 11:54 p.m. Rusia invade Israel

1. Vernon McGee, *Thru the Bible with J. Vernon McGee: Proverbs–Malachi*
(Nashville: Thomas Nelson, 1982), p. 511.

2. *Encyclopaedia Britannica*, s.v. «Commonwealth of Independent States», consultado 18 mayo 2021, https://www.britannica.com/topic /Commonwealth-of-Independent-States.

3. Matthew Bodner, «Vladimir Putin's power play paves the way for 16 more years—but not without challenges», NBC News, 2 julio 2020, https:// www.nbcnews.com/news/world/vladimir-putin-s-power-play-paves-way-16 -more-years-n1232783.

4. Alexandra Odynova, «Russian court gives opposition leader Alexey Navalny a new prison sentence», CBS News, 2 febrero 2021, https://www .cbsnews.com/news/russia-alexei-navalny-putin-critic-sentenced-to-prison/.

5. Zoya Sheftalovich, «Russian Court Bans Alexei Navalny's Organization», *Politico*, 10 junio 2021, https://www.politico.eu/article/russian-court-bans -alexei-navalnys-organization/.

6. Pepe Escobar, «Vladimir Putin, Syria's Pacifier-in-Chief», *Asia Times*, 23 octubre 2019, https://www.asiatimes.com/2019/10//article/vladimir-putin -syrias-pacifier-in-chief/.

7. «Russia's Putin Signs Deals Worth $1.3bn During UAE Visit», youngherald.com, consultado 25 octubre 2019, https://www.aljazeera .com/economy/2019/10/15/russias-putin-signs-deals-worth-1–3bn-during-uae-visit.

8. Ilan Ben Zion, «Honduras Opens Embassy in Jerusalem, 4th Country To Do So», AP News, 24 junio 2021, https://apnews.com/article/donald-trump -jerusalem-honduras-middle-east-religion-49d8f0a908d2a0bf16830071e2c6f5f0.

9. Maayan Lubell, «Israel Says Iran's Raisi Extreme, Committed to Nuclear Programme», Reuters, 19 junio 2021, https://www.reuters.com/world/middle-east/israel-says-irans-raisi-extreme-committed-nuclear-programme-2021–06–19/.

10. Ibíd.

11. «Russia, Syria, Turkey and Hamas Congratulate Iran's Raisi on Election Win», *The Times of Israel*, 19 junio 2021, https://www.timesofisrael.com /russia-syria-turkey-and-hamas-congratulate-irans-raisi-on-election-win/.

12. «Resistance Missiles Exposed the Fragile Security of the Glass of the Occupying Zionist Regime», *Mashregh News*, 31 mayo 2021, https:// www.mashreghnews.ir/news/1220353/. Texto traducido del persa al inglés usando Traductor de Google.

13. Uri Dan y Dennis Eisenberg, «Kremlin's Lust for Oil», *Jerusalem Post*, 19 septiembre 1996, p. 6.

14. «New Russia-Syria Accord Allows up to 11 Warships in Tartus Port Simultaneously», DW.com, 20 enero 2017, https://www.dw.com /en/new-russia-syria-accord-allows-up-to-11-warships-in-tartus-port -simultaneously/a-37212976.

15. Susan Fraser y Lefteris Pitarakis, «Russian Forces Deploy at Syrian Border Under New Accord», *Epoch Times*, 23 octubre 2019, https://www .theepochtimes.com/russian-forces-deploy-at-syrian-border-under-new -accord_3125339.html.

16. April Brady, «Russia Completes S-300 Delivery to Iran», Arms Control Association, diciembre 2016, https://www.armscontrol.org/act/2016–11 /news-briefs/russia-completes-s-300-delivery-iran.

17. Alon Ben David, «Iron Dome Blunts 90% of Enemy Rockets», Aviation Week, 1 septiembre 2014, https://aviationweek.com/defense/iron-dome -blunts-90-enemy-rockets.

18. Dov Lieber y Felicia Schwartz, «Israel-Gaza Cease-Fire: What You Need to Know about the Conflict», *The Wall Street Journal*, 26 mayo 2021, https://www.wsj.com/articles/israel-gaza-ceasefire-what-we-know-11620825247.

19. Dmitry Zaks, «Putin Vows to Boost Arms Sales to Egypt's Sisi», Yahoo News, 12 agosto 2014, https://news.yahoo.com/egypts-sisi-visits-putin-arms-purchase-talks-150438527.html.

20. Bruce Blair, «Russia's Doomsday Machine», New York Times, 8 octubre 1993, https://www.nytimes.com/1993/10/08/opinion/russias-doomsday-machine.html.

21. Viktor Yesin, citado en Michael Peck, «Russia's "Dead Hand" Nuclear Doomsday Weapon is Back», *National Interest*, 12 diciembre 2018, https://nationalinterest.org/blog/buzz/russias-dead-hand-nuclear-doomsday-weapon-back-38492.

22. Tim LaHaye, *The Beginning of the End* (Wheaton, Illinois: Tyndale, 1988), p. 65 [*Comienzo del fin* (Miami, Fl: Editorial Unilit, 1986)].

23. D. M. Panton, «The Jew God's Dial», *Dawn*, 15 agosto 1924, pp. 197–201.

Capítulo seis: 11:55 P.M. El tiempo de la tribulación comienza

1. Encuesta telefónica de LifeWay realizada del 8–22 enero 2016, citada en Bob Smietana, «End Times, Rapture and Antichrist Focus of New Study», Baptist Press, 26 abril 2016, http://bpnews.net/46745/end-times-rapture-and-antichrist-focus-of-new-study.

2. J. Dwight Pentecost, *Things to Come: A Study in Biblical Eschatology* (Grand Rapids, MI: Zondervan, 1964), p. 235 [*Eventos del porvenir: Estudios de escatología bíblica* (Miami, FL: Vida, 1984)].

3. Deborah Kovach Caldwell, «Apocalypse Soon? As New Millennium Rapidly Approaches, Interest in End of World Is at All-Time High», *The Dallas Morning News*, 24 octubre 1998, p. 1A.

4. Para obtener mayor información sobre este tema, consulte John Hagee, *Los tres cielos* (Orlando, FL: Book Coach Latino, 2015).

5. Pentecost, *Things to Come*, p. 46.

6. Jim Ulvog, «An indication of Persian wealth from the book of Esther», *Attestation Update* (blog), consultado 18 mayo 2021, https://attestationupdate.com/2016/06/23/an-indication-of-persian-wealth-from-the-book-of-esther/.

7. Joshua J. Mark, «Alexander the Great», *World History Encyclopedia*, 14 noviembre 2013, https://www.worldhistory.org/Alexander_the_Great/.

8. Robin Waterfield, *Dividing the Spoils: The War for Alexander the Great's Empire* (Oxford: Oxford University Press, 2011), pp. 155–170.

9. Encyclopedia.com, s.v. «Berenice Syra», consultado 18 mayo 2021, https://www.encyclopedia.com/women/encyclopedias-almanacs-transcripts-and-maps/berenice-syra-c-280–246-bce.

10. Ibíd.

11. Edwyn R. Bevan, *The House of Ptolemy* (Londres: Methuen Publishing, 1927), http://penelope.uchicago.edu/Thayer/E/Gazetteer/Places/Africa/Egypt/_Texts/BEVHOP/6*.html.

12. Wikipedia, s.v. «Seleucus II Callinicus», última modificación 2 marzo 2021, https://en.wikipedia.org/wiki/Seleucus_II_Callinicus.

13. *Encyclopaedia Britannica*, s.v. «Antiochus III the Great» by Hans Volkmann, 13 noviembre 2019. https://www.britannica.com/biography/Antiochus-III-the-Great.

14. Ibíd.

15. «Seleucus IV Philopator», Livius.org, consultado 18 mayo 2021, https://www.livius.org/articles/person/seleucus-iv-philopator/.

16. H. L. Willmington, *Willmington's Guide to the Bible* (Wheaton, Illinois: Tyndale, 1984), p. 241 [*Auxiliar bíblico Portavoz* (Grand Rapids, MI: Editorial Portavoz, 1996)].

17. New World Encyclopedia, s.v. «Hanukkah», https://www.newworldencyclopedia.org/entry/Hanukkah#In_the_Talmud.

18. Edmund Conway, «UN Wants New Global Currency to Replace Dollar», *Telegraph*, 7 septiembre 2009, https://www.telegraph.co.uk/finance/currency/6152204/UN-wants-new-global-currency-to-replace-dollar.html.

19. Lucinda Shen, «The End of the 500 Euro Note Could Lead to a Cashless Economy», *Fortune*, 4 mayo 2016, https://fortune.com/2016/05/04/cashless-economy-500-euro/.

20. Christopher A. McNally, «The DCEP: Developing the Globe's First Major Central Bank Digital Currency», China-US Focus, consultado 19 mayo 2021, https://www.chinausfocus.com/finance-economy/the-dcep-developing-the-globes-first-major-central-bank-digital-currency.

21. Brock Chisholm, citado en Christopher Story, *The New Underworld Order: Triumph of Criminalism* (Londres: Edward Harle Limited, 2006), p. 441.

22. Moses Maimonides, citado en Peter S. Knobel, ed., *Gates of the Seasons: A Guide to the Jewish New Year* (Nueva York: Central Conference of American Rabbis, 1983), p. 90.

23. John F. Walvoord, *The Revelation of Jesus Christ* (Chicago: The Moody Bible Institute, 1966), p. 126.

24. Robert Kaplan, *The Ends of the Earth: A Journey to the Frontiers of Anarchy* (Nueva York: Random House, 1996), p. 45.

25. Food and Agriculture Organization of the United Nations, *The State of Food Security and Nutrition in the World: Building Climate Resilience for Food Security and Nutrition* (Roma: FAO, 2018).

26. Brad Plumer, «This terrifying chart shows we're not growing enough food to feed the world», *The Washington Post*, 1 julio 2013, https://www.washingtonpost.com/news/wonk/wp/2013/07/01/this-unsettling-chart-shows-were-not-growing-enough-food-to-feed-the-world/.

27. Ibíd.

28. Ibíd.

29. J. Vernon McGee, *The Prophecy: Revelation* (capítulos 6–13), Thru the Bible Commentary Series (Nashville: Thomas Nelson, 1991), p. 45.

30. Frank Holtman, citado en McGee, *Revelation*, p. 45.

31. David Nicholson-Lord, «What's Going to Get You First?», Independent, 23 octubre 2011, https://www.independent.co.uk/arts-entertainment/what-s-going-to-get-you-first-1281705.html.

32. NASA Jet Propulsion Laboratory, «Largest Asteroid to Pass This Close to Earth in a Century», Center for Near Earth Object Studies, 6 agosto 2019, https://cneos.jpl.nasa.gov/news/news203.html.

33. Jim Heintz, «Meteor Explodes over Russia, 1,100 Injured», AP News, 15 febrero 2013, https://apnews.com/article/6ca527bc2e604c64b494aaf832af5015.

34. Walvoord, *The Revelation of Jesus Christ*, p. 151.

Capítulo siete: 11:56 p.m. Entonces vendrá la gran tribulación

1. Descripciones proféticas del anticristo en las Escrituras, adaptadas de Arthur W. Pink, *The Antichrist* (Swengel, PA: Bible Truth Depot, 1923), pp. 3-4 [*El Anticristo* (Publicado de forma independiente, 2020)].
2. John F. Walvoord, *The Revelation of Jesus Christ* (Chicago: Moody Press, 1966), p. 210.
3. J. Vernon McGee, *The Prophecy: Revelation* (capítulos 6–13), Thru the Bible Commentary Series (Nashville: Thomas Nelson, 1991), p. 86.
4. Ibíd.
5. Nicholas St. Fleur, «Two-Thirds of the World Faces Severe Water Shortages», *New York Times*, 12 febrero 2016, https://www.nytimes.com/2016/02/13/science/two-thirds-of-the-world-faces-severe-water-shortages.html.
6. Worldwatch Institute, citado en David Nicholson-Lord, «What's Going to Get You First?», *Independent*, 23 octubre 2011.
7. McGee, *Revelation*, p. 106.
8. H. L. Willmington, *Willmington's Guide to the Bible* (Wheaton, IL: Tyndale, 1981), p. 503 [*Auxiliar bíblico Portavoz* (Grand Rapids, MI: Editorial Portavoz, 1996)].
9. Ibíd., p. 42.
10. Ibíd., p. 80.
11. Ibíd., p. 568.
12. John F. Walvoord, *The Revelation of Jesus Christ* (Chicago: Moody Press, 1966), cap. 17, https://walvoord.com/article/275.

Capítulo 8: 11:57 p.m. Lento avance hacia el Armagedón

1. Adaptado de Dwight Pentecost, *Things to Come: A Study in Biblical Eschatology* (Grand Rapids, MI: Zondervan, 1964), p. 358 [*Eventos del porvenir: Estudios de escatología bíblica* (Miami, FL: Vida, 1984)].

Capítulo 9: 11:58 p.m. Los albores del milenio

1. S. Franklin Logdson, *Profiles of Prophecy* (Grand Rapids, Michigan: Zondervan, 1964), p. 81.
2. Adaptado de Mark Hitchcock, *The End: A Complete Overview of Bible Prophecy and the End of Days* (Carol Stream, Illinois: Tyndale House Publishers, 2012), p. 467.
3. «Statement from ADL CEO Jonathan Greenblatt on Current Surge of Antisemitism Amidst Crisis in Israel», ADL.org, 20 mayo 2021, https://www.adl.org/news/press-releases/statement-from-adl-ceo-jonathan-greenblatt-on-current-surge-of-antisemitism.
4. Ben Sales, «Study: More than One in 10 Americans Under 40 Thinks Jews Caused the Holocaust», *The Times of Israel*, 16 septiembre 2020, https://www.timesofisrael.com/study-more-than-one-in-10-americans-under-40-thinks-jews-caused-the-holocaust/.
5. «Preliminary ADL Data Reveals Uptick in Antisemitic Incidents Linked to Recent Mideast Violence» ADL.org, 20 mayo 2021, https://www.adl.org/news/press-releases/preliminary-adl-data-reveals-uptick-in-antisemitic-incidents-linked-to-recent.
6. Ibíd.

7. Este párrafo está inspirado en el examen del libro de Hebreos que Matthew Henry hace y que se encuentra en su comentario de seis volúmenes de 1710. Sigue siendo válido hoy día, más de trescientos años después. Ver *Matthew Henry's Concise Commentary on the Whole Bible* (Nashville: Thomas Nelson. 1997), p. 1205 [*Comentario bíblico de Matthew Henry* (Barcelona: Clie, 1999)].
8. H. L. Willmington, *The King Is Coming* (Wheaton, IL: Tyndale, 1988), p. 250.
9. Adaptado de Willmington, *King Is Coming*, p. 250.
10. Harold G. Stigers, *A Commentary on Genesis* (Grand Rapids, MI: Zondervan, 1976), p. 159.
11. Adaptado de Willmington, *King Is Coming*, p. 250.
12. Rene Pache, The Return of Jesus Christ (Chicago: Moody Press, 1955), p. 428.

Capítulo 10: 11:59 p.m. El conflicto final de la tierra

1. J. Vernon McGee, *The Prophecy: Revelation* (capítulos 14–22), Thru the Bible Commentary Series (Nashville: Thomas Nelson, 1991), p. 152.

Capítulo 11: Medianoche: El gran trono blanco

1. Adaptado de Mark Hitchcock, *The End: A Complete Overview of Bible Prophecy and the End of Days* (Carol Stream, IL: Tyndale, 2012), pp. 205–6.
2. Encuesta Barna OmniPoll realizada entre 3–9 julio 2015, en Barna Group, «The End of Absolutes: America's New Moral Code», 25 mayo 2016, https://www.barna.com/research/the-end-of-absolutes-americas-new -moral-code/, citado en Michael F. Haverluck, «US Barna Survey: Goodbye Absolutes, Hello New Morality», One News Now, 29 mayo 2016, https:// onenewsnow.com/culture/2016/05/29/us-barna-survey-goodbye-absolutes -hello-new-moralit.

Capítulo 12: Eternidad: ¡El cielo y la tierra renacen!

1. H. L. Willmington, *The King Is Coming* (Wheaton, IL: Tyndale, 1988), p. 300.
2. H. L. Willmington, *Willmington's Guide to the Bible* (Wheaton, IL: Tyndale, 1984), p. 686 [*Auxiliar bíblico Portavoz* (Grand Rapids, MI: Editorial Portavoz, 1996)].

ACERCA DEL AUTOR

John Hagee es el fundador y pastor principal de Cornerstone Church en San Antonio, Texas, una iglesia evangélica no denominacional con más de veintidós mil miembros activos. Él es autor de más de cuarenta libros, incluidos varios éxitos de ventas del *New York Times*, el más actual de los cuales es *Earth's Last Empire: The Final Game of Thrones* [El último imperio de la Tierra: El juego final de tronos]. El pastor Hagee es fundador y presidente de Cristianos Unidos por Israel (CUFI, por sus siglas en inglés) con más de diez millones de miembros. Los Ministerios Hagee se extienden por radio y televisión a Estados Unidos y las naciones del mundo.